媒介融合背景下
传统新闻媒体转型研究

陈 莹 著

吉林科学技术出版社

图书在版编目（CIP）数据

媒介融合背景下传统新闻媒体转型研究 / 陈莹著
. -- 长春：吉林科学技术出版社，2020.9
ISBN 978-7-5578-7553-4

Ⅰ．①媒… Ⅱ．①陈… Ⅲ．①传播媒介－研究 Ⅳ．
① G206.2

中国版本图书馆 CIP 数据核字（2020）第 200240 号

媒介融合背景下传统新闻媒体转型研究

著　　者　陈　莹

出 版 人　宛　霞

责任编辑　汪雪君

封面设计　薛一婷

制　　版　长春美印图文设计有限公司

开　　本　16

字　　数　250 千字

印　　张　11.5

印　　数　1-500 册

版　　次　2021 年 6 月第 1 版

印　　次　2021 年 6 月第 1 次印刷

出　　版　吉林科学技术出版社

发　　行　吉林科学技术出版社

地　　址　长春净月高新区福祉大路 5788 号出版大厦 A 座

邮　　编　130118

发行部电话 / 传真　0431—81629529　　81629530　　81629531
　　　　　　　　　　81629532　　81629533　　81629534

储运部电话　0431—86059116

编辑部电话　0431—81629520

印　　刷　北京宝莲鸿图科技有限公司

书　　号　ISBN 978-7-5578-7553-4

定　　价　50.00 元

前　言

媒介融合是当前全球传媒界关注的焦点话题。在全球信息化的产业背景下，中国传统媒体和新媒体在内容、渠道和终端等环节加速融合。在内容生产领域，新旧媒体互为补充、相互借力，促使新的生产方式和形式不断涌现，令人应接不暇。"全媒体"作为一个具有中国特色的命题在生产领域萌发，并迅速扩散到传媒运营的各个环节。以全媒体生产为路径探索的中国媒介生产融合，其价值不仅是作为一种新的生产方式带来传播变革，更是为日显困顿的传统媒体带来了发展的契机，也为国家"三网融合"战略的实施注入新的活力。论文定位于实现一个问题式的理论架构，在作者力所能及的范围内进行一些探讨。文章以传播学、经济学、媒介经营管理学等多学科交叉的研究视野，紧扣我国传统媒体与新媒体融合脉搏，在诸多生产现场搜集大量一手资料，通过严谨的实证研究和典型案例分析，较为系统的论证中国媒介生产融合发展现状、特点、问题及发展路径等要点，提出建设性的生产思路，展开问题式的研究。

目　录

第1章　绪　论

※ 1.1 研究背景与研究意义

1.1.1 研究背景

人类生活在信息之中，生命和历史的进程就是信息传播的历程。信息交流渗透到我们所做的一切事情之中，它是形成人类关系的材料，是流经人类全部历史的水流，不断延伸着我们的感觉。从事新闻和信息产品生产的媒体属性演变始终伴随着经济、政治、文化的发展，其内在强大的驱动力正是不断满足人类对于信息的需求所带来的经济效益、社会效益。

科学技术作为第一生产力，在推动经济和社会发展中起着决定性的作用，是先进生产力的集中体现和主要标志。近年来，随着数字技术、网络技术、信息技术等不断创新，以互联网、移动终端为代表的新媒体快速发展。随着资本的不断投入，新生的传媒力量所带来的颠覆性改变，极大地丰富了信息产业的格局，改变了新闻行业的形态，加速了新闻媒体的市场化进程，这无疑对全球传媒组织提出了全方位的革命性的挑战。

无论是中华民族的伟大复兴与和平崛起，还是"中国梦"在世界范围内传播，都必然要求积极顺应新科技革命的发展趋势，精准把握媒介融合的历史契机，高效推动新闻信息生产传播方式的转型升级。在综合国力的基础之上，新闻媒体只有依靠自身的不懈努力，做大做强，才有可能改变世界信息流通不平衡、不合理的状况。中共中央总书记、国家主席、中央军委主席、中央网络安全和信息化领导小组组长习近平同志，在2013年8月19日至20日召开的全国宣传思想工作会议上强调，宣传思想工作一定要把围绕中心、服务大局作为基本职责，胸怀大局、把握大势、着眼大事，找准工作切入点和着力点，做到因势而谋、应势而动、顺势而为。对世界形势发展变化，对世界上出现的新事物新情况，对各国出现的新思想新观点新知识，我们要加强宣传报道，以利于积极借鉴人类文明创造的有益成果。要精心做好对外宣传工作，创新对外宣传方式，着力打造融通中外的新概念、新范畴、新表述，讲好中国故事，传播好中国声音。

媒介融合背景下，各类新媒体如雨后春笋般层出不穷，改变了新闻生产、传播方式，冲击了新闻议程设置体系，转移了新闻舆论引导平台，抢占了新闻广告市场份额，推进了传统新闻媒体转型升级。旧秩序正在加速瓦解，新生事物还在黎明前的黑暗中艰难地孕育。如何在混沌的乱象中望、闻、问、切出传统新闻媒体转型的路径，必将成为中国新闻人百年"强媒强国梦"的历史契机。

1.1.2 研究意义

（1）加深传统新闻媒体对发展规律的认识

我国经济持续高速增长，由原来强调物质资源投入的粗放式增长转向知识投入的集约式增长。技术创新、知识创新和制度创新成为推动生产力发展和经济增长的主要因素。新闻业作为知识产业的重要组成部分，新闻信息生产、传播、消费方式的重大变化，尤其是包含技术、结构、形态、资本、规制、战略等层面的媒介融合成为学界、业界关注的焦点。如今，新闻信息资源逐步成为一种众包式共享性资源，买方市场主导下的受众具有多元化的选择途径。感官的全面刺激致使数字空间与现实空间的能量转换更加迅速，直接影响受众凭借自身思维方式提炼信息价值的取向。因而，通过分析媒介融合的实质，深入探索受众需求，揭示此背景下传统新闻媒体发展的现状、困境，更有助于传统新闻媒体在转型过程中减少资源浪费，避免重复建设，做到知彼知己者，百战不殆。

（2）加强传统新闻媒体对品牌形象的塑造

我国社会发展正处在全面深化改革的元年，政府期望通过改革加强以民生为重点的社会建设，让公平正义得以彰显，让全体人民共享改革发展成果。在媒介融合背景下，如何坚守社会主义核心价值观，整合利用传统媒体和新兴媒体资源的平台，客观地、真实地、全面地反映改革过程中的细微变化，传播乐观向上的正面情绪；如何使用人民的语言、网络的语言，隐性化、人性化、理性化设置社会议题、引导社会舆论；如何实现履行新闻媒体监督的职责，打开人民的心路、拓宽人民的言路，成为民心的发言人，无疑成为传统新闻媒体摆脱"国家机器"的刻板印象，重塑对内对外品牌形象的突破点。

（3）加快传统新闻媒体核心竞争力的培养

随着我国对外开放的程度在不断加深，信息资源的全球化带来了难以估量的影响。西方媒体凭借多年的国际话语霸权地位，高度市场化的传媒运作手段，能轻而易举地渗透、侵犯其他国家的文化主权。我国依然处于社会主义市场经济体制逐步建立和完善的阶段，新闻媒体在我国并非一种以追逐经济利益为单一目标的组织，而是对国家意识形态具有重要的宣传作用。目前，政府也在积极推进文化体制改革，逐步放松对传媒产业的跨地区、跨媒体、跨行业限制，但是媒介融合并不意味着削弱、脱离党和政府的领导，而是推动传媒产权改革，让媒体在健全的法律、政策规定范围内，政府相关部门的监督下，拥有经营自主权，提升国际市场竞争力。传统新闻媒体需要抓住媒介融合这一全球传媒业重新洗牌的历史机遇，战略性调整社会主义核心价值观的输出形式，以期占领国际舆论制高点，塑造泱泱大国的海内外形象，将中国文化兼收并蓄的强大包容性展现给世界人民，获得文化认同，增强我国的文化"软实力"。

※ 1.2 文献综述与概念界定

1.2.1 文献综述

在媒介融合环境下，传媒的生态关系及其与社会之间的关联方式均发生了很大变化，媒介不仅是一种职业、一个产业，也是整个社会环境的一部分，浸入到社会生活的各个层面，我们研究者本身也处于媒介融合所带来的媒介化社会之中。要想清晰地了解相关研究领域发生的事情，我们就必须与其保持一定的距离，站在一定的高度上。这样的距离和高度将为我们把握相关问题提供必要的学术支持。只有这样，我们才能把握某事物或现象的前因后果，才能从宏观上、趋势上定位它的结构性位置。笔者希望能凭借浅薄的学识、强烈的好奇、赤诚的热爱，成为这场深入骨髓的传统新闻媒体转型过程的见证者、记录者、参与者。

截至 2014 年 5 月 10 日，在 CNKI 中国期刊全文数据库进行检索，不设年限，以"媒介融合"为关键词，可找到相关文章 2394 篇，从 2008 年至 2013 年，基本呈现逐年三位数递增趋势；以"媒介融合"并含"核心竞争力"为关键词，可找到相关文章 53 篇；以"新闻媒体"并含"核心竞争为"为关键词，可找到相关文章 73 篇；以"传统新闻媒体"并含"核心竞争为"为关键词，可找到相关文章 1 篇，篇名为《保护传统新闻媒体的核心竞争力——推介新闻媒体在线版权保护方案》；以"新闻业"并含"核心竞争力"为关键词，可找到相关文章 4 篇，篇名分别为《传媒核心竞争力及其影响要素解读》《如何构建经济专刊的核心竞争力》《也谈报业的困境和出路》《做活、做强、做大——论党报改革与发展中要处理的三个逻辑关系》；以"中国新闻业"并含"核心竞争力"为关键词，可找到相关文章 1 篇，篇名为《论"合竞时代"的报业集团》。由此可见，在媒介融合背景下，针对我国传统新闻媒体核心竞争力的研究较少，笔者斗胆将其作为对策提出，介于学术功底浅薄，但愿凭一己热诚，抛砖引玉。

1."媒介融合"研究

"媒介融合"是一个"舶来品"，现已成为我国新闻传播学界、业界越来越频繁使用的概念。"融合"并非简单意义上的传统媒体与新媒体的相互兼容、整合，而是"基于信息技术创新和社会话语重组的一场深刻变革，它打破了过去媒介实现信息传播、体现自身价值的达界。"

1978 年，麻省理工学院的尼古拉·尼葛洛庞帝用一个图例演示了三个相互交叉的圆环趋于重叠的聚合过程，这三个圆环分别代表计算机工作、出版印刷业和广播电影工业。他提出的不同工业正在走向融合的远见得到了商界领袖的青睐，获得了数百万美元的赞助，得以在 1985 年创办了后来声誉卓著的媒体实验室。十多年后，他出版的《数字化生存》一书在世界范围内产生了巨大影响。此书深入浅出地讲解了信息技术的基本概念、趋势和应用、巨大的价值和数字时代的宏伟蓝图，阐明了信息技术，尤其是互联网对时代和人们生活的影响和价值，被誉为二十世纪信息技术及理念发展的圣经。

但"媒介融合"这一概念最早是由美国马萨诸塞州理工大学的伊契尔·索勒·普尔提出。1983 年他在其《自由的科技》一书中提出了"传播形态融合"，指出数码电子科技的发展是导致历来泾渭分明的传播形态聚合的原因。

美国新闻学会媒介研究中心主任安德鲁·纳其森将"媒介融合"定义为"印刷的、音频的、视频的、互动性数字媒体组织之间的战略的、操作的、文化的联盟"。他强调的"媒介融合"更多是指各个媒介之间的合作和联盟。

科隆曾指出，媒介融合的实际应用早已有之。早在 20 世纪 50 年代，一些报社就拥有自己的电视台，并且共享一些信息资源，不过，从那个时候开始，媒介融合的概念已经历经了半个世纪的演变。坦帕模式（即美国首个媒介综合集团雏形，整合《坦帕时代报》到《坦帕论坛报》且开设 Tampa Bay Online 作为其网站，并于 2000 年建立坦帕新闻中心，采用集中办公、资源共享、整合营销、融合生产的模式所代表的现代媒介融合方式充分说明了其更丰富的内涵，整合不同新闻媒介的自身优势以达到最大的传播效果。詹金斯详细阐述了媒介融合的五种形式：技术融合、经济融合、社会或组织融合、文化融合和全球融合。道尔认为媒介融合是指电子通信技术、计算机技术和媒体的融合。

2003 年，美国西北大学教授李奇·高登便根据不同传播语境下"融合"所表达的含义，归纳了美国当时存在的五种"融合新闻"的类型，包括所有权融合、策略性融合、结构性融合、信息采集敲合、新闻表达融合。他的《数字新闻；显现的媒体与变化的新闻视野》一书，其中一个章节专门探讨媒介融合的定义。他认为媒介融合实际上包含了很多内容，将其分解为以下几大类：（1）媒体科技融合；（2）媒体组织融合；（3）媒体所有权融合；（4）媒体战略融合；（5）媒体结构融合；（6）采访技能融合；（7）叙事方式融合。前五种是经营者角度，后两者是采编从业者角度。

纵观纷纭呈现的"媒介融合"现象，笔者认为需要透过这些现象，看到其本质意图是全球传媒机构的重新洗牌与定位及世界各国对国际话语权的激烈争夺。这将导致世界范围内传媒格局的重大变革，并且对全球经济、政治、文化和社会发展产生重大影响。

2.传统新闻媒体核心竞争力研究

以"新闻媒体"并含"核心竞争力"为关键词，可找到相关文章73篇；以"传统新闻媒体"并含"核心竞争力"为关键词，可找到相关文章1篇，篇名为《保护传统新闻媒体的核心竞争力——推介新闻媒体在线版权保护方案》；以"中国新闻业"并含"核心竞争力"为关键词，可找到相关文章1篇。其中具有较强针对性的文章包括《传媒核心竞争力及其影响要素解读》一文中指出："传媒核心竞争力"是借鉴西方理论界关于"企业核心竞争力"的解释，再结合新闻传媒的性质和背景进行嫁接分析而演绎出来的。

《如何构建经济专刊的核心竞争力》一文中指出：一、用经营理念拓展发展空间。现代传媒竞争给报纸最大的提醒就是要学会贯彻落实"经营报纸"的理念，必须根据市场规律去办报。经济专刊的发展是报编发展的突破口，它承担着抢夺固定读者群，引导广告经营创收和产业化运作的重任；二、新闻、活动与广告的互动。构建经济专刊的核心竞争力，要在提高新闻、活动和广告的互动能力上下功夫。作者特别强调了新闻、活动、广告三者互动的核心是活动，同时，经济专刊核心竞争力的构建又不是一两个活动策划就能达到的，只有持续的、有创意的活动策划，加之新闻、广告的配合，三者才能形成有力的、良性的互动，这样才能形成经济专刊的特色经营，才能谈得上经济专刊的核心竞争力；三、以信息和行业资源整合挖掘消费潜力。这包括（1）信息整合，首先要做读者的"信息管家"，其次要做读者专业的"市场顾问"；（2）行业资源整合，媒介专家袁方教授认为：资源是未来媒体竞争的胜负手。经济专刊应该以服务为核心，按照市场的手段，把有效的读者群和行业厂商、政府部门等连接起来，串起行业的"市场链"，进行市场化的运作尝试。

《也谈报业的困境和出路》一文则尖锐地提出，我国报业面临的困境是实实在在的，并非一朝一夕所导致。而仅从报纸的经营方面说，这些困境可以概括为：运营模式与盈利模式的单一；广告和受众双重市场的分流；报业核心竞争力的缺失；产业化能力的不足等。针对上述问题，作者提供的解决方案包括：一、及早将经营性报纸的可经营性资产剥离，成立经营性公司，实现真正意义上的公司化管理和经营；二、为经营性公司收购或配置优良资源，即报刊资源整合，提升公司的核心竞争力；三、融资或合作，完成公司的原始资本积累，储备相应的商业资本；四、实现公司的产业化、多元化经营；五、当报纸网站的盈利模式相对成熟时，互联网仍旧是国内报业新的利润增长点。

《做活、做强、做大——论党报改革与发展中要处理的三个逻辑关系》一文中鲜明地提出，从国内外媒体发展的经验来看，做强党报的关键是要培育和打造媒体的核心竞争力。党报的核心竞争力就是党报的自我组织能力，它保证了党报在新闻产品开发、行政行业管理、经营创新、品牌营造等方面保持长期、垄断性的竞争优势。党报的核心竞争力一般通过（1）组织机构创新能力；（2）新闻产品创新能为；（3）管理创新能力；（4）经营创新能力的整合，以获得与积累党报可持续发展的知识和能力。

以"中国新闻媒体"并含"核心竞争力"为关键词，可找到相关文章1篇。在《论"合竞时代"的报业集团》一文中指出，1996年我国第一家报业集团——广州日报报业集团的成立标志着中国新闻业从以条块分割为特点的个体分散经营走向了面向市场的多层次规模性整合运营，从以行政隶属关系为纽带的粗放式企事业混合管理形态走向了以资产为纽带的现代集团式企业管理模式，揭开了中国新闻业崭新的发展篇章。随着传媒市场竞争的加剧，"做大做强"成为传统媒体的转型策略，"社交整合"成为新媒体的生存之道，正如中国人民大学新闻学院教授喻国明所言：中国传媒业的"合竞时代"到了。"合竞时代"的主旋律就是打造核心竞争力。在某种意义上，核心竞争力是一类知识、一组经验，乃至一种策略。作者邓涛指出核心竞争为主要体现在经营单位核心业务的竞争力和管理团队的领导力两方面，即核心竞争力＝核心业务＋核心团队。通过诸多案例介绍，作者认为报业集团的核心业务是"以报为本，办好报纸"，核心团队是务必经营好媒体的第一生产力——人力资源。文中提出加入 WTO 后，新闻传播业的竞争加剧，而所有的竞争归根到底都是人才的竞争，中国新闻传播业在未来的角力中，要有立足之地，必须拥有一大批高素质的新闻从业人员。此类人至少应具有以下业务能力：一是能切实把握中国的实际情况，能运用现代语言向受众传达信息；二是在其所从事或负责报道的领域具有创新并能开拓新局面的能力；三是具有能和国际同行竞争、交往的能力；四是掌握现代化新闻手段，精通新闻业务，又是专门行业的专家的能力。由于本章内容的侧重点为在"合竞时代"中，中国新闻行业中的传统媒体向报业集团转型过程的核心竞争力，因而将其总结为核心业务与核心团队之和。

1.2.2 概念界定

1. 媒介融合

"融合"具有会合、集中、会聚、趋同等释义，也有跨媒体集团或公司间的合并之意，按照默多克的说法，"融合"内涉文化形态的融合、公司产权的融合和传播系统的融合。介于"媒介融合"这一概念由来已久，其演进方式呈现递进、立体形态，并将因其驱动因素的变化而延伸出新的内涵，包括科学技术的创新、受众市场的需求、全球同行的竞争、各国政策法规的调整、国际潮流的推动等。当前，学界、业界人士仍在不断探索并为之加以科学概念的界定。本研究认为"媒介融合"是适应当下发展的一种现实环境，而非固化的概念，狭义的"媒介融合"是指技术层面的新闻信息生产、传播方式的融合，广义的"媒介融合"是指涵盖技术、形态、系统、组织、体制、产业等的融合。

2. 核心竞争力

国内外众多学者从不同角度对核心竞争力进行了大量的分析，但关于核心竞争力的研究尚未完全形成理论体系。截至 2014 年 5 月 10 日，在 CNKI 中国期刊全文数据库进行检索，不设年限，以"核心竞争力"为关键词，可找到相关文章 54506 篇，作用对象包括机关、企事业单位、个人等。尽管核心竞争力理论的提出是针对企业，但是随着市场经济的发展，人力资源的提升，核心竞争力逐渐被广泛认为是一个国家、企业、甚至参与竞争的个体能够长期获得竞争优势的能力。

传统新闻媒体核心竞争力是指传统新闻媒体在长期发展过程中所形成的，支撑该媒体过去、现在和未来的发展，形成一定竞争优势，并且使其在长期的竞争环境中取得主动地位的核心资源与核心能力之和。这在媒介融合背景下，尤为突显，尤为重要。中国传媒产业、新闻行业、新闻媒体要想做大做强，扩大国内外影响力，将有赖于自身核心竞争力的挖掘、培养。本研究在借鉴前辈们研究的基础上，深入探究，逐步推演出在媒介融合背景下，中国传统新闻媒体核心竞争力是文化力、学习力、创新力、品牌力四者的有机结合，核心竞争力主要指核心资源与核心能力，其中核心资源包括：资本资源、政治资源、文化资源、技术资源、内容资源、人才资源；核心能力包括：适应市场的能力、整合资源的能力、持续创新的能力、塑造品牌的能力。

第2章　中国媒介生产融合依据分析

这是一个融合的时代，不同的行业之间的业务互相渗透，你中有我，我中有你，传统业务正在遭受前所未有的挑战。在中国的传媒业，新旧媒体间在内容、渠道和终端上加速融合。传统媒体与新媒体在生产上相互借力，在内容生产端产生了多样的生产方式和生产形式，令人应接不暇。拨开迷雾缭绕的生产实践表面，我们不禁发问作为内容生产端的传统媒体与新媒体在生产领域的深度融合实践的驱动力是什么？

※ 2.1 "三网融合"背景下的产业驱动

早在19世纪中期，美国学者卢森伯格，在研究中首次提出技术融合思想，用来描述不同产业在生产过程中逐渐依赖相同的一套生产技术的现象。此后，美国麻省理工学院媒体实验室的尼葛洛庞帝。用三个重叠的圆圈来描述计算机、印刷和广播三者的技术边界，认为三个圆圈的交叉处将成为成长最快、创新最多的领域。因此，媒介融合是在产业融合的背景下提出的一个概念。目前，三网融合是我国媒介融合的一个大的产业背景和技术背景，工业与电信业等产业力量将全面向传媒业渗透，更高层次的融合将在政府的推动下，在电信、工业与传媒业等相关行业各类机构大汇流的基础上出现。因此要想真正的了解媒介融合，不应只局限在媒介范围内来搞研究，应该站在电信产业、传媒产业、互联网产业融合的高度上探讨和实践。`三网融合必将打破传媒业生产、传输、终端各个环节的正常秩序，为传媒业带来新的挑战。

2.1.1 三网融合

三网融合中的"三网"指电信网、广播电视网和互联网。三张网是在技术的发展下逐步建立起来的，其网络构架都面向特定的业务电信网最初只是用来提供话音服务的，广电网主要针对视频业务，而互联网设计之初只是为了少数科研工作者之间传送数据。早在20世纪90年代末，中国电信集团公司科技委主任韦乐平在课题《电信网、计算机网以及有线电视网的现状、发展和融合方式的研究》中定义到"三网融合主要指业务应用层面的融合，表现为技术上趋向一致，网络层上互联互通物理资源上实现共享业务应用层上互相渗透和交叉，趋向于全业务和采用统一的通信协议最终将导致行业监管政策和监管架构上的融合。"并指出"至于各自的基础网本身，由于历史的原因以及竞争的需要，将会长期共存、竞争和发展。而业务应用层的融合将不会受限于基础网而迅速发展，各类公司都会通过不同的途径向全业务方向演进。"这一定义被业界广泛认可。时至今日，我们重提三网融合，尽管业界存有对三网融合的其他解释和定义，但是几乎都是在这个范畴中进行研究探讨。

早期，电信网、广电网和互联网在不同的业务领域得到前所未有的发展，各自的业务和市场相对成熟。但是随着技术的发展，二进制编码数字技术为网络互通提供了共同的语言，网络技术提供了网络互通的平台，光纤技术提供了数据传输的宽带。三张网具有在业务领域互相渗透的技术能力。电信网、广电网和互联网不断相互渗透。在广电网络双向改造的基础上，广电网通过 Cable Modem 接入因特网。电信网通过 ISDN、ADSL、FTTX 技术接入因特网。因特网通过 IPTV、VOIP 等技术开展电视和话音业务。

韦乐平谈到"三网融合是一个世界性业务融合大趋势，不是一个技术术语，也不存在严格的定义。然而，它却在我国已经成为一个广泛流传的术语。"北京大学视听传播研究中心主任陆地撰文《三网融合的多义与困惑》提到"从 1997 年开始，中国就有三网合一王晓强博士用语、三网结合方鸿一博士用语、三网复合周其仁教授用语、三网融合国民经济和社会发展第十个五年规划纲要用语其他还有三网缝合、三网重合、三网容合等等，不一而足。"并就三网融合的字面理解，给出了十种对其具体操作的解释。三网融合在一定意义上具有中国特色。三网融合早在 1998 年首次在国内被提出，后陆续被列入国家"九五""十五""十一五"规划。但受限于技术条件、产业政策、监管制度、市场需求、利益机制，以及对信息产业发展的战略方向判断等原因，一直以来不能付诸实践，没有取得实质性的进展。2010 年 1 月 13 日、国务院主持召开国务院常务会议，决定加快推进"电信网、广播电视网和互联网三网融合"，表明国家发展信息产业的决心。会议明确提出了推进三网融合的阶段性目标：2010—2012 年，重点开展广电和电信业务双向进入试点，探索形成保障三网融合规范有序开展的政策体系和体制机制；2013 — 2015 年，总结推广试点经验，全面实现三网融合发展，普及应用融合业务，基本形成适度竞争的网络产业格局，基本建立适应三网融合的体制机制和职责清晰、协调顺畅、决策科学、管理高效的新型监管体系。三网融合在我国需要经历一个漫长的成长期，十几年后重提三网融合并不是"万事俱备，只欠东风"。世界信息产业的发展已经不允许我们更充分的梳理产业调整的细节。

目前，世界各国陆续出台相应的政策来促进三网融合，美国、英国、法国、日本等国在三网融合的发展方面都已取得重大突破。美国学者凯文·曼尼提出的"大传媒产业"概念，指出数字化打破了印刷出版、电影、广播、音乐、电视、电讯和电脑之间的分界，产业之间相互融合成为一体。现在美国国内信息产业有统一的监管机构，有较为成熟的融合方面的法律和适应市场变化的监管政策。英国也是实施三网融合较早的国家，目前国内使用数字电视的家庭已经接近 50%，并还在以每周 3 万户的速度持续增长。在法国，三网融合更是快速发展，其电信和广播电视彼此对称开放，随着各大运营商加快投资光纤网络，到 2014 年预计将有 50% 以上的家庭选择三网融合的服务。三网融合在日本正在催生网络的融合、用户终端的融合和相关法律的融合，目前日本正在着手开发下一代网络。随着电信网、广播电视网、互联网融合的日益加强，三网融合已经成为现代产业发展的重要趋势，各国都在三网融合领域迅速反应，以期迅速提高国家信息化水平，推动信息技术创新和应用，更好地参与全球信息技术的竞争，抢占未来信息计划的制高点。

三网融合在我国的实施过程中，遇到了前所未有的阻力，主要来自体制机制上的羁绊及复杂监管带来的交叉纵横。正如专家预言：三网融合是一只带刺的玫瑰，稍有不慎，可能会刺破手指。对于三网融合的前景业界论点也是喜忧参半，主要症结在于中国向来就是例外于世界市场规则，技术上存在渗透的可能，但是由于中国社会主义初级阶段经济发展现实的复杂性，要想实现融合之重大目标，要做到几个突破。一是利益融合突破；二是运行机制融合突破；三是业务运营能力融合的突破。话说来简单，由于三网融合牵扯到电信和广电两个部门的切身利益，因此，当三网融合真正面对复杂的中国市场时，有太多的点需要突破，因此三网融合之履显得异常的沉重。2009 年，中国国家网络电视台正式开播，实现了影视剧等各种内容电视和网络同步发行直播，同时增加了互动点播、存储、搜索、参与节目制作、发表评论等多种功能共存，工业和信息化部为中国移动、中国电信和中国联通发放 3G 牌照，人们通过手机可以浏览网页、从事电话会议、进行电子商务活动，我国正式进入融合时代，三网融合初见端倪。但是目前我国三网融合的总体地域特点是北京、上海以及东部沿海城市发展较快，而中西部则发展较慢。

要深入理解中国特色的"三网融合"，首先要了解国家力荐三网融合的初衷。国务院在推动"三网融合"的决定中，提出了要"探索建立符合我国国情的三网融合模式"。北京歌华有线副总经理兼运营总监罗小布明确指出"'三网融合'只有两个领导——一个是国家，一个是公民，只有让人民满意，国家才会给予更多支持与扶持。"`首先，是在保障国家利益前提下的三网融合。三网融合是在复杂的国际环境下推行的，首要目的是为了加强国家的政治、经济、信息和文化安全；其次是提高国民经济和社会信息化水平，减少重复建设，推动资源整合和行业兼并重组，拉动经济协调发展。据 IDC 调查机构预测，加大三网融合的投入和建设，真正意义上实现三网融合，将会给产业链相关各个环节带来巨大的利润增长，今后几年将会在经济上带动 6 千亿到 7 千亿元的投资和消费，而且还可能增加 20 万个就业岗位，每年将拉动我国 GDP 增长约 0.8 个百分点。邬家兴院士在人民网传媒频道发表的"三网融合改变生活"讲话中谈到：三网融合能够推动现代服务业发展，能够对于"中国制造"有所提升。其次，确保公民利益下的三网融合。托马斯鲍德温等三位学者所著的《大汇流—整合媒介信息与传播》中提到以前电信、有线电视、广播和计算机业各自为政，现在汇流在一起，产生了整合宽带系统。书中认为"整个宽带系统"的最重要的特征就是方便，系统网络将四面八方的用户连为一体，使之进行交流，所谓也可以叫作"全方位服务系统"。三网融合最大的特征就是运用下一代互联网技术，使行业服务水平大幅度提升。如果真正能实现三网融合，这意味着到 2015 年，老百姓家里只要拉一条线、接入一张网，交一份资费超值的账单，甚至可能完全通过无线接入的方式就能全方位享受语音、视频、上网等各种多元化应用需求和服务，手机、电视和电脑屏幕"三屏合一"，用户可以随时随地随意在三个屏幕间切换，真正意义上实现了跨时空的用户体验，实现全新数字化生活。随着电信网、广播电视网和互联网三网不断地被开发利用，三网融合后，中国广大农村地区庞大的市场潜力将会被无限挖掘出来，广大农民将能分享到三网融合带来的实惠。

2.1.2 三网融合初步指向—三屏合一

根据 20 世纪 90 年代末中国电信集团公司科技委主任韦乐平对于三网融合的理解，三网融合有两个层面意义物理层面和业务层面的融合。韦乐平指出"至于各自的基础网本身，由于历史的原因以及竞争的需要，将会长期共存、竞争和发展。"物理层面的融合就是三张基础网合一，操作难度比较大，因为牵扯到各个不同利益体、各个不同政府部门间的博弈。"而业务应用层的融合将不会受限于基础网而迅速发展，各类公司都会通过不同的途径向全业务方向演进。"中兴通讯多媒体终端产品线市场总监陈峰认为，业务层面的三网融合相对简单，即在任何一张网络上实现全业务的运营，实现从三网融合向"三屏合一"切换，这里的"三屏"指电脑屏、电视屏和手机屏。"现在大家都说`三网融合'，而对用户来说，他关心的是`三屏融合'，也就是电视屏幕、电脑屏幕、手机屏幕的无缝连接。3G 手机是互联网手机，可以上网，电脑和手机已经融合了。如果你用手机看电视一路回家，到了家里，带有 WiFi 功能的手机能否就变成了机顶盒，直接把信号传送到了电视机上了呢？或者你在宾馆房间，你手机里选定的这些频道直接就上了宾馆的电视，变得和家里一样方便呢？这些都是完全可能实现的。"

"三屏合一"是利用三个业务的特点和优势，实现终端之间的合作和联动，最终来满足用户的信息需求，实现以家庭为核心的高端三网融合应用。"三屏合一"不是将三个终端已经承载的业务简单相加，而是在新的平台联动中实现业务创新，最终实现 1+1+1>3 的效果。"三屏合一"牵扯到很多产业链环节，包括电信运营商、广电运营商及工厂商，甚至还会派生出新的环节，在这个过程中需要解决商业模式、内容提供、渠道互通、终端屏幕、产业链利益分配等诸多问题，因此"三屏合一"的实现不可能一蹴而就。盈利模式的不清晰导致目前的"三屏合一"更像是一个新概念，各大运营商仍然处于探索阶段。2010年 2 月 6 日，北京电视台"三屏合一"网络春晚在北京开启，这是中国第一台由网民决定导演、主持人、演员和节目创意，风格迥异、独具魅力的"网络春晚"。"网络春晚"不仅力推新人新作和原创，把现有的电视春晚播出的节目，实行实时的网络直播，并提供点播、搜索、下载、互动评论等服务。还充分利用北京电视台、新浪网与中国移动平台的影响力，融合了"电视"与"网络"、"3G"的三重特性，将电视的视听、网络的互动、手机的便捷很好地融为一体。

2009 年底，SGM 旗下的新媒体部门，负责 IPTV 业务的百事通、从事手机电视业务的东方龙、以及专注于互联网视频业务的东方宽频三家公司开始业务整合，以期能够首先在上海东方传媒集团有限公司系统内实现手机、电脑、电视的"三屏融合"。东方卫视也与百视通公司合作，实现东方卫视春晚节目的"三屏合一"开播，让观众在网站、IPTV和手机上都能看到东方卫视春晚的新鲜资讯并收看各种节目。2010年，上海世博会以"三屏合一"的方式在不同介质上全方位地传播和呈现了一个高速发展的中国。百视通推出的基于云计算技术的"一云多屏"业务，基于统一的内容后台，以不同的码流，通过有线电视网、NGB、电信宽带网、3G网、家庭Wifi等网络传输，可在电视机、电脑、手机、平板电脑（PAD）终端上实现流媒体播放。2011年春节，通过百视通Pad终端收看新媒体内容成为新媒体的"大热点"。

早在2003年11月，杭州广电局有线电视网络中心、西湖电子集团、杭州日报社、杭州网通信息港有限公司和杭州国芯科技公司跨界出资组建成立杭州数字电视有限公司，集数字电视上下游各产业环节组合而成，包括数字产业链中的技术提供商、内容制造商、内容集成商、终端制造商和网络运营商。开展基于有线电视网络和杭州网通宽带网络的"广播式"和"交互式"数字电视服务。今天华数传媒的数字信息终端屏幕，跨屏包括了交互数字电视屏、电脑屏、移动多媒体终端手机屏、户外屏、楼宇屏、社区信息屏、车载电视屏等载体。2010年4月，华数传媒隆重推出三屏互动的三网融合服务产品，在电视、电脑和手机上都可实现电视教育、信息定制、电视支付、电视商场、电视彩票等各种新业态服务。杭州的个人用户"既可以在温馨静谧的家里欣赏时下最热大片，可以在如诗如画的西湖边徜徉在互联网世界中，也可以在交通拥堵的路途上，看看电视直播。无论是在家里还是户外，只需动动手指，就可以轻松实现看电视、点大片、览新闻、玩游戏、炒股票、缴电费、搜信息、聊视频、查路况、淘宝贝……"，真正实现了全媒体融合发展的路径尝试。

在三网融合实践中，一个广为人关注的关键词是"牌照"。2010年1月3日国务院常务会议通过的三网融合总体方案文件指出：符合条件的广播电视企业可以经营增值电信业务和部分基础电信业务、互联网业务；符合条件的电信企业可以从事部分广播电视节目生产制作和传输。也就是说电信生产制作除时政类的广播电视节目可以，但是如若要使节目到达受众，需要到广电总局申请相应执照获得许可。在我国现阶段的境况下，在业务领域里，执照审核权限部门有强大的主导能力，因此，即使是电信，在牌照面前也显得英雄气短。例如要开办IPTV业务，需要《网上传播视听节目许可证》《网络文化经营许可证》《ICP证》《移动增值业务许可证》四证齐全。其中《网上传播视听节目许可证》和《网络文化经营许可证》分别由广电总局和文化部负责颁发，后两者则由工信部颁发。在实际操作中，广电总局被认为拥有最大话语权以及最终决定权。国际上著名的硬件商索尼前任领导人一语中的：在网络时代，硬件将失去一贯的价值，谁创造了内容谁就控制了发起内容的网络，并毅然领导索尼离开了电子业务从而转向内容业务。从一定意义上说，谁掌握了内容，谁将掌控未来。

2.1.3 三网融合最终指向—下一代内容

三网融合进程的复杂性可想而知，其过程的种种细节因为市场的复杂性而难以预料，但是有一件事情可以确定：三网融合必将带来内容产业的高速崛起。对于传媒业来说，机遇与挑战将共存。真正意义上的媒介融合，必然将消除新闻出版业、广播电视业、娱乐业、信息产业的传统行业壁垒，使众多关联产业共同整合在内容产业的旗帜之下。

国务院常务会议上提出"加强网络建设改造，全面推进有线电视网络数字化和双向化升级改造，提高业务承载和支撑能力；同时，加快电信宽带网络建设，推进城镇光纤到户，扩大农村地区宽带网络覆盖范围。"我国三网融合战略剑指宽带，保证国家的信息安全和信息传输安全前提下的宽带提速是三网融合的核心内容。因此，加强网络建设是电信、互联网及广电运营商的共同目标。在传送网层面，广电部门正在积极开展网络建设，电信方面也在积极研究部署软交换、NGN、IMS 等新的网络融合技术。在接入网方面，"光进铜退"已是大势所趋。在三网领域出现三个耳熟能详的概念：一个是 NGI（下一代互联网），一个是 NGN（下一代电信网），一个是 NGB（下一代广播网）。这三个概念充分表现出了三网各自的发展愿景。按照目前的定位，三网融合终将使得电信网和广电网日趋完善，未来的网络必将成熟，三网之间的物理特性和业务能力趋向一致，各自都能够满足受众多媒体信息传输需求，因此两大网络间必然会出现同质化竞争，由此意味着内容为王的时代真正来临。受众面对同样的传输渠道，到底如何做出选择？内容的价值在此时会得到放大。"在 5 年时间内，什么样的媒体和什么样的媒体经营思路将决定媒体最后能走多远。"无论是 IPTV 还是其他业务，满足受众丰富的需求的内容将是吸引用户买单的重要筹码，或者说未来的三网融合将会步入下一代内容的较量。"长期来看，在技术成熟之后，内容是决定整个产业持续发展的关键。三网融合促进技术升级，随着下一代技术的发展，下一代内容应该是重点。内容生产的重要性凸显。"对于传媒业来说，在三网融合的发展机遇中，凭借自己在内容生产领域的优势，其所面临的挑战是：

2.1.3.1 电信介入内容生产带来的外部竞争

各大运营商表面上锱铢必较的硬件设施之间的竞争，其实背后隐藏着一个更大的秘密对下一代内容的竞争。电信虽然在内容生产上处于劣势，但表面平静下是暗流涌动，电信一直没有停止向内容生产业务领域的延伸。早在 2005 年，中国移动与原上海文广集团共同成立了东方龙移动信息公司，推出手机电视服务。目前上海中国移动的视频内容生产基地已经形成了一定的规模，给当地媒体尤其是广电有线网络带来巨大的压力。2006 年华友飞乐唱片公司与中国移动签约打造中国移动无限音乐平台。中国移动的成都基地为移动组织生产和经营手机下载的音频内容，将国内的音乐市场做到一百个亿。2006 年 11 月，中国移动在与新华社联合开通了"新华手机报"。2007 年，中国移动与《人民日报》合作开通了手机报业务。目前，中国移动手机报用户已经超过了 3000 万，这个数字超过了国内任何单一平面媒体的发行量。中国联通也在推进"TIME"计划，以"电信服务"、信息服务、传媒、娱乐四大内容为中心，以用户为主体，成为内容整合商。中国传媒大学广告学院院长黄升民教授在标题为《通信运营商的媒体野心》的文章中，将通信业的媒体布局进行了深刻解剖。黄升民教授提到"通信业一直在建立和完善他们的媒体布局。他们有自己的手机报、手机音乐、视频内容基地、IPTV 等，有他们的运营平台、服务支持和营销推广，既有移动网，也有针对家庭的固网，他们的实力、整体的布局都很完整。他们意识到内容是短板，所以近来着力强化内容生产，尤其是中国移动，在全国各地分别建了不同的内容生产基地，而且规模都不小。"其实，对于电信运营商来说，涉足内容服务已是大势所趋。

在三网融合中，业界达成共识：电信占有渠道优势，广电则在内容生产和专业人员的拥有上更胜一筹，作为传媒主体的广播电视是不是坚守自己就有的内容生产就可以了呢？答案显然是否定的。在三网融合的大背景下，随着数字技术的发展，新媒体形式的增多，受众和市场发生了翻天覆地的变化，如果一味因循守旧，必将在未来的信息格局中处于被动局面。威汉营销传播集团董事总经理李骥认为"三网不是问题，三屏是个问题。无论三网如何融合，或是多快融合，这一传播内容的融合趋势不会改变。技术和网络平台的融合只会加速这一变化，营销者更需要以新的思维和实际，实现数字媒体之前的融通整合，让品牌最终在"三个屏"之间游刃有余。"

或许，在三网融合背景下，广播电视与网络运营商密切配合，创新节目的形态和新的节目收看方式，促使传媒内容采集、编辑、播出等一系列的变化是应有之计。三网融合之后是内容资源的高度集成，传媒企业要掌握三网融合后的主导权，就必须构建完善的节目内容运营平台，通过提升内容平台运营能力，真正把握住产业切换带来的市场机遇。

在三网融合的过程中，所面对的内容竞争市场主要是视频。无论竞争的结果如何，广电都将在竞合中得到发展。而传统媒体中的纸媒面临的则是一场你死我活的遭遇战，纸媒的从业人员虽然依然骄傲于历史所赋予的高贵血统，其实内心已开始动摇，大部分从业人员缺少长期从业的安全感。互联网作为新媒体，其生成的海量信息，让纸媒应对不暇。如果三网融合，互联网将从广电或其他内容生产商获取更多的资源支持，纸媒的地位必将受到致命的威胁。纸媒已经意识到，与其抗争不如合作，因此现在纸媒都在积极开展新媒体的业务，比如手机报。但现实状况如何为了应对广告下滑带来的利润下降，纸媒想通过改变终端，利用新媒体手机作为载体，以使报纸在目前的困境中涅槃重生，但是，刚刚起步的手机报迅速被电信抢为先机，电信利用其规模优势，迅速发展手机报业务，中国移动的新闻早晚报业务是几千万的用户。浙江彩信报负责人谈到由于目前手机报的主控权掌握在运营商手中，所以未来手机报的发展程度也将由运营商来决定。2004 年 10 月，中国移动旗下的卓望信息公司成立，主要负责移动梦网门户业务的运营支持及新产品的开发、运营和支撑工作。艾瑞咨询高级分析师张燕玲分析随着传统语音业务资费的下降，运营商的利润也将有所下降，而这会进一步削弱运营商的盈利能力。加之电信重组，未来的竞争将更加激烈，所以运营商就要开辟其他市场，通过数据业务的增值和增量才能维持自身发展。因此，运营商一方面通过增值业务，丰富内容服务，加强现有用户的使用粘性降低用户的使用门槛，开拓新的用户；另一方面，加强自身在互联网领域的竞争，按照互联网的盈利模式运营。在运营商看来，手机报就是众多无线增值业务的一种，报业也只是无线增值业务产业链中末端的内容提供者。毋庸置疑，传统报业和运营商之间的碰撞与博弈将随着手机报的发展进一步加深。目前，报业数字化发展所遇到的瓶颈在于报业没有自己的融合渠道，而更多的要依靠广电和电信的网络，因此，在合作和竞争中都容易处于劣势地位。比如手机报的出版就更多的控制在移动电信运营商手里，不能充分发挥报业的主动性，因此探索更多的合作、并购的方式就是有效的出路。

一位报业老总曾私下对笔者敞开心扉谈到"报纸即将消失这是不可抗争的事实，但是我们现在做的是要最后一个消失！"看到生死，依然斗志昂扬！何其悲壮。这或许也是当今大部分纸媒为什么转型如此急迫的原因所在。不少报业高层已经深刻的意识到，纸媒中的"纸"必将被"电子纸"所取代，纸媒只有发挥自己内容生产的优势，努力成为优秀的内容生产商，或许可以自救。

2.1.3.2 渠道的开放使得内容稀缺

三网融合重点是建立高效能的宽带网络，打造国家级基础信息设施，优化宽带网络服务市场，这无疑将引发整个信息产业深层次的变革。面对三屏合一，传媒业面临着前所未有的发展机遇。全球广电系统提供宽带网络服务的比例平均为美国有线电视网提供宽带服务的比例高达57%，而中国只有2%左右，发展潜力巨大作为新一代国家信息基础设施"下一代广播电视网（NGB）"，将联通全国各地数亿有线电视用户家庭，给我国千家万户带来一场"电视革命"。除此之外，下一代电信网，下一代互联网，以及日新月异的新技术平台，给传媒业带来了众多的传播出口。三网融合不仅为广电大量的优质节目资源找到了新的传播平台，而且还可以根据各类新平台的传播特性，创造更加符合用户需要的节目内容，从而巩固广电内容生产的核心竞争能力。例如，目前中央电视台的内容生产正在由以电视播出为主，发展成为同时面向互联网、手机电视、网络电视、IPTV、楼宇电视、移动电视等多平台、多渠道节目制作、播出主体。但随之带来的问题是能提供的上千个频道的数字电视播放什么节目？高速互动的宽带网络传播什么信息？携带方便、操作简单的手机让人们阅读什么？渠道的开放使得受众面临的选择增多，但是如果不同的渠道没有内容或者提供的是同质化的内容，渠道的竞争将变得毫无意义。这也正是目前广电发展有线电视、数字电视过程中遇到的问题，频道众多，但是播放的节目雷同，同质化问题严重。

随着数字技术和网络技术的出现，以互联网为基础和前锋的数字化媒介不断涌现出来，呈几何级增长的媒介渠道让原本作为"稀缺性"资源的大众媒体的中心地位和不可替代性逐渐消解。大众媒体开始在这一无力挽回的"被替代"发展浪潮中开始寻求空间的突破，于是，向数字媒体领域进发的"自救"就开始成了媒介形态变化的前端显现，即出现了大众媒体起初的进入互联网领域，到后来逐步与其他数字媒体的结合。在这种环境中，传媒只有进一步打造以内容为核心的音视频产业链，面向电视、网络、手机等多媒体传播平台，扩大内容供给能力，占领内容产业制高点，才能更好地扩大传播影响力。钱江晚报总编室主任胡志弘谈到"报纸长期以来享有的地位在网络时代并没有减弱，反而增强了"，他指出网站等新技术形式所改变的仅仅是内容传播载体，报纸主要能够在把握住载体的前提下提供有足够价值的内容，就能够维系甚至增强自己的地位。

2.1.3.3 终端带来生产革命

未来"三屏"将会同时存在，三个屏幕具有不同的传播特性。首先，三个屏幕尺寸大小不同，人们通过它们获取内容的"距离"不同，由此决定了三个屏幕传播内容的形态不同。电视屏幕最大，观看距离最远，适合展示动态视频内容手机屏幕最小，一般供移动中的受众使用，与用户的物理距离最近，内容以简单的文字、图形和短小的视频为主，电脑屏幕大小和使用距离居中，用户随时可以完成"人机互动"，允许较为深度的介入，内容的形态也最为丰富。其次，所属空间的不同，使得各屏幕播放的主打内容不同，电视属于家庭使用媒体，因此应该主推电视剧手机随身携带，随时可取，可以以信息类为主。再次，所属时间的不同，内容的形态也不同。因此不同终端将引发生产端差异化、多样性的现实格局。据统计，在媒介融合时代，因为其时代内核是消费者多元化的随时随地便捷式需求的不断升级，这就必然导致在应用终端对载体和内容的需求在广度和深度上也不断升级，即内容的表达方式和内容的指代都更加多样，形成一种在空间、时间和含以上的立体化交融，带来累积效果。

2.1.3.4 受众需求变化带来的冲击

在数字媒体横行天下的时候，传统的广电节目已难以满足受众的需求，只有结合新的传媒产业环境，不断寻求融合生产理念的创新，根据数字环境下受众的需求，在节目内容和形式上寻求创新，才能在三网融合的背景下优化生存并取得发展。比如，可以让内容在三屏之间联动。当人们在观看电视、浏览网页、查看信息的时候，通过三屏互动，查找背景知识。现在的新闻网站的新闻后面增加同类相关新闻链接就是这样一种联动，只不过可以将不同背景知识放在不同的更适合的屏幕上展示，为用户获取更多优化信息提供极大的便利。上海东方卫视首次推出电视论坛交互节目《东方直播室》，融电视、网络、手机三种传播手段于一体，尝试把网民实时接入节目现场，针对热点时事，与主持人、专家评论员、话题当事人进行对谈辩论的新形式。除了可以通过网络，观众还可用手机短信发布留言，参与字幕互动。这种融合的节目形态打通电视、网络与手机的交流渠道，为受众互动参与、反映社会各方意见打造了一个畅所欲言的新平台。这也正是上海广播电视台关于"在播、在线、在场"先进理念的实践，让受众全方位接触内容，真正与内容融合。另外，网络升级之后，无论是电信网还是广电网都可以实现根据受众的不同需求对内容或者服务进行打包出售。

可以预言，未来的电视不仅仅提供电视节目，而且能够提供各种服务，成为全业务功能的综合信息服务商。所谓的综合信息服务就是从内容生产到传输管理到用户管理的整体服务。`实践中我国三网融合已经局部开展，但是却一直难以取得重大突破，困难是多方面的，既有体制、政策法律问题，也有技术标准、业务运营模式等方面的问题。但是就传媒业来讲，有一点不容忽视三网融合把传媒业推上了不可逆转的市场化之路。

※　2.2　媒介生产的现实需求

在三网融合大的产业背景下，传统媒体看到了新媒体生产力的发展前景，因此，在保持自身优势的同时，积极向新媒体领域拓展业务。数字技术提供了软硬件的对接标准，使得传统媒体与新媒体在生产领域有了融合发展的可能性。在媒介的现实生产中，传统媒体基于媒体之间传播特性的互补优势、受众和市场的现实需求、整合营销策略的优势、品牌延伸的利益最大化、价值链的优化角度考量，日趋急速与新媒体在生产上融合渗透。在生产领域内，报网融合、视网融合的实践一时间在业界兴起，各种形式的路径探索、模式构建扑面而来。

2.2.1 媒介互补依据分析

2.2.1.1 传统媒介的传播特性

迄今为止，人类的传播史经历了语言传播、文字传播和无线电传播三次历史性变革。自 19 世纪以来，大众传播媒体从报纸的大批量印刷一路发展，先后经历了广播、杂志、电视的繁荣时代，在 20 世纪末达到巅峰状态。传统的四大媒体电视、广播、报纸、杂志，遵循技术的发展路线，可以分为两大类印刷类和电子类。这两类媒介各具特点、印刷类大众传播媒介主要包括报纸和杂志。报纸的发行量较大，因而在一段的历史时期是受众面最大的印刷类大众传播媒介，报纸的主要传播特性体现在：第一，权威性。报纸白纸黑字，通过字词表达一个理性的内容，直到今天依然是人们信赖程度较高的大众媒介。波兹曼曾经在《娱乐至死》里对印刷时代做出了精辟的分析与论述，他提到"在 18 和 19 世纪，印刷术赋予智力一个新的定义，这个定义推崇客观和理性的思维，同时鼓励严肃、有序和具有逻辑性的公众话语。先后出现在欧洲和美国的理性时代和印刷文化并存，并不是什么巧合"。第二，阅读的跳跃性和选择性。报纸虽刊载信息量较大，但读者可以根据自己的需要和爱好，在众多信息中选择自己有兴趣的加以阅读，而不必像看电视和听广播那样，不管喜欢与否，必须从头看到尾才知道整个节目的面貌。第三，可保留性和便携性。遇到好的商品信息，读者可以长期保留下来，以备后用，随时随处可以携带使用。广播、电视虽声声悦耳，画面形象生动，却转瞬即逝，难以在记忆中长期保留。在传统的媒体布局中，报纸是发展最为迅猛的媒体之一，随着印刷技术的改进和发展，报纸也以权威性、时效性长、印刷精美、便于携带和选择性阅读、可纵深了解新闻内幕等特点，而广为人们所喜爱。

广播作为中国新闻发展历史当中古老的传播平台之一，曾与报纸媒体称雄天下，它的特点是制作费用较低、传播速度快，缺点是声音稍纵即逝，无法保存、重复。现代社会中，人们生活节奏快，比较忙，能每天按时收听广播的人是非常少的，据调查显示，广播目前的受众以老人和孩子居多。

20世纪七八十年代，电视进入平常百姓家，经过几十年的发展，电视在二十世纪下半叶成为媒体格局中最重要的一环，波兹曼甚至认为电视是新认识论的指挥中心，"没有什么人会因为年幼而被禁止观看电视，没有什么人会因为贫穷而不得不舍弃电视，没有什么教育崇高得不受电视的影响。最重要的是，任何一个公众感兴趣的话题—政治、新闻、教育、宗教、科学和体育都能在电视中找到自己的位置。所有这一切都证明了，电视的倾向影响着公众对于所有话题的理解。"他谈到"电视已经赢得了'元媒介'的地位——种不仅决定我们对世界的认识，而且决定我们怎样认识世界的工具。"电视，的确对推动社会进步、传播文明、规范操守起着不可估量的作用。就算在今天，如果某新闻发布会上，电视媒体不到场的话，会议仍会被推迟等待。央视的一位记者自豪地告诉笔者如果没有电视记者到场，新闻发布会将会变得没有意义。由此可见，电视作为主流媒体的影响力可见一斑。电视是通过声画并茂来传递信息，其优势在于新闻报道及时性、视听感官的直接刺激性、现场性、直播的真实性，能满足观众对社会周围新鲜事物的求知欲望和好奇心。另外研究发现，观众在看电视时有吃东西、聊天、打电话、看书报、做家务等伴随性行为。打开电视通常无明确目的，收视时呈现一种被动、无意识的散漫状态。电视的这种传播特性与家庭收视环境无缝连接，电视的家庭化和随意性在新媒体环境里凸现出来，在以家文化为主流文化的中国语境下，电视是百姓的重要媒体之一。

但是，在新技术迅速发展的今天，无论是报纸、广播还是电视，其卓越的传播优势随着新媒体特性的彰显而日渐趋弱，其缺陷逐步显露出来。参与、互动性不足、线性、自上而下、不容协商的传播方式，使得今天的情形是桌上摆放着各种新媒体终端，人们面对着电脑屏幕，手指在键盘上不停地游走，背后是打开的电视，视线时不时地在媒体屏幕之间游离，传统媒体仅仅作为一种背景存在，这是二十一世纪初我们较为熟悉的生活景象。人们已经不满足你播我看，还想了解节目背后的故事，想与制作者交流互动，甚至自己写身边的事情或故事给别人看。

2.2.1.2 网络媒体的传播特性

网络媒体的出现实现了人们从观众到受众的改变，这里的网络媒体是指基于互联网的媒体形式，现在出现的网络媒体有博客、微博、网络电视、网络游戏、网络社区……不少的学者对网络媒体进行了深入的分析。二十世纪以来，网络媒体随着科学技术的发展逐渐兴起，因为其互动性、社区性、随意性、强烈的感官性、时效性、便捷性等特点而广受受众的喜爱。其中互动性是带来传播革命的重要特征，约翰·费斯克给互动下的定义是"处在社会语境下的两个或多个参与者彼此进行的意义交换和协商"。当人类的行为和欲望超越特定的时空之后，交互行为就受到约束，于是人类发明媒介来打破时空的阻隔。从飞鸽传书到邮政系统，从纸质媒体到电子媒介，人类用媒介来实现跨越时空的互动，这时"互动中的交流是一个连续的、多信道的过程"。

网络媒体因其传播范围最广、针对性强、实时、灵活、成本低受到媒体从业人员的重视，最重要的一点，网络受众数量可准确统计、可以通过数据库准确定位。建立针对性的客户信息数据库，对用户的态度、行为特征进行记录、汇总、分析和分类，进行统一配置和优化使用，从而更具针对性地开发受众资源。比如当当网，可以统计用户购买记录，从而分析用户特征，为用户推荐适合的产品，进而进行量身定做的贴心服务，这种数据库带来的精准营销方式使得互联网焕发出无穷的生命力，因而被称为继报刊、广播、电视之后的"第四媒体"。媒介具有一定的历史性，一代媒介培养一代受众。受众的习惯很难短时间适应或调整，从人类接触媒体的年龄分布结构来说，只要新生力量或主导力量能够接收新媒介，新媒介就有生存发展的可能行。同时，随着我国网民年龄结构的逐渐成熟和优化，网民中的主体人群已经成为社会政治、经济、文化的生产和消费主体，互联网在社会舆论、经济发展、文化创作中的作用逐渐凸显，网络媒体的价值也正在经历由量的增长到质的提升的过程。

网络媒体并不是神话，本身也存在着一些问题比如网络安全性差。互联网的开放性是双刃剑，一方面方便了受众，另一方面带来了侵犯隐私以及安全性危机等问题。第二个问题是原创性差，盗版问题严重。网络媒体的内容生产者并不能从中获得相应的收益，长此以往，内容生产环节将资源枯竭，最终将会导致整个产业链的崩溃。最后就是网络媒体的权威性差。网络媒体的上传者可以是任何一个人，新闻源的开放性，决定了网络媒体尤其是新闻的权威性收到严重的质疑，譬如"网络水军"兴起带来的内容质量的待检验性。陈龙在对我国媒体低俗化对策研究报告《娱乐至死与当代社会解药》中严肃提出网络是好事者的天堂。因为是问题研究，言辞异常犀利，但是对网络中出现的问题分析的精辟深刻。以上网络媒体存在的问题恰恰正是传统媒体的优势所在。

沃尔夫在《娱乐经济》中提到，人们越来越需要一种"随身可带的快乐……如果人们有额外的五分钟或两个钟头，他就往往希望无论在哪里都能带上诸如可听的小说、电台节目或者家庭录像带之类的东西。事实上，我们越来越渴望有某种娱乐装置，可以使我们能够在任何地方或每个地方都得到娱乐，而不管我们是在驾车、工作、还是锻炼身体"。网络媒体的受众参与性、互动性优势明显，但是仍然不能满足人们日益萌发的"随时随地"的移动化信息需求。马歇尔.麦克卢汉在1964年出版的《理解媒介—论人的延伸》一书中提到媒介是人体的延伸。按照麦克卢汉的观点，报纸是眼睛的延伸，广播是耳朵和中枢神经的延伸，电视是眼睛、耳朵和中枢神经的延伸等。虽然麦克卢汉没提到一种互动性分众化的网络媒体出现，但是他却准确的预见到广播具有便携性的优势，却只有听觉没有视觉的延伸，电视具有视听特性却不便于携带，电子媒介虽然具有传播优势，还是带有不同程度的缺陷。似乎已经给我们预见了媒介的发展趋势。

2.2.1.3 移动媒体的传播特性

移动媒体是以手机媒体为代表的各种新媒体形式，这里我们重点分析手机媒体，便携的手机媒体以其定向化、互动性，及时性传播和移动性接受弥补了以往媒体存在的不足。黄健源在文章里谈到"在广播时代，广播成为人的耳朵和中枢神经的延伸，但人在一定程度上仍然被割裂成耳朵人电视时代较广播时代有所好转，人们感知世界的方式有了眼睛、耳朵与中枢神经的共同参与，一电视成了眼睛、耳朵和中枢神经的延伸。"他进一步指出"但是，仅有眼睛、耳朵和中枢神经等感官的参与，那还不是完整的。电视时代的人也不能称为完整的人，随着以网络为代表的新兴媒介的出现，人的感官状况有了很大的改观，网络融合文字、图像、声音、视频等多种传播手段于一体，人们在进行网络游戏、网络聊天等活动时，中枢神经高度涉入，网络成为人的嘴巴、眼睛、耳朵与中枢神经系统的综合延伸，但由于台式电脑不便于移动，人们的网络接触活动受到时空的限制，换言之，人的延伸受到了限制，人们感知世界的活动也受到了限制。在全媒体时代，笔记本电脑、手机等媒体的广泛使用突破了这种限制"。一种便携的媒体在时代的召唤下，迅速进入大众的视野。《手机挡不住的呼唤》的作者保罗·莱文森指出过去的电子媒介绝大多数是"单向"的媒介或发送、生产信息，或接收、消费信息，从来没有一种媒介将这两种相对的功能整合起来、集于一身，手机在这方面越来越人性化、智能化。手机的无孔不入，超过人类历史上的一切媒介。它是超越因特网的第五媒介，是开天辟地以来的最完美、最强大、最潜力无穷的第一媒介。

手机媒体具有较强的定向性。手机用户尽管在区域上分散，但是拥有独立身份标识的手机号码，相比以 IP 地址出现的电脑用户更加稳定和容易被锁定，可以定向发布个性化信息。2010 年，工业和信息化部明确下文"手机实名制"自 2010 年 9 月 1 日起正式实施，用户办理手机入网必须持身份证进行实名登记，电信运营商将用三年时间将其中未实行实名登记的 3.2 亿用户，进行补登记工作。这样一来彻底消除受众与传播者的距离。手机这种定向的个性化传播特点是未来媒体的发展方向之一。保罗·莱文森甚至断言，"从长远来看，互联网可以被认为是手机的副手—手机赋予我们的能力可能会具有更深远的革命性意义，比互联网在室内带给我们的一切信息的意义更加重大。"

手机媒体具有便携性。受众可以突破传统媒体的时空限制，从而具备随时、随地、随意获取信息的可能性。手机媒体既有电视媒体的直观性、广播媒体的便携性、报纸媒体的滞留性，同时又融合了新兴媒体互联网的交互性以及数字技术的高质量和大容量。麦克卢汉在《媒介通论：人的延伸》中曾指出："一切技术都是肉体和神经系统增加力量和速度的延伸"，因此，"一切媒介都是人的肢体部分向公共领域的延伸"。在传统的传播媒体中，受众经历了从读者到听众、到观众、再到网民的转变，在这一过程中，每一种身份的增加都预示着人类的触角得以更远的延伸。当第四媒体—互联网出现之后，人的读者、听众、观众的身份得以完全整合，人类获取信息的能力第一次得以几何倍的增强。但是由于互联网的普及度及技术限制，这种整合还不能在全社会范围内形成规模。而在移动传媒时代，手机的信息空间可以始终与个人的信息空间保持重合，将"人体的延伸"发挥到了极致，它使得手机电视无论是在传播方式还是传播到达率上都比传统电视和网络电视有着得天独厚的优势。手机电视的交互性传播优势明显。

手机作为媒体，也存在着一定问题，莱文森曾经指出手机对隐私的侵犯："自电话问世之后，公共空间和私人领地就发生了混淆，这一点尤为显著。电话这个征服者把家庭的私人领地变成为殖民地。这就产生了不利的后果，家庭的不可穿透性就不复存在了。"另外，手机作为媒体，因为其屏幕的尺寸小，不利于人眼长时间观看或者移动观看，因此无论是文字和视频都有一定的时空局限性。因此笔者认为，手机的便携性决定了手机的未来应该提供的是更多的信息服务，随时随地为用户解决生活中遇到的问题。

传统的四大媒体电视、广播、报纸、杂志，在面临着信息多元化时代所带来的竞争，已经意识到自身发展中的不足，都在不同程度进行着与时俱进的改革创新，各大电视与报刊媒体充分利用自身资源优势，建立了自己的网站，充分利用不同媒体间传播特性的互补，创新生产模式和传播手段，依次延伸信息传播的深度与广度。那么，既然手机媒体兼顾电视等传统媒体的直观性、便携性、可保留性和互联网新媒体的交互性以及数字技术大容量特征，是不是就可以替代其他媒体而独一家存在呢？答案是否定的。随着网络信息时代的来临信息传播的多元化，受众要根据自己的个人喜好来选定收看某类信息或节目。因此，在未来的信息格局中，要有严格内容的区分，如财经、时政、文化、娱乐、体育、旅游、美食、休闲等项目又要有时段性，以给有不同时间需求的人最好的选择又要考虑空间性，处在不同的空间甚至不同的姿势，对媒体及内容的优先选择不同。可以预见，未来的传媒生产一定是在利用各种媒体的互补优势，进行融合性生产，以满足小众化、分众化的受众需求，实现"马尾效应"。近年来越来越多的媒体实践和新闻事件报道证明，一种全媒体的传播格局正在形成，从而满足了受众在任何时间任何地点，可以获取任何想得到的信息的需求。无论是庆祝国诞大典、"两会"召开、世博、奥运、世界杯体育赛事等重大新闻，还是四川汶川地震和青海玉树地震等突发新闻事件的报道，新旧媒体在新闻大战中体现其各自的优势特点。媒体之间的竞争异常激烈，但传统媒体与新媒体泾渭分明的界限也正在消失，两者相辅相成，融合交汇。媒体报道的及时性中应该归功于网络媒体和手机媒体等新媒体的快捷性，随后是储备着大量的专业从业人员，具备强大生产能力，对大型的新闻事件报道有良好的把握和实战能力的报纸、电视等传统媒体带来的深度报道和权威的有力阐释。传统媒体与新媒体逐渐意识到在新闻报道中进行集体作战的必要性。

2.2.2 媒介受众依据分析

虽然有诸多像波兹曼一样执着的学者们一再对媒体的负面影响做出深刻的剖析，但是人们仍旧像中了魔咒一样被新技术、新媒体牵着鼻子走。人们宁愿相信波兹曼所说的："真理"是一种文化偏见。其实波兹曼本人也清楚地认识到，人们不会停止使用任何技术设备，一旦它们进入人们的生活，就不会让它离开片刻。学者的影响力虽然震撼到了人的内心，但是改变不了受众需要媒介的生活现实，这种媒介的力量具有与生俱来的不可抗拒性。今天，受众身处技术的海洋，在多种因素的促使下使用新媒体的人越来越多，新技术的使用逐渐从罗杰斯所定义的技术革新者迅速渗透到早期采纳者和早期、后期追随者中。受众生活在大量的日新月异的媒介迷阵里，据调查，全国城市平均可收到的频道数就有六、七十个，广播频率一千八百多个，可链接到的互联网站百万个以上，以及围绕在人们身边数不胜数的手机媒体等各种典型的新媒体。如今传播进入 Web2.0 时代，以互联网、手机为代表的新媒体形态的发展导致了信息传播环境的急剧变革，其典型特征就是受众的"碎化"，受众个性化的需求被各种互动式的新媒体彻底激发。20 世纪 80 年代，"碎化"这一词汇出现，哈贝马斯据此论述"公共领域"的消失："原先由面对面相互辩论的市民所组成的公共领域，在现代社会已经瓦解为由消费者组成的碎片化世界。这些消费者沉迷于传媒景观与传媒技术之中不能自拔，成为它们的奴隶。"[1]进入 21 世纪，随着人们个性化意识的提升，"从众消费"时代已经过去，所谓"权威意见"已不再是人们消费的指南，"我"的意见才是消费行为的根源。受众和媒体的关系已经从被动地接受，到消费者想左右媒体，到消费者主动卷入媒体。童晓渝在《第五媒体原理》一书中指出：在传统电视的传播活动中，传播者与受众是两个截然不同的层面。传播者掌握着信息流的绝对控制权，传播的过程是单向的、垂直的，而受众则完全被传播者所左右。当手机媒体兴起之后，受众的角色与地位被彻底刷新。网络媒体所构建的点对点互动交流网在此时被发挥到了极致，覆盖面及到达率都越来越高。而受众所兼具的传播者身份也越来越明晰，此时的受众已不再处于单纯等待或被动接受的地位，他们在接受之后又变成另一个身份独立的传播者，向下一个或多个点进行转述传播，这一过程也是人与人之间信息空间交互传播的过程。与此同时，受众的态度也使得传统电视的议程设置发生改变，使得受众中心化媒体传播成为现实。

在成熟的数字通信技术条件下，消费者的需求除了呈现碎片化特征之外，到底还发生了哪些变化？首先是受众阅读习惯的由文字向视频的转变。2010 年 4 月 7 日，中国互联网络信息中心（CNNIC）发布《2009 年中国网民网络视频应用研究报告》。报告显示：截止到 2009 年底，网络视频用户规模达到 2.4 亿，其中近 4000 万用户只在网上看视频，成为网络视频独占用户。CNNIC《报告》显示，有 66.8% 网络视频用户表示，与以往相比观看电视的时间明显减少，其中有 23.7% 的用户表示现在基本不使用电视收看电视台的节目。56.7% 的网络视频用户认同对互联网的依赖要超过电视，其中有 26.9% 的人对这一描述非常认同。`受众对视频的倾向不是今天就有的，自从有了电视，受众的视觉欣赏潜力就被充分挖掘了出来。只不过今天以网络为代表的新媒体提供了一个可以随时随地、更加方便获取的平台。

其次是信息获取的由单向向双向互动转变。"电话是一对一的，广播、电视是一对多的。Web1.0 是多对多，网页只是一个浏览界面。到了 Web2.0 的时候，才有了现在的传播媒体，也就是多对多，用户参与创作，网站、读者和作者形成联合发布体系。网页是创作和全球发布的平台，不再只是浏览和冲浪，从此模糊了受众与制作者的界限，这就是网络新媒体的里程碑。""全媒体"的事实使得受众已经不再是一个信息被动的接收者，而是一个主动的参与者，而媒体仅仅是这些信息交汇的平台。

另外，由单一获取信息向全方位信息获取和体验的转变。随着新技术的不断被开发，越来越多的人开始置身于各种媒介群之中，立体化的媒介环境使得他们可以通过各种各样的媒介渠道获得信息。人们不再满足单一的视觉或者听觉的信息源，而是根据自己的兴趣，将眼睛、耳朵和中枢神经等感觉器官同时深度调用，获取体验正在成为受众新的媒体。

因此，在今天这样一个消费者时间和空间都碎片化的时代，一个媒体已经很难满足所有受众的偏好。而受众的时间一天 24 个小时却无法再超越，由此带来的是所有的媒体都需要关注新的细分市场，需要在内容上有一些调整。从过去关注发行量、读者规模和收视率的大众化传播阶段转为关注受众偏好细分的小众化传播时代。使用与满足理论说明，解决传统媒体内容问题的关键在于寻找内容与受众需求的契合点，传统每天内容的创新必须从研究受众开始。上海电视台总裁黎瑞刚由此看到了传统媒体的优势，他谈到人的生命有限，互联网无限，人们有时候可以消磨时间，看一些无聊的东西，但很多时候我们的时间仍是有限的，我们还是要寻找对我们来说有价值的东西，所以最后就形成了在无线网络信息结构之中去追寻值得信任的品牌，并接受它的辐射。"所以不要以为新媒体来了，传统媒体就被颠覆了，传统媒体长年积累下来的媒体品牌和专业内容在互联网竞争中仍然是我们的核心竞争力。但本质的问题是我们要学会如何在这种不再是垄断的开放环境中仍然凭借自己的专业负责的精神赢得话语权。传统媒体的未来就在于开放，适应这种开放，驾驭这种开放，我们就能赢得未来。"传统媒体的开放在于在受众的需求下，以大海般的胸怀去接受新媒体，走融合发展之路。人民日报社长张研农在《在新的历史起点上开创人民日报新闻宣传新局面》中谈到"一方面，人民日报和人民网要进一步互动，进一步融合，成为一体，形成合力；另一方面也是更重要的，就是报纸报道要与网络舆情搭上界、接上头，使人民日报的权威性和影响力渗透到互联网中，使人民日报的舆论引导能力在网上表现出来传播出来，使人民日报代表的主流舆论能够为广大网民所认同所接受。在一定意义上说，赢得了网民我们就赢得了未来，人民日报发展就有了更为广阔的前景。"

三网融合中传媒最需要做的是对于受众需要的重新建构。打破传统媒体时代收看节目的听众、观众观念，将互联网、电信网的用户纳入视野，重新归类，统一考量。只有准确定位受众需要，才能做出更加精准的内容，拥有市场。技术的推动力与受众需求的牵引力永远引导媒介内容生产的方向。不同的市场，不同的人群，总是存在差异化的需求，只有满足特定的需求，才能真正占领相应的市场。在市场营销学中，把冰卖给爱斯基摩人，把斧子卖给总统，把梳子卖给和尚，更多的是励志案例而不是贩卖经典。需求与供给一起，决定市场的结构和格局。

2.2.3 媒介市场依据分析

传媒具有事业和产业双重属性，传媒既要生产精神产品，维护公共利益，又要在市场中参与竞争，获取生存的资本和空间。陈力丹曾经谈到："无论是出现现代新闻业的萌芽，还是从欧洲封建社会末期的王权报刊转变到政党报刊，从资产阶级取得政权后的政党报刊转变到大众化的商业报刊，以及通讯社的建立、广播电视业的普及、因特网传播的推进，其基本的动力始终是市场经济的发展，它顽强的为现代新闻业的发展开辟着道路。"

据中国互联网络信息中心（CNNIC）发布《第44次中国互联网络发展状况统计报告》显示，我国网民的主力军依然是年轻人。传统媒体之所以感觉危机四伏很大程度上是因为互联网、手机等新媒体，从他们手中抢走了大量的具有消费潜力的年轻受众资源。这对广告依赖性较强的中国传媒业来说，无疑是当头一击。年轻受众群体向新媒体转移，意味着市场将转向，广告主的视线由此被吸引到新媒体领域。受众资源的转移及分化不同程度的稀释了传统媒体的注意力。这种情况下，传统媒体需要做的是，如何利用新媒体的优势进行整合营销，带动传统媒体的注意力经济，提高整体的收益。"纵观中国电视传媒营销观念的变迁，无论是先前频道细分的差异化营销，还是后来内容为王的品牌营销，强调的都是电视节目内容本身，仍然属于以产品为中心的传统营销范畴。"新媒体的出现使得现代媒体广告之间的竞争越来越激烈，面对多元的卖方市场，广告客户多了几份选择的从容，由此获取了广告市场的主动权，提升了市场的议价能力。广告客户对广告传播效果的要求也越来越高，传统传媒的广告运营压力加大。于是，一种覆盖面更广、触达更精准、效率更高的营销方式—整合营销，成为传统媒体和广告客户的共同指向。整合营销的核心思想是"以满足消费者需要的价值为取向，协调使用各种不同的传播手段，发挥不同传播工具的优势，从而使企业的促销宣传适应低成本策略化与高强冲击力的要求，形成促销高潮。"传统媒体与新媒体整合营销，相互借力。传统媒体利用在广告客户资源优势和品牌优势，整合新媒体在客户数据库创建、分众传播和即时互动等方面的优势，打造顺畅的价值链接，从而提升整个传媒企业的广告价值。美国科罗拉多大学的汤姆·邓肯博士提出"整合营销传播（IMC）是一个交叉作用过程，一方面通过战略性地传递信息、运用数据库操作和有目的地对话来影响顾客和关系利益人，与此同时也创造和培养可获利的关系。"整合营销传播主张以消费者为核心，重组广告资源，在同一个品牌下，综合使用各种传播方式为广告客户传递产品信息，通过全方位的无缝插入方式实现与消费者的双向有效互动，以达到广告传播和产品营销的最优化。2007年，"仁和闪亮"和金鹰网的合作可谓整合营销经典案例。金鹰网作为"快男"赛事唯一指定的网络报名赛区，在短短十余天内聚集几十万的参与受众，"仁和"从"快男"的口号冠名到金鹰网的广告投放，从线上投票到线下促销活动，"仁和闪亮"借此次赛事在湖南卫视和金鹰网整合多种跨媒体传播平台，取得了巨大成功。

新旧媒体的融合体现在新闻策划、报道采访、媒体发布、广告营销等各环节。新闻策划要统筹各种媒体形式，报道采访要为所有媒体采集资源，媒体发布要充分利用各个媒体渠道，广告营销变为多种媒体以最佳方式组合的打包售卖。2007 年度，上海文广副总裁张大钟在集团广告招商会上表示，"多频道、跨媒体的整合营销将成为文广广告经营战略的重点，集团给广告主提供的不再是简单的时段，而是为客户提供整合的广告方案，即整合多频道、跨媒体的传播平台，使客户的投入在产业价值链上不断进行循环增值。"通过不同媒体的组合，实现一种良好的"广告套餐"形式，增强广告影响力。在报网盈利模式中业界的共识是报网的"广告套餐"，重庆大渝网的经验是本地化的集中投放广告适合在报纸做，全国性的低成本广告适合在网络发布。可以利用报网互动做分类广告，报纸广告和网络广告可以在实现各自功能的基础上，形成有益互补。新旧媒体之间的整合在经营上的优势主要在于一是可以最大限度地发挥不同媒体之间的协同效应，同样的内容可以根据用户的不同需求多次利用也就是所谓的"一鱼多吃"；二是可以充分利用不同媒体平台所产生的现金流的互补性，降低财务风险，做到"东方不亮西方亮"；三是对广告客户来说，跨媒体平台会成为承接广告的一个越来越重要的先决条件，广告的传播方式将从个体平台的简单相加日益向多维互动的跨平台套餐方向发展。整合营销的经济意义还在于获得了高效的营销资源平台。在一个包括了传统电视、网络电视、手机电视等多媒体视听平台的媒介融合集群中，多媒体渠道可以通过融合传播为广告主进行全方位、立体化、多接触点的营销传播沟通，同时发挥协同优势，媒介融合集群在共享统一的广告客户资源的同时，能够给予广告主更低的广告价格，双方的效益都得到了最大化的彰显。

传统媒体与新媒体在市场营销上的整合需求将带动节目生产领域的融合，打通不同媒体的各个生产环节，使内容生产系列化，做到优势互补。当然，整合策略要求传统媒体能够提供一套内容生产、传播的完整解决方案。

2.2.4 媒介品牌依据分析

市场营销领域有句话"品牌是世界上最值钱的不动产，是消费者脑中的一个角落"。这句话前半句强调了品牌价值，后半句点出了品牌的本质。传统媒体拥有许多非常成熟的品牌资源，比如品牌栏目、品牌主持人、品牌节目等，传统媒体靠品牌打造积累了一定规模的受众，通过品牌延伸是维系受众忠诚度的有效手段。新老媒体通过融合生产的各个环节将传统媒体的品牌优势放大，得以在每一个媒介平台上体现。例如新闻集团依托其完善的集团品牌、内容品牌资源，迅速渗入网络媒体和手机媒体市场。在世界范围内品牌经济异常强势，品牌力即影响力。传统媒体通过与新媒体业务的产业链整合能够扩大其品牌影响，提升品牌收益。2002 年，黎瑞刚出任 SMG 总裁，很快就开始实践他的"资源整合、品牌经营、产业链接、市场内驱、合作共赢"战略思想。迄今为止，SMG 已经成长为内地唯一一家经营业务跨越纸质媒体、地面有线、卫星电视、IPTV 及手机电视的综合性传媒集团。品牌包括三个层次集团品牌、媒体品牌及产品品牌。集团品牌就是上海东方传媒集团有限公司，它的影响空间在行业内乃至未来的资本市场媒体品牌就是第一财经、东方卫视等等产品品牌包括名栏目、名主持人、金牌制作团队等。集团总收入由最初的 19 亿元增长到 60 多亿元。再比如全世界报业中报纸数字化生存的成功范例纽约时报公司，通过将《纽约时报》上的新闻信息开发成数据库，提供付费查询服务，实现了品牌的网上延伸，获得了丰厚的经济回报。新媒体业务也因此收益巨大，提升了知名度、培养了忠于自身的受众、提高了影响力。运用品牌优势是传统媒体开展新媒体业务从而占领新市场的主要途径。六间房 CEO 刘岩谈到"什么时候我们不谈品牌营销的时候，就是互联网媒体真正能够走向成熟的时候。"

烟台日报传媒集团通过推出网站、电子报、手机报等，积极抢占新媒体先机，以新媒体战略重构传媒产品线。集团的新媒体战略规划分为三个阶段，近期目标推进从媒体品牌到集团品牌的提升，赢得市场竞争，找准传统媒体与新媒体的结合点，进行积极的探索；中期战略将烟台日报传媒集团建设成为跨媒体的传媒集团，并逐步过渡到跨入文化领域其他业种的多媒体信息产业集团；长期战略把烟台日报传媒集团发展成为综合性文化传媒集团。为了更好地打造品牌印象，烟媒统一集团标识为 YMG，使得各个媒体集中在集团下，形成集团品牌。凤凰新媒体的成功在于，首先依靠传统媒体包括凤凰卫视的音视频节目、《凤凰周刊》的平面媒体资源，充分发挥其在高端资讯领域的品牌内容资源的优势，通过提供高品位的内容，保持与高端受众的契合度；另一方面进行原创节目的制作，将传统媒体品牌优势移植到新媒体中，在内容创新的前提下，极大地增强了凤凰新媒体的竞争力。

开展品牌增值业务，挖掘新闻生产、传播链条的上下游资源的运营价值，将是传媒运营的大方向。

2.2.5 媒介价值链依据分析

美国哈佛商学院的迈克尔·波特从企业内部环境出发，提出了以价值链为基础的战略分析，试图解释出现在 20 世纪 80 年代以前，在企业战略管理领域总是无法解决的一些问题。波特认为，每一个企业都是用来进行设计、生产、营销、交货等过程及对产品起辅助作用的各种相互分离的活动的集合，所有这些活动都可以用价值链表现出来。事实上，任何企业的价值链都是由一系列相互联系的创造价值的活动构成，这些活动分布于从供应商的原材料获取到最终产品消费时的服务之间的每一个环节，这些环节相互关联并相互影响。企业要生存发展，必须为股东、客户、员工等利益集团创造价值。企业创造价值的过程又被称为"增值作业"，其总和即构成企业的价值链。早在 1958 年赫希曼的《经济发展战略》中就从产业的前向联系和后向联系的角度论述了产业链的概念。价值链和产业链是从不同的研究角度对产业的联系进行阐述。

"电视台流行这样的帕累托定律，作节目拍摄的素材，只有 20% 有用，80% 不过是垃圾而已，如果这些垃圾被分类处理存储，并非常便捷的为后来者检索、利用，那些每天被抛弃的素材垃圾就成了重要的核心资源。"传统媒体与新媒体在生产上融合可以节约成本，实现资源利用最大化。例如烟台日报传媒集团按照"纵向上沿产业链扩张，横向上按产业关联度扩张"的原则，从集团层面再造采编流程，通过内容的集约化制作，完成新闻信息的多层级开发。由全媒体新闻中心记者提供"初级新闻产品"，媒体的编辑部各取所需进行"深加工"，然后重新"排列组合"，生产出各种形态的新闻产品，按传播规律逐级出版，整合新、老媒体，达到最佳传播效果，从而提高媒体集团综合竞争力，完成了集团从"第一时间采写"向"第一时间发布、即时滚动播报"转变。目前，我国报业已经探索出一条放射状全媒体价值链运营模式一次开发，多次生成，通过多次售卖，获取增值收益，从而推动集团从报纸产业向内容产业转型。

实现传统媒体内部各单元间的价值链整合，可以在一系列立体传播的综合效应发挥过程中，为新老媒体业务的拓展提供新的动力，从而增强企业整体的核心竞争力。凤凰新媒体融合了互联网、网络视频和无线通信网三大平台，全方位整合多种媒体形式、内容资源、传播渠道，实现了多媒体、跨平台、全方位的传播。同时，凤凰新媒体还与众多的其他媒体进行合作，如与新浪宽频、悠视等视频网站进行联播等。通过多种媒介多项合作，不仅为内容资源的传播找到了更多的渠道，提升凤凰新媒体的影响力，而且通过整合产业链，为自身的创新经营提供了新的思路。国际上著名的道琼斯公司，其新闻通过道琼斯通讯社、道琼斯广播、CNBC 电视频道、《华尔街日报》及网络版、期刊、图书、音像制品等不同的终端层级销售。无论是内容还是广告，现代传媒业在所谓开源节流中的一个最主要的操作模式，就是解决如何让一个内容、一则广告从一个介质、一次性的使用到多种介质形态上两次、三次、四次、多次的使用和"落地"，这种多介质的多次传播是内容资源和广告资源价值挖掘的基本形式。

至于在产业链中谁最重要的问题，尤其是在传统媒体内部，应该以哪个媒体为主曾引起争议，笔者的观点是以何种形式的媒体为主不是关键问题，无论以谁为主都应以整体盈利为目标。笔者在调研获知的集团战略，从大局出发考虑企业的整条产业链条开发，因此会按照集团的整体发展协调资源，某些公司或部门短时间内可能并不盈利，但是整个集团的产业价值链保持有序经营和利润增长。"传媒在市场上的真正价值在于，它在多大程度上成为其所凝聚的那群具有某种社会行动能力的人们了解社会、判断社会乃至做出决策、付诸实践的信息来源和资讯'支点'。换言之，传媒作为一项产业的市场价值在于，它能够在多大程度上影响它的受众，并且这种对于受众的影响力能够在多大程度上进一步地影响社会进程、影响社会决策、影响市场消费和影响人们的社会行为。"由此，媒体如何生产，生产什么，通过何种渠道与受众进行互动在整个集团发展层面并不是重点，重要的是如何整体发力，营造最大化的社会影响力。

※ 2.3 媒介生产融合分析

在长期的历史发展中，传统媒体拥有不可比拟的品牌优势、资源优势、内容生产优势，但新媒体具有新技术、灵活的机制，拥有用户和市场，于是新老媒体之间的相互羡慕引发了一场联合战役。新媒体公司、电信企业、取得资质的民间组织开始不断向媒体属性靠拢，而传统媒体则纷纷转型，试图通过新媒体的技术平台优势壮大自己。于是，大范围内的媒介之间在生产、传输、营销各个领域内的融合浪潮滚滚而来。三网融合是中国媒介融合的产业发展环境，数字技术给媒介生产融合提供了技术支撑，媒介生产的现实需求是媒介生产融合的真正驱动力。在媒介融合时代以前，传统的媒介生产是线性的，遵循既有的成熟的采编模式，技术手段也相对单一，报纸由不同的栏目的编辑来控制分工，电视同样依据不同的栏目架构来完成新闻节目的生产，但当媒介融合时代到来时，一切都变得与以往不同。传统媒体之间的界限被打破了，电视不再仅仅是电视，报纸也不再仅仅是报纸，新的媒介技术的出现打破了传统媒介生产观念。国际上传媒界的媒介融合已经成为一种潮流，鉴于各国传媒的发展背景和现状，各个国家的媒介在生产领域的融合处于不同的发展阶段，并呈现出不同的发展特点。本章就国内外媒介生产融合现状和特点进行探讨。

2.3.1 国外媒介生产融合现状

经济史学家保罗·A·大卫在1989年的论文《计算机和发电机：现代生产率悖论》中谈到，电灯泡的发明是在1879年，但电气化的开始和发挥作用却是在几十年后的事情，为什么？因为仅仅是安装电动机和放弃旧技术（蒸汽发动机）并不能代表什么，整个的生产流程都必须改装。因此，我们可以预见，数字技术为代表的新技术将在不久的将来使整个世界的信息产业发生质的变革。数字技术和网络技术的兴起，使得世界范围内的传媒革命此起彼伏。新技术的跨区域跨文化特点，促使各国的传统媒体面临着不同程度的挑战。融合的概念源于西方国家对于产业融合的研究，尤其在信息产业高度发达的美国，在产业发展的带动下，融合理论随着实践成长起来。中国作为发展中国家，传媒发展至少滞后美国十年左右，因此，不管是产业融合还是媒介融合，欧美国家的实践都给我们带来有益的经验教训。

2.3.1.1 美国——市场主导下的媒介生产融合

媒介融合发源于美国。19世纪中期，美国学者卢森伯格针对美国机械工具产业早期情况提出技术融合思想。他认为，不同产业在生产过程中有这样一种倾向：即逐渐依赖相同的一套生产技术。此后，美国麻省理工学院媒体实验室的尼葛洛庞帝绘制了影响深远的三圆重叠图示，用来形象的描述计算机、印刷和广播三者的产业融合，认为三个圆圈的交叉处即融合处将成为成长最快、创新最多的领域。在此基础上，1983 年，美国马萨诸塞州理工大学的伊契尔·索勒·普尔在《自由的科技》提出"媒介融合"这一概念，指出各种媒介在不断发展的过程中，呈现出多功能一体化的趋势。

早在 20 世纪 70 年代成立的美国媒介综合集团，已经将《坦帕论坛报》《坦帕时代报》和 WFLA 电视台组合在一起，成立了坦帕媒介综合集团，成为在美国法律依然禁止报业和电视台的双向进入背景下的跨媒体经营特例。随着互联网的发展，大众传媒已经感觉到了互联网技术对于媒介的潜在价值，大量的传媒公司开始进入互联网行业。90 年代，美国的媒介进入融合的高速发展时期，媒介之间的界限已经模糊不清。传统报纸开设网络版，电视台也开始把部分视频节目上网，1992 年，美国《圣何塞信使新闻报》创办了全球第一份报纸网络版；1994 年，《坦帕论坛报》成立网站；1995 年，美国的全国广播公司与微软公司合作，开设互联网有线电视频道。随后，默多克旗下的新闻集团和李嘉诚旗下的集团也纷纷开始与互联网互动。2000 年，坦帕媒介综合集团成立享有盛名的坦帕新闻中心，时至今日，集团已经发展为拥有报刊、电视、网站等媒体的大型综合性集团。《纽约时报》集团的主席和发行人亚瑟·苏兹伯格指出：报纸的定义不应决定于第二个词"纸"，而应决定于第一个词"新闻"。对具体使用何种媒介传播，我们并不在乎。在网络上、在电视上、在广播上我们也必须做到同样强大。

随着信息技术的发展，互联网的普及，传媒业的不断向新领域的业务拓展，美国国内对于媒介融合的讨论和实践从多个层面展开，并衍生出"融合媒介"和"融合新闻"两个概念。美国新闻学会媒介研究中心主任将"融合媒介"定义为"印刷的、音频的、视频的、互动性数字媒体组织之间的战略的、操作的、文化的联盟"。2003 年，美国西北大学教授李奇·高登便根据不同传播语境下 Convergence 所表达的含义归纳了美国当时存在的五种"融合新闻"的类型即所有权融合、策略性融合、结构性融合、信息采集融合、新闻表达融合。之后，戴默等按照融合程度依次由弱到强、由简单到复杂，界定了"融合新闻"的几种模式：交互推广、克隆、合竞、内容分享、融合，并根据自己所掌握的美国及其他国家的媒介当时的实际情况对每种类型进行定义和阐释。

2007 年是美国传统报纸转型的一年，其方向可以总结为：从编辑、记者中心到读者受众为中心；从精英办报到精英结合社会办报；从平面媒体主导到网络主导；从报网互动到网络驱动；从文本到多媒体；从报纸编采的封闭系统到开放系统。麻省理工学院教授亨利·詹金斯谈到当前美国的媒介融合，第一是技术融合；第二是行业或产业融合；第三是社会的有机融合，也就是社会上对媒介融合的认知度和接受的程度；第四是文化融合，不同的媒体文化之间，如报业文化与广电文化、杂志文化、互联网文化，在操作的时候融合第五是全球融合，不仅在美国跨地区、跨行业融合，还可能在全球范围实现跨国的融合；在这个释义中，"三网融合"应是其中的组成部分，是实现媒介融合、社会融合和文化融合的基础。美国的三网融合实践走在世界最前沿，取得的成效也极具影响力，居于世界产业改革的领军地位。1996 年的《电信法》和美国联邦通信委员会的成立被世界关注并津津乐道，成为三网融合中立法和监管实践的榜样，为各国争先学习模仿。目前，美国的三网融合已经呈现出良好的混业经营状态，在技术、网络、业务、媒体、终端、监管甚至文化方面形成融合态势。美国有线老大康卡斯特全面开展三重 Triple paly（三重播放：电视、电话和互联网）和 Quadruple Play（四重播放电视、电话、互联网和移动通讯）业务。当前，"每月掏 30 美元，就可以安装三网合一的服务—265 个数字频道的电视和每月上千部电影；比电话公司高速网络还要快 5 倍的宽带；还能免费拨打北美地区内的电话。在美国有许多公司提供类似的项目，竞争激烈。"在这种产业环境里，美国媒介融合展现出新特点。

1. 对于内容生产的准确定位

"报纸即将消亡"、"电视没有未来"的论调首先发声于美国，迈耶甚至给报业绘制了走向消亡的日程图。2008 年，随着美国大选中奥巴马的大获全胜，新媒体的地位凸显并得到迅猛发展。2008 年 12 月 8 日，始创于 1847 年，拥有《洛杉矶时报》《芝加哥论坛报》《巴尔的摩太阳报》等 10 家日报和 23 家广播电视台的美国第二大报业集团的论坛报公司宣告申请破产保护。随后，芝加哥报业集团太阳时报传媒集团、明尼阿波利斯明星报公司、新闻纪事报公司、费城报业公司等报业巨头相继申请破产保护。2009 年 3 月 17 日，百年老报《西雅图邮报》停止纸质版，只出网络版。4 月，创刊 100 年的美国全国性日报之一《基督教篇言报》放弃印刷媒体，提供网络新闻，成为全国首家以网络版代替纸质版的全国性日报，使得一切预言几乎要成为现实。对于 2009 年悲情满怀的美国报业来说，其面临的危机主要来自三方面：一是新技术的发展和应用，受众习惯的改变。互联网等新媒体的互动、即时、便携、个性化特性充分激发了受众的媒体使用潜能，越来越多的受众从传统媒体涌向新媒体。受众的阅读习惯发生了前所未有的变化。二是经济危机的冲击。因为美国报业多为上市公司，经济危机下，市场疲软必然影响广告份额，从而影响了对广告依赖性强的报业。三是新闻内容制作的同质化严重，公信力的下降。电视面临的冲击虽然没有这么强烈，但是三大电视网的收视率持续下滑令经营者们不得不改变发展战略。

渠道的增多和完善，凸显内容生产的价值。据美国皮尤中心发布的数据显示：2007 年，美国的报业裁员 2400 人；2008 年的春季和秋季，芝加哥论坛报先后裁员 100 人和 80 人；此年，全美国约有 5000 名新闻专业从业人员失业，约占从业人员的 10% 左右。从 2001 年到 2009 年的时间里，美国的专业新闻从业人员减少了 1 万人。缩减人员，提高新闻质量，提升新闻生产力，成为美国报业的趋势。在实际的新闻生产中，传统媒体坚定"内容为王"的运营导向，主要体现在两个方面：一是努力促成内容的品牌化、精品化。二是根据各类终端设备特征提供相匹配的内容，采编部门灵活、弹性的生产差异化内容。新闻生产以内容为核心，先做网络终端，在网络平台上将内容进行初步的收集、整理、加工和发布，然后向其他平台发布合适的各种形式的内容，报纸等传统媒体是其中平台之一。在这一理念导向下，报纸的运营目标实现从新闻纸向综合信息服务平台的转变。正如《纽约时报》公司董事长亚瑟·舒尔兹伯格所说作为世界上最有影响的报纸之一，《纽约时报》将会发生系列重大变化，但我们对读者的承诺始终如一：尽可能为读者提供最好的消息。在网络时代，提起《纽约时报》，人们想到的不是新闻纸，而是新闻。

2. 传统媒体与自建网站生产商的水乳交融

随着新媒体主体地位形成，新老媒体之间生产上高度融合。在美国报业中，网络已经获得和报纸一样的地位，甚至高过报纸。《纽约时报》的发行人小亚瑟索兹伯格坚信印刷媒体与网络媒体融合将会推动未来传媒行业的发展，由此《纽约时报》提出四项战略任务，其中第一项将报纸和网络作为整体，提出在报纸和网络上推出新的产品和服务。

网站的原创性在传统媒体的支持下，得到很好的改观，传统媒体与网站作为整体的品牌形象正在形成。由新闻集团和 NBC 环球公司合资组建的 Hulu 就是典型的代表。Hulu 的视频主要来源于时代华纳旗下的华纳兄弟电视集团，狮门公司，以及美国广播公司 ABC 的电视节目。其视频库中上千部影视剧凭借其品质优良的原创性，吸引了大量的受众，形成了良好的网络品牌。

坦帕式的新闻生产曾经是媒介融合的典范，其影响力遍及全球传媒业。目前"传说"已经走进现实，传统媒体与新媒体流程再造、采编合一的生产方式已经成为美国各大传媒的生产常态。比如《华盛顿邮报》建成 Continuous News Desk（不间断新闻平台），在这个圆桌会议平台上，报纸编辑和网络编辑一起工作。编辑们随时关注电视、网站及所有媒体报道的新闻事件，其报纸和网站互动性非常明显。现任佛罗里达州布赖特豪斯体育新闻电视网记者部主任的维多利亚·林被美国新闻业界和学术界誉为"媒介融合报道皇后"，她介绍说：布赖特豪斯体育新闻电视网新闻中心下设 4 个子媒体，分别是报纸、网站、电视与电台。以前这 4 个子媒体分布在不同地方，各做各事。整合以后，我们把家媒体放到一栋大楼内，里头有一个"超级指挥台"，由 4 家媒体的负责人进行轮值。当收到新闻来源时，总指挥就会根据新闻内容作出判断，再把工作分配下去。她进一步解释说：例如，一个故事的画面性很强，我们就会让电视台去做这条新闻，如果一条报纸上的新闻有其他衍生的内容，或有相关文件，我们就可以把这些内容放到网站上去。当然，在分配任务和素材的过程中，总指挥除了做出精确的判断，还必须在各家媒体间做出平衡。

3. 对于网络媒体的充分利用

利用网络媒体实现大众传播和人际传播的联合作战。除了纸质版和网络版的不断融合，美国传统媒体充分利用新兴的网络媒体进行新闻生产，纸媒对博客、微博、SNS、RSS、wiki 系统、网络社区等等的开发成为近期的热点。"我们已经很难找到一个还没有增选博客纳入其内容创造和发布战略的传统媒体公司。《纽约时报》已有超过 50 个从时尚到科技的专门议题博客，《芝加哥论坛报》网站上的员工博客涵盖高中篮球与地区、州和国家的政治生活。"2006 年 3 月威廉斯创建 Twitter 后，微博开始积聚人气，在很多新闻事件中大出风头。一些老牌美国报纸纷纷开通官方微博客，作为内容推出和与用户沟通的平台。2009 年 5 月，《纽约时报》宣布其官方 Twitter 网站点已有已经有 85 万名关注者。同年的用户调查显示：Twitter 用户是老牌报纸最为看重的那群关注严肃新闻的中年人受访的用户年龄多居于 35 岁至 40 岁；其中 8% 的人会经常登陆《洛杉矶时报》网站，远高于登陆《洛杉矶时报》的普通网民数量仅占所有美国网民总量的 2.7%。博客及微博不仅仅是大众传播与人际传播强强联合的输出平台，更重要的是博客也成为记者的重要新闻线索来源。博客在密切关注主流媒体的动态的同时，也在给后者提供基本信息。媒体多样性的存在可能会导致新闻报道不一致的情况，但同时也打破了垄断，更好地确保公众获得信息的真实性和丰富性。另外一些网络社区也成为美国传统媒体新的战场。美国许多的新闻机构和主流媒体都建立了 YouTube 频道，比如美联社、《纽约时报》、哥伦比亚广播公司和《华尔街日报》等。美国一项调查显示，同样拥有 5000 万观众用户，广播用了 38 年时间，电视用了 13 年，互联网用了 4 年，而 Facebook 用了不到 9 个月的时间增加了 1 亿用户！

4. 终端引发的以用户为中心的产业链革命

"AT&T 已然被苹果绑架"的声音自 2007 年苹果公司推出 iphone 、iTouch 两款手持无线设备以来，不绝于耳。在双巨头的合作中，AT&T 仅仅被视为通道，通信运营商在电信价值链中的传统的核心地位被弱化，应用平台引领市场走向的核心地位得到确立，用户的地位在苹果的巨大获利下被凸现，苹果手持终端引发了一场以用户为中心的产业链革命。iphone 使移动互联网终端与业务一体化，打造了特有的与运营商的分成模式，改变了终端制造企业传统的盈利模式。据调查，iphone 用户对互联网的使用在美国移动互联网总流量中所占比重超过 60%。

当苹果刚刚发布 ipad 时，很多人断定这款没有键盘、USB 接口，编辑较长文档不方便的产品没有市场前途。但是产品最终的热销证明苹果更深刻地理解了移动互联网用户的需求，在开机速度、网页浏览软件、观看视频、照片、听音乐、读书机游戏体验等桌面媒体容易忽视的问题方面处理较好。目前，谷歌也联手索尼、英特尔正在打造将电视变成互联网终端的操作系统，并设计在未来实现使之与手机同步。由此我们可以看到，在整个信息产业链中，无论信息如何流动，无论在产业链中的位置如何，只要始终坚持受众利益最大化的定位，以用户体验的改善为目标，任何环节都处于核心位置。谁控制关键环节就能控制整个产业的传统产业链竞争法则逐渐失效。产业链中核心的不确定性和流动性是新媒体参与媒介生产最大的特点。

2.3.1.2 英国—受众导向下的媒介生产融合

在三网融合的议题中，英国的融合管制框架一直以来为外界所称道，尤其是《2003 年通信法》为基础的政策体系的建立，及独立统一的监管部门 Ofcom（offce of Communication）的成立，使得英国的通信业高速发展。目前，英国的通信网和有线数字电视网都具备了 Triple play 及 Quad play 的能力。运营商的"捆绑销售"概念已经逐步得到用户认可，并形成了强有力的市场影响力。英国广播公司早已进军网络，凭借自身强大的内容优势吸引了大批网络用户。英国电信作为英国最大的网络运营商，在提供互联网、电话等通信服务的同时，创办网络电视频道。自 2000 年英国政府提出"数字英国"的概念后，始终将推进家庭数字化作为重点关注的内容。在其推动下，目前英国的宽带家庭渗透率达到 60% 以上。根据 Ofcom 发布的 2010 年第二季度数字电视发展报告显示，目前英国 80% 的电视都已经完成数字电视整体转换。

英国的传媒业非常发达，在这样一个拥有 6000 万人口，地域面积相当于中国陕西省面积大小的国家，报纸、杂志、广播、电视等传统媒体，渗透进人们日常生活的角角落落。20 世纪的英国传媒业开始出现垄断组织的兼并、集中，1981 年《泰晤士报》《星期日泰晤士报》《太阳报》《世界新闻》先后被默多克的新闻集团收购。时至今日，英国报业形成默多克报团、镜报报团、邮报报团、快报报团和电讯报报团垄断格局。广播电视领域里的兼并收购此起彼伏，1990 年，新闻集团在英国开办卫星广播公司，后合并英国卫星广播公司成立英国空中广播公司。1999 年，英国的世界电新闻社被美联社收购。随着新媒体的发展，导致传统媒体的受众流失和广告份额的减少。英国牛津大学牛津网络学院发布的《2010 英国网络发展报告》显示，网络在人们的日常生活中扮演的角色越来越重要，约有 65% 以上的人在获取信息时都首选网络，网络已成为英国人获取信息的第一媒介。同时，用户制作内容持续增长，在英国几乎一半的人群拥有类似 Facebook 的社交网络。英国的年轻人正逐渐失去买报读报的习惯。新媒体的崛起使报纸发行量和电视的收视率持续下降传统媒体纷纷向数字化转型，以适应时代的发展要求。英国传统媒体在三网融合的背景下，与新媒体合作逐渐形成良好的局面。继每日电讯报等几家报纸"触网"后，拥有 240 年历史的《泰晤士报》于 1997 年开始推出网络版，之后英国各大报纸纷纷推出报纸网络版，并经历了一个由报纸网络版到网络新闻生产日趋主导地位的过程。目前，传统媒体的互联网业务非常成熟，网上广播、网络电视等新媒体已经成为传统媒体的基本服务。同时，在新闻生产实践中，报纸和网络的编辑以同样重要的身份出现在一个办公室里，共同策划新闻选题、报纸和网络的互动、融合实践在不断推向新阶段。广播电视机构中，无论是公营的 BBC 还是私有的 ITV、星空卫视，都建立庞大的数字系统平台，有效整合资源，实现收益最大化。新闻中心式的新闻生产在传统媒体新闻生产中成为常态。以下主要以英国广播公司 BBC 为例，简要分析其生产现状。

1. 新闻中心式的新闻生产

BBC 是英国一家历史悠久的广播电视传播巨头，是英国传统媒体的代表。BBC 始终站在新媒体开发的最前沿，利用各种新媒体技术的同时发挥其厚实的内容优势，实现传统媒体与新媒体的融合发展。BBC 的新节目"Have Your Say"将广播、电视和网络有机结合，充分实现了多种媒体相互渗透融合。为了有效地整合资源，BBC 较早的成立了新闻中心。

多媒体编辑部主任彼得赫鲁克斯在博客中曾经写道"广播新闻、网络新闻和电视新闻三大部门将不复存在，取而代之的是一个新的编辑系统……"，作为英国最大的公营广播电视机构，在伦敦拥有 1000 名从业人员构成的新闻中心，主要为 BBC 旗下的广播、电视、网络提供新闻节目，包括向公众免费开放的 BBCI-4 频道、24 小时新闻频道、国际频道。在BBC 的新闻大厦里，在专供游人使用的参观通道，可以透过玻璃观看电视的采编制作流程，身临其境感受新闻生产的合作氛围。新闻中心聚集报纸、电视、网络各个媒体的编辑同处一室。新闻中心由四大部分组成，其中采访部主要负责新闻采集工作，由记者、策划、编辑等岗位设置，其中策划师新闻中心的灵魂岗位，由资深记者担任，负责新闻策划、选题、采集的方向、记者的调配及媒体之间的新闻协调。一个庞大的机构，不同媒体从业人员整合在一起对相同的新闻素材，进行统分结合的最优化配置，策划显得尤为重要，是整个新闻生产的头脑，指挥生产顺利进行。另外新闻栏目组主要负责不同时段媒体相应的栏目组，组内有主编、制片人等岗位。未来媒体和技术部是媒介融合形势下各个媒体增设或者重点投入的一个部门，技术部除了复杂日常的设备保养和维护，还要对新媒体技术进行研发，比如数字直播星、宽带有线网络等，是传统媒体开展新媒体业务战略部署的重要一环。目前，BBC 的传播途径涉及有线、数字地面广播、卫星、IPTV 等多种形式。

新闻中心拥有新闻资源系统 ENPS，记者将采集的素材上传至系统，所有的编制人员都可以从系统中获取调用相关的新闻资源，甚至浏览各大世界通讯社传送的新闻资料并调用。各个媒体按照各自的传播特性和媒体属性逐级开发产品，在生产 - 编辑 - 播出大的生产流程上，完成不同层级的新闻生产。在一次采集，多次开发的框架下，新闻节目的终端越多，新闻生产的成本就越小，从而达到利润最大化。

2. 受众为中心的传媒发展

透过世界各国传媒硝烟弥漫的竞争，我们可以发现，各大传媒争夺的无非就是受众，因此受众的地位在现代传播中被凸显出来，以受众为中心的新闻生产成为今天传媒生产的核心概念。BBC 的受众调研一直与硬件建设同步进行，密切关注受众需求变化，适时调配资源分配强。早在 2005 年，BBC 动用了近千人花了将近一年的时间对传播环境、广电受众的需求和未来的前景，开展大规模的调研工作。在此调研的基础上，于 2006 年 4 月25 日正式提出名为"创意未来"的改革计划，做出转型的艰难抉择。要超越传统广播电视模式，改造成根据用户索求提供视听节目和视听信息为主的新型传媒。为了实施计划，进行组织结构重组和转型。将与节目制作的相关部门合并为新闻、图像及语音和音乐三个部门，设立媒体和技术部，统一管理包括网路在内的新媒体平台。其中电视、广播、网络新闻运营整合成跨平台新闻中心，并研发互动性重放器 iplayer。到目前为止，BBC 已经在近百个国家和地区进行了听众调研。为了获得准确的国外受众的人、特色、分布，以及其他国际广播电台的影响，BBC 还与美国新闻署研究室，德国、法国、荷兰、加拿大、澳大利亚等广播电台的研究部门交换调研资料，共同进行调研项目。

基于用户测试与调查的传媒发展是英国传媒发展的优良传统。新媒体的发展都是在大量的用户测试和调查的基础上展开的。例如，为了对手机电视这种新媒体形态的技术特征、内容偏好、用户评价等有更加清楚的认识，早在 2005 年，相关部门就在英国伦敦周边举行了第一次大规模手机电视试验。9 家广播商的广播电视信号在牛津周围 120 平方公里的区域，对 500 个当地用户进行内置数字电视接收器的手机使用测试。以此测评用户对手机电视服务的需求以及内容偏好。随后的两年里，几次大型手机电视试验陆续在这里展开。通过这些大规模测试与调查，为手机新媒体的技术改进、业务开展、内容研发等提供了较为直观的数据支持。再比如，2009 年 4 月初，英国通信管制局 Ofcom 公布将《媒体使用能力调查—数字化生活方式》报告作为《媒体使用能力调查》结果的一部分进行发布，基于调查结果显示：英国有接近一半的家庭并没有做好数字化生活的准备。英国政府相继做了大量的数字化准备工作。以用户为中心意味着基于受众调查的数字化推进过程而不是以政府或者传媒意愿进行类似"整体转化"式的简单操作。与之相比，我国在大规模新媒体的测试以技术信号稳定性的试验为主，远未涉及以用户为中心的用户内容偏好、用户的使用习惯及媒介内容研发的深度和广度，随着技术逐步成熟，相信基于用户为中心的调研将成为传媒发展的重要内容。以受众为中心就要全面了解受众的信息需求，提供给不同受众差异化的产品，更重要的是与受众展开互动，充分尊重受众的需求变化和信息消费体验。这一点，对于中国的传媒发展具有重要的借鉴意义。

与此同时，英国报业则以社区报的推进彰显以用户为中心的机制理念。在新媒体的无边界特点下，世界范围内的新闻传播已经达到很大的发展，但是，英国报纸协会研究却发现，对于地方自治制度历史悠久的英国受众来说，大家关心的更多的还是自己身边的事情，新闻价值要素里的接近性原则使得英国的社区报得到明显的发展，《泰晤士报》《观察家报》等许多报纸都纷纷推出自己的社区报纸。社区报纸深入受众生活，使新闻回归真实，回归民间，报道民众生活中原生态的新闻故事，这在狂轰乱战的重大新闻和突发新闻报道中显得更有亲民性。据英国报纸协会的调查表明 84% 的英国人会阅读社区报纸，并表示社区发生的新闻对自己的意义更大。社区报重视新闻报道的本土化，是报纸分众化在区域上的一种重要表现形式。有专家预言报纸的发展趋向时提到报纸作为纸媒不会消失，可能会以小型的社区报的形式出现。

善于存储历史、文化积淀厚重的英国传媒业，是国际传媒业向前发展的急先锋，其中很多有益的尝试值得我国借鉴和学习。目前，源自英国的文化创意产业已经自上而下席卷中国各大城市，成为我国经济增长方式转型的重要课题。

2.3.1.3 日本—国家战略下的媒介生产融合

日本是文化产业和信息通信产业工产业大国，日本 3G 网络建设和用户比例在世界范围内处于领先地位，是亚洲信息通信产业发展的翘楚。在日本的官方文件以及学术研究中习惯以"通信、放送、融合"这一短语来表述我们通常所说"三网融合"这一概念。日本的三网融合与中国发展状况类似，同分为两个发展阶段。日本的三网融合第一个阶段首先是电信行业和广电行业的融合。2001年1月13日，日本IT战略总部召开第九次会议，首次提出关于因特网的内容，电信和广电事业可相互利用；第二个阶段是三网融合阶段，随着因特网宽带化和光纤通信的普及使类似电视的电信服务如可视电话等变为现实，电视借助因特网和光纤通信设备服务领域更加广泛。2011年7月24日全面停止地面模拟电视的信号。

1. 国家战略层面的三网融合

日本始终将建立高度信息化社会作为国家重点发展战略之一。随着国家从战略层面不断推进二网融合，下一代网络——NGN的建设初建成效。目前，NGN已经兼具电信网、互联网、广电网三网之优势网络稳定、信息可靠、传输速度快、供给品质高、信息传播安全性强、使用经济等。

2000年，日本政府正式通过《IT基本法》，该法充分体现了日本IT立国的基本思路和构建高度发达的信息化社会的决心。随后，日本政府并组"高度信息通信网络社会推进战略本部"负责国家IT战略的制定与实施，并重组中央政府的机构设置，成立总务省负责实施信息通信产业相关事务。

以2006年为分水岭，自2001年日本颁布《e-Japan战略》至2005年底，日本国内的基础设施建设基本完成，日本全国宽带用户达到2237万户，数字电视信号被推广到全国范围。截至2009年9月各都道府县家庭数字电视机普及率都达到了55%以上，其中普及率最高地区为78.4%，最低为55.2%。2006年1月，日本政府再次发布《u—japan推进计划2006》，继续推进"网络无处不在社会"信息化战略部署，并提出具体的实现计划和项目。政府同时发布了"IT新改革"战略，明确提出：促进传媒业和通信业结合、建设网络社会的目标将作为日本国家的信息化产业政策之一。为日本信息通信业跨行业合作和产业链构建提供了充足的政策保障。日本移动运营商NTT DoCoMo和KDDI的手机电视业务始于2003年。在新媒体的冲击下，日本主流的媒体如NHK等相继开设了手机电视频道，通过本土研发的支持"One seg"功能的移动电话来向用户提供手机电视服务。与此同时，日本各大媒体以内容提供商的身份，积极地与通信运营商展开合作共同推广手机电视业务。2005年12月，日本最大的电信运营商NTT DoCoMo以1.77亿美元收购了富士电视台2.6%的股份，后与日本电视广播网签订合作协议，双方进行内容和渠道的全面合作。KDDI也积极与美国高通公司、朝日电视台展开内容上的合作。由于日本采取的是全国统一制式、统一资源分配、统一开播，手机电视在短时期内得到了迅速发展，到2007年3月用户已经突破700万，2008年3月用户数达到2700万，占日本手机用户总数的四分之一左右。目前，日本国内有实力的企业已经具备了同时提供互联网、移动、固话以及视频服务的能力。NTT DoCoMo、KDDI、NHK、TBS电视台及朝日电视台等企业之间不断加强合作，于2008年组建了民间组织"日本IPTV论坛"。该组织统一了日本IPTV业务标准并承诺用户不需要购置专用终端就可接受 IPTV 服务并根据自己的意愿更换提供服务的公司，以此来促进 IPTV 的普及。

相关法律的修订与完善。2008 年日本政府开始讨论制定融和法，试图统一《广播法》和《电气通信事业法》等 9 部相关的现行法律，借以打破分界而治的产业现状，为三网融合扫清障碍，创造一个自由参与竞争的环境。技术的发展一日千里，新媒体的应用不断丰富，作为日本传统媒体，主流媒体在媒介生产融合发展中新闻质量和媒体的专业精神并没有消弱，相反在突发事件报道中被放大出来。日本的《灾害对策基本法》《气象业务法》和《放松法》规定：日本媒体既是可独立采访灾害情况的新闻报道机构，同时也是"灾难应急行政一体化"的防灾机构。以日本影响力最大的公共传媒 NHK 为例，NHK 始终保持着"我的方式传播"的媒体第一价值，在多渠道传播中保持了独立性和公信力，即便在大灾难来临时也不曾改变，能够准确、迅速播放灾害警报、避难指示、灾害时的劝告等，表现出一流媒体的社会担当和新闻专业主义精神。

2. 传统媒体的坚守与突围

全球范围内的信息产业革命，对于有着良好读者群的日本报业来说，机遇与挑战并存。众所周知，日本的报纸在全球报纸的发行量中首屈一指。日本新闻协会曾经对一般民众的媒体意识进行了调查，结果显示在报纸、电视、广播、杂志、网络这几大媒体中，报纸被认为是"最不可缺少的情报来源"。也就是说，报纸在日本媒体格局中发挥了重要的受众影响力。日本报纸主要分两大类，即一般性报纸和体育报。一般性报纸具体指全国性报纸、区域性报纸和省报，体育报则主要提供体育新闻和娱乐信息。全国性报纸《朝日新闻》《读卖新闻》《每日新闻》《日本经济新闻》和《产经新闻》也被称为五大报纸。在一般性报纸 7036 万份的总发行量中，五大全国性报纸的发行占了报业市场的左右，其他 115 家报社约占的市场份额。其中，《读卖新闻》的发行量超过 1000 万份，位居世界首位。

随着新媒体的出现，传统媒体在日本的情况同样不容乐观。日本国内传统媒体的受众群正在发生迁移，年轻人远离报纸成为不争的事实。截至 2009 年底，日本国内运用个人电脑上网的人数为 8541 万人，占全部上网人数的 90.5%，运用移动终端（如移动电话、PHS、PAD 等）上网的人数为 8010 万人，所占比例为 85.1%，同时运用多种终端（包括个人电脑、移动电话、PHS、PDA 以及游戏机和电视）上网的人数为 627 万人，约占总数的 6.7%，而在仅仅使用其中一种终端上网者中，任何一种终端使用者的比例都不超过 20%。"One seg"功能的移动电话的普及率也达到了 48%，日本经济新闻社社长杉田亮毅表示："尽管日本人一直保持着阅读报纸的习惯，但互联网带来的冲击还是很大。日本报纸的广告收入去年同样出现了下滑，而互联网广告却在过去 10 年中增长了 230 倍。"拥有良好读报习惯受众群和本土特色发行体制的日本报业也难逃世界范围的变革之痛。受经济危机的影响，日本报纸广告支出大幅度缩水，世界第二大报《朝日新闻》出现创办 130 年来的首次财政赤字，部分主流报纸正在或即将面临破产局面。迫于生存压力，传统媒体不断裁员，2009 年，日本通讯社、报纸从业人员首次低于 17 年来的 5 万人。同时，为了应对新媒体的冲击，传统媒体不断调整早晚刊配套发行的机制在网络新媒体出现后，以晚刊停刊缩减成本的脚步不断逼紧。全国性报纸《产经新闻》早在 2002 年停止了所有地区版的晚刊的发行，仅保存大阪总社发行版的晚刊。为节省经费，部分报社在报纸运输和经营方面合作已经蔚然成风，并不断将合作延伸到生产领域。2008 年 10 月，朝日新闻社和读卖新闻社之间达成了互给印刷协议，即朝日新闻社和读卖新闻社的指定印刷厂可以相互印刷报纸。同时，跨区域、跨媒体之间的合作越来越普遍，主流报纸与主流广播电视之间不断建立新闻联动的关系，媒体之间共享新闻资源。

传统媒体一边进行内部调整，一边融合新媒体业务在坚守与突围中不断探索新的发展路径，从 1997 年开始日本各大传统媒体就尝试着纸介媒体与互联网的结合，纷纷建立报纸网站，媒介融合成为传统媒体转型的必然阶段。从报纸简单的电子版，到网络新闻的成熟发展，报社的组织结构在不断地调整，由开始的传统媒体从业人员兼职采编网络新闻，到后来逐步设立专门的部门、调配主要力量从事新媒体内容生产。例如日本经济新闻专门设立电子媒体局负责新媒体业务，朝日新闻社有近百人从事着电子编辑工作。为了尽快地完成报业的数字化转型，日本主流报社《日本经济新闻》《朝日新闻》及《读卖新闻》组建"日经—朝日—读卖网"。这种合作使媒介生产的内容更加充实，读者能同时阅读比较各报报道，并可以从这个共通网站移动到各报独立新闻站点，进而阅读更详细的报道，增强报纸的网络影响力和网络内容的关注度。受众不但可以通过一个界面查看三家报社的日常新闻等内容，还可以欣赏到三家报社如朝日新闻社的《天生人语》、读卖新闻社的《春秋》和日本经济新闻社的《编集手帐》等品牌栏目。随着新技术的发展和手机媒体的普及，2009 年，日经—朝日—读卖网网站的新闻摘要、社论摘要和照片对苹果智能手机桌面开放，借助新媒体平台报纸的影响力得到进一步提升。

据日本新闻协会 2004 年统计，在其 110 家成员社中，共有包括《朝日新闻》《每日新闻》《读卖新闻》《日本经济新闻》《产经新闻》在内的 42 家媒体先后推出了手机报刊服务，总用户数达到 3000 多万人，占手机用户总数的一半之多。方便、时尚、便宜，使用这种通过手机发送信息的方式受到用户的欢迎，也为报刊的收费信息服务和媒介融合开辟了一条有效的发展途径。许多报纸如读卖新闻、朝日新闻等报社都积极筹建立体传播媒介群，利用立体媒介多渠道广泛、迅速地传播新闻信息成为日本传统媒体新闻传播新格局。

2.3.2 国内媒介生产融合现状

国内关于"媒介融合"的研究大多数都仍停留在对于西方的经验的讨论和引进，西方的理论和实践如何在我国传媒业应用，以及强调媒介融合的重要性等理论层面上。由于各国经济发展和文化背景的不同，我们应该做的是深刻思考西方国家践行的媒介融合规律是否适应中国传媒市场的国体和政体，文化背景、经济发展情况，文化产业发展现状，传媒的特殊属性、传媒市场的发育程度、行业体制、运行机制、管理政策等，造就了一个怎样的独一无二的中国式的传媒市场，全球化的媒介融合大潮会对我们已有的传播格局带来哪些冲击与挑战，怎样从中国实际出发，考量我国在媒介融合大背景下媒介系统内部各因子此消彼长的矛盾运动，从而建构中国媒介未来发展体系本节中将根据我国的实际情况分析现阶段我国媒介生产融合的基本特点和现状。

2.3.2.1 我国媒介生产融合的基本特点

我国的媒介融合以集团化作为发端。1996 年，我国大陆第一家传媒集团—广州日报组建报业集团成立。1999 年 6 月，无锡广播电视集团作为全国第一家地市级广播电视集团成立，2000 年 12 月，湖南广播电视集团作为全国第一家省级广播电视集团成立。2003年开始，一批真正意义上的跨地区、跨媒体、跨行业的大型综合传媒集团纷纷成立，如一些大型报业集团如南方日报报业集团、湖北日报报业集团和辽宁日报报业集团等向跨媒体"传媒集团"的改变地市级传媒集团的组建，如烟台日报传媒集团、红河新闻传媒集团及佛山新闻传媒集团等再如广电跨媒体运作的典范—原上海文广新闻传媒集团的建立，及成都传媒集团、牡丹江新闻传媒集团等大型综合传媒集团的先后成立等。截止到 2006 年，国家不再批办行政性传媒集团，中国大陆的传媒集团共有 85 家，其基本格局为：报业集团 39 家、出版集团 14 家、发行集团 8 家、广电集团 18 家、电影集团 6 家。大型传媒集团的成立为我国媒介融合打下良好基础。在此背景下，传统媒体创办网站、涉足手机媒体业务，从而将广播、报纸、电视、网络、手机等整合在一起，组成规模庞大、功能强大的大型传媒集团成为大势所趋。跨媒介集团的产生方式主要有两种：内生型与组合型。内生型即从单一媒体脱胎而来，以主媒体为主，自身规模和实力不断壮大后，创办子报刊或者专业频道，随着传播科技的发展，各媒介又创办自己的新闻网站。我国目前的跨媒介经营主要是这一种。组合型即曾经完全独立运作、企业文化和管理理念差异都很大的报纸、广播、电视台、网站通过水平整合的方式融合到一起。美国的媒介综合集团就属于这种类型。集团的要义是资源整合，重塑流程，集体作战，随着技术的发展，融合实践在我国成为传媒改革的整体趋势。2010 年，由中国媒体融合与发展高峰论坛组委会组织评选了"中国媒介融合先锋榜"。新华社、中央电视台、凤凰卫视、人民日报社、南方报业传媒集团、湖南广电集团、新浪网、上海文广新闻传媒集团、第一财经、解放日报报业集团 10 家媒体榜上有名。另外烟台日报报业集团和成都传媒集团 5 家媒体获提名。媒介融合成了业界的新世纪以来最响亮的关键词。

纵观中国媒介生产融合现状，主要特点为：空间区域上的多样性和差异化融合；时间上的渐进式动态发展、螺旋上升式的融合；形态上的有限融合。

1. 空间上媒介生产融合的特点—区域上的多样化和差异化

我国是一个国土、人口大国，拥有 960 万平方公里土地，占世界的 7.15%，人口超过

13 亿，占世界的 20%。随着改革开放的不断深入，我国在世界经济体系中所占的位置不断提高，日益林立大国之列。截止到 2008 年，我国的 GDP 总量排名世界第 3 位，仅次于美国和日本。但由于我国地域辽阔，自然地理环境各异，地区间经济发展模式和速度不尽相同，不同地区在自然资源、区域特征、经济基础、技术实力、市场与信息状况等方面存在着较大的差异。区域发展的不均衡带来媒体发展的巨大差异。

（1）不同地域板块中媒体生产的多样化发展

根据的蒂契纳知沟理论，由于经济条件不同，传播技能、信息储备、相关的社会交往、对信息的选择性接触、接受和记忆相异，个体间会出现知识沟壑。在数字化背景下，这种知识沟壑演化成数字鸿沟。第一道数字鸿沟指接入沟是指电脑和因特网接入上存在的差距。研究者把接入的概念分为四种：1）由于缺少兴趣、电脑焦虑和新技术缺乏吸引力而导致的基本的数字经验的缺乏，称为"精神接入"。2）电脑和网络连接的缺乏，成为"物质接入"。3）由于技术界面不够友好、教育和社会支持不足而导致数字技能的缺乏，称为"技能接入"。4）使用机会的缺乏以及这些机会的不平等分布，称为"使用接入"。从中国互联网络发展状况统计报告中的统计数据我们可以看到接入上的差距。据中国互联网络信息中心（CNNIC）发布《第 27 次中国互联网络发展状况统计报告》显示，2010 年，从互联网普及率上看，各地区的互联网发展差异依旧明显。第一梯队：互联网发展水平较好，普及率高于全国平均水平，主要集中在东部沿海地区和部分内陆省份。包括北京、上海、广东等十四个省或直辖市。其中，北京互联网普及率高达 69.4%，上海和广东分别为 64.5% 和 55.3%。第二梯队：互联网普及率低于全国平均水平，但是高于全球平均水平，包括青海、湖北、吉林等六个省和直辖市。第三梯队：互联网发展水平较为滞后，网络普及率低于全球平均水平，集中在西南部各省和中部地区，包括宁夏、西藏、湖南等十一个省或直辖市。互联网用户的分布具有两个特征，一是人口较多的省份互联网用户数量较多，二是经济发布地区互联网用户数量较多。互联网应用正在全国范围内加速普及，但是西北、西南等经济不发达地区接入互联网、应用互联网的用户数量和比例依然不足。经济发展的不均衡，带来媒体的接触与需求情况不同。经济发达地区的媒介融合呼声更紧，步伐更大。而且根据不同区域的经济特点和人们的媒体需求，媒体融合的程度和侧重点不同。比如发达地区 GDP 大部分都是靠服务业。服务业的从业人员使用电脑的机会多，生活水平较高，所以互联网等新媒体的普及率高。他们可以上新闻网站、进网络社区，写博客。欠发达地区，虽然电视和互联网普及率低，但是手机的增长率比发达地区家高。现在农民身上人人有手机，通过手机或得天气情况，体育信息，娱乐信息等。

根据我国国务院发展研究中心在 2005 年提出的"四大板块八大经济区"方案：将全国划分为东部、中部、西部、东北四大板块。其中东部板块是我国经济最发达的地区。该地区以占全国 36% 的人口，创造了全国 56% 的地区生产总值，居四大板块之首。中部的经济实力明显弱于东部，西部的经济实力又弱于中部。东北以占全国 8.4% 的人口，创造了全国 8.7% 的地区生产总值。以我国广播电视网站的受众数量分布为例，东部经济发达地区的广播电视网站建设较为广泛，部分广播电视网站甚至根据不同的业务需求创办了多个网站，再加上经济发达地区的广播电视媒体拥有更好的内容和人力资源，网站建设水平明显领先于西部地区。因此，经济发达地区广播电视网站的受众规模明显高于西部经济欠发达地区。区域在经济上的差异导致了媒体的接触机会差异，及由此引发的对于媒体的需求差异。经济发达的东部板块媒体最活跃，在新闻集团中，以央视为首的强势媒体林立，比如上海广播电视台及属下的 SMG，先后成立了"百视通""文广互动"等新媒体公司，在全国率先建立了立体多元的媒体产业格局紧随其后，中央电视台对原有网络资源进行整合，成立了"中国国家网络电视台"，统一管理和运营央视的网络、手机电视等新媒体资源而凤凰卫视也对凤凰网进行改组，成立了"凤凰新媒体，其后又与中国移动进行合作，通过互联网和移动通信网向大陆用户拓展其节目内容和服务，全方位整合多种媒体形式、内容资源、传播渠道，实现了多媒体、跨平台、全方位的传播。同时，凤凰新媒体还与新浪宽频、PPLive、悠视等 p2p 视频网站进行联播等。纸媒中如广州日报报业集团通过搭建数字技术平台进行媒体融合生产上海解放日报报业集团 2006 年引入无线移动通信技术、互联网多媒体技术、电子纸显示技术以及与宽带传输技术，先后推出以四个"i"为关键字的系列新媒体——i-news、i-mook、i-paper、i-street。其"用轻资产撬动重资产，用虚拟组织拓展新媒体项目，用新技术增值传统报业，用新媒体延伸报业产业链"等全新思维和做法，在全国报业同行引起反响。

东部媒体背靠自己的品牌优势，不断在新媒体领域扩展业务，各大媒体都在媒介融合的大潮中重新定位，寻找新的突破点。江苏卫视、湖南卫视、浙江卫视、山东卫视、凤凰卫视上海文新集团、南方报业集团等等均开辟了一条具有地域特色的媒体发展之路。央视的国学气派、大局视角上海的海派文化、东方视野凤凰的全球姿态、跨国情怀，江苏卫视坚持以"爱"为主题，以"情感"为内核湖南卫视湖南无坚可摧的"快乐"文化安徽卫视继续打造文化品牌无不显示出媒体与社会的息息相关。地方媒体的优势资源是其独特的地域文化，地域文化不同使得媒体在融合的过程中显现出不同的品质和风格。中国幅员辽阔，情况复杂，包括媒体在内的所有变革没有完全可以套用的模式，在遵循规律的基础上各自发展，发展好了，都是好模式。就像五十六个民族，五十六朵花，朵朵都姹紫嫣红。

（2）不同行政级别媒体生产的差异化发展

我国的媒介宏观管理体制长期实行按照行政级别、行政区划进行纵向归口管理的分级垂直管理模式。在这种管理机制的作用下，形成了中央、省、市、县"四级办台"广播、电视台和"四级办报"现已取消大部分县级党报，改革为三级办报的媒介市场格局。

不同的行政级别的媒体在融合形态上存在着较大的差异。这时，中央级的媒体呈现出两重身份，一方面，它是市场的竞争者的同时，它又具有政策制定者的背景。省级、地市级传媒在逐步成为市场竞争主体的同时，是着政策执行者的身份。央视作为中央媒体，在行政推力下，占有各种媒介发展的先机，资源优势明显。2006 年 4 月，经广电总局批准，CCTV 获得开展以 PC、手机、IP 电视为接收终端的自办点播、自办频道、集成运营等九项业务的经营许可权，随后全权独家授予新成立的全资子公司—央视国际网络有限公司。整合后的央视国际是全国唯一具有全业务资质的新媒体机构，它以图文为基础、以视频为核心、以互动为特色，采取公司化的架构、企业化的运营方式，成为多终端、立体化的传播新平台。央视网2000年10月被列入中央重点新闻网站，成为新闻媒体网站的国家队和主力军，2009年12月28号整体升级为中国网络电台。凭借母体的影响力，央视网将许多重大历史事件的新媒体转播权稳收囊中。北京奥运会中，它获得中国大陆和澳门地区的独家新媒体视频转播权，南非世界杯期间，作为新媒体独享赛事直播权等等。中央电视台原副总编辑、央视网总顾问赵立凡强调：国家网络电视台的目的就是要抢占多个制高点。第一，抢占视频资源的制高点；第二，抢占各类新媒体制高点；第三，抢占手机电视的制高点；第四，抢占"三网合一"的制高点。由于具备得天独厚的先天优势，央视如果能通过改制建立起更合理的股权和治理结构，以及激励机制，极可能在国内的视频领域中后发先制。2006年，CCTV利用多哈亚运会契机，联手两大移动运营商开通了手机电视业务。每天提供八套直播节目，为观众提供在线直播、点播及个性化定制等业务。2007年12月，央视国际控股的央视国际移动传媒有限公司成立，以"CCTV移动传媒"作为播出名称进军车载电视业务领域。但是另一方面，作为媒体的最高级，面对旧体制，中央级的媒体改革从来都是小心翼翼，在循序渐进中寻找突破，无论是转企改制，还是制播分离，央视一直是稳扎稳打的低调进行式。笔者在新闻中心的调研中处处感受到了央视"新闻立台"背后决策者的改革决心和智慧策略。人民日报社总编辑吴恒权才胸有成竹的在"传统媒体与新媒体互动与发展"研讨会上感言"我认为，作为悠久历史的传统媒体的报纸有着自身的存在逻辑和演变路径，有着很强的适应和应变能力。至少在中国这样一个欣欣向荣的发展中国家，报纸的市场空间并未饱和，还有相当的发展潜力。"他的这番话当然是建立在人民日报社不断改革创新，在以建设为国际一流媒体的媒介融合的道路上取得一定成绩的基础上。

省级媒体改革的压力相对较小，改革做得好就一片赞扬，做不好属于是有益的尝试，可以总结经验教训以作警示，因此总体态势是阔步前进，锐意进取。目前省级媒体的改革路径根据自身媒体的实际情况千姿百态。诸如上海广播电视台的锐意进取，在全媒体集群路径上的"在播、在线、在场"战略，南方都市报全媒体集群的"平台"战术，解放日报、广州日报报业集团的全媒体生产流程再造。诸如西部媒体宁夏和青海卫视与上海和湖南卫视的大胆跨界联姻，一种跨区域双赢的合作模式正在开展。省级以上的媒体集团开展全媒体业务更多的是受到准入的限制，比如报社向广播业务、影视制作业务进渗透，电视台开展平面业务等。准入因素双刃剑，一方面维护了舆论生态的平衡，限制垄断；另一方面不利于传媒的全面快速发展。放开准入限制，引进防垄断规制应该是媒体发展的应有之计。

在追求垄断经济诱饵的吸引下，我国地市级媒体对于全媒体试验的热情无比高涨。又因为其规模小，转身快，地市级的全媒体实践在业界广为人知。比如烟台日报传媒集团、宁波日报报业集团、杭州日报报业集团、佛山传媒集团、牡丹江新闻传媒集团、红河新闻传媒集团等等，都在探寻一条适合自身发展的全媒体之路，地市级媒体中报纸受到网络和电视的双重竞争压力，改革的步伐显得更为急迫。各地市报业集团的全媒体探索一时间风生水起，形成一道亮丽的风景线。笔者去烟台日报传媒集团调研时，亲身感受到烟媒有大量的兄弟媒体从业人员前往，全媒体探索的成功经验正在被争先恐后的学习。另一方面，因为地方政绩工程建设，大多地方媒体的发展会得到当地政府的大力支持。支庭荣曾经对牡丹江新闻传媒集团、佛山传媒集团、红河新闻传媒集团和成都传媒集团的成立及社会影响做过鞭辟入里的分析，他指出"从动因看，3 个地市级集团牡丹江新闻传媒集团、佛山传媒集团、红河新闻传媒集团成立的经济因素不能说没有，但并不充分，尤以红河为最，传媒集团的成立更多地是为了匹配地方政府的施政。而成都个案似更多地服务于为上市公司提供概念以及与省级媒体竞争的目的。"烟台日报传媒集团将各媒体现有成熟模式打破重建，有很大风险，因此诸多大报虽然汲取经验但是暂不敢"妄动"。解放日报报业集团的某位编辑曾经告诉笔者"现有体制下，虽然集团化了，但子媒体间的人员流动、干部变动、工薪调整乃至设岗减员等都涉及复杂人事问题，在真正的实践中融合的问题的确令人举棋难定。"

　　在不同的发展时期，随着政策的开放性越来越强，媒体之间的跨区域跨媒体合作形式在不停地变化，以找到更加适合发展的路径。比如湖南广电集团、凤凰卫视等一批品牌传媒集团事业的突飞猛进，使得传媒集团生产实践纷繁复杂，媒介生产融合呈现出多样性的特点。

2. 时间上媒介生产融合的特点—渐进式动态的发展过程

　　媒介生产融合中的"融"，与冰河融化的"融"同义，是一个生动的动态的过程，不应是简单的、粗劣的合，应该是动态的、逐渐的合在一起。不同点在于冰河融化的关键因素在于温度的上升，媒介生产融合的要旨则应该是市场的需求。冰河融化由固态变为液态的过程属于物理变化，而媒介生产融合属于"化学变化"，牵扯到生产流程再造、体制改造、机制创新、组织结构转型及从业人员观念转变等等内部结构的深层次调整。因为"伤筋动骨"式的变革，因此在媒介生产融合不断走向深入的过程中，必定遇到不同程度的困难和问题，有时甚至会出现历史的倒退，但整体上看是上升的，所谓螺旋上升的发展态势。另一方面，文化产业、传媒业与资本市场的对接和融合，需要一个渐进的过程，"所谓渐进，就是考虑我们社会制度特有的媒体意识形态属性、社会稳定和舆论导向功能与市场取向之间的平衡与结合，是用时间的磨合来换取发展的空间。"这种改革既是渐进式的，也是"事后承认式"的。所谓的"事后承认"其特点就在于"不争论，允许试"。上海广播电视台创新的前提就是他们没有亦步亦趋地把自己束缚在一个明确的框架范围内，而是在充分利用已有体制的空间。在现实中，不同媒体的融合水平和需求都是不同的，但是事物总是从无序走向有序，逐步走向均衡。我国的媒介生产融合总体上正在经历着物理层面的整合、融合、深度融合报业的融合之路，经历了报纸网络版、报网互动、报网融、报网融合品牌树立几个时期视网融合随着网络电视台的发展逐步成熟起来，传统媒体与网络、手机的生产融合以千姿百态的形态出现在媒介融合大的场域里。和整个社会变革的逻辑一样，"渐进式"的传媒变革符合中国现实。如果承认目前媒介融合在生产领域里渐进改变的话，考验中国传媒界决策者的命题是渐进的速度不能落后于时代，否则会被受众所抛弃，被市场摒弃，继而被历史遗忘。

3. 形态上媒介生产融合的特点——有限融合

媒介生产融合是一场革命，在中国现有的政治经济场域里进行媒介变革，意味着媒体体制机制的重建、媒体从业人员的重塑，意味着建立成熟的市场规则，甚至意味着对媒介属性的再确认。因此，媒介生产融合在技术上可以无限融合，但是在内容生产、体制机制、营销上是有限融合。

目前，我国的传统媒体在履行舆论宣传工具的功能无可非议，但是，如何面对境外媒体的竞争在市场中做强做大，尚没有与此相适应的应对措施。由于我国的传统媒介是按照行政体系设置的，不同的主管部门分兵把口，壁垒森严，做报纸的不许碰电视，做电视的不许碰出版。竖井式管理模式的缺陷和跨媒体经营的冲突在融合中不断升级。另外，目前我国的媒介市场基本都是一省一报业集团加一广电集团的模式，当地媒介集团几乎垄断地方市场，同一地区的报业与广电集团之间很少往来，媒介在行政管理体系下很难通过市场力量进行融合。另外，新媒体领域的多方监管给媒介生产融合带来诸多不便，例如国务院新闻办公室监管网络，但网络出版却划归新闻出版总署管辖，而视频网站则属于国家广播电影电视总局的监管范畴。由于网络电视兼容了电信网络渠道和电视的节目内容，其发展受到工业和信息化部、国家广播电影电视总局和文化部三部委的共同监管。在手机媒体的问题上，也存在着类似的问题。

我国深化文化体制改革自 2003 年中央召开了全国文化体制改革试点工作会议正式拉开序幕。2008 年 11 月，李长春同志在《求是》杂志撰文指出：要加快推进国有经营性文化单位的转企改制，按照建立现代企业制度的要求，完善法人治理结构，使之成为合格的市场主体完善市场体系，打破按部门、按行政区划和行政级分配文化资源和产品的传统体制推进政企分开、政资分开、政事分开、政府与市场中介组织分开。目前我国虽然在大力推进文化体制改革，但是在一些尚未转企改制的传统媒介领域，实现融合难度相对较大。媒介融合是指基于数字化技术的不同媒介之间的资源共享，各种媒介呈现出多功能一体化的发展趋势。媒介融合从本质上讲，首先是传播技术的融合，即两种或多种技术融合后形成某种新的传播技术。而"真正意义上的媒介融合，必然将消除新闻出版业、广播电视业、娱乐业、信息产业的传统行业壁垒，使众多关联产业共同整合在内容产业的旗帜之下。"行业壁垒的消除，意味着组织结构的转型和重构。建立在产业优化理论上媒生产介融合，要实现最少的劳动成本下，一次采集、多次加工，供给多条渠道，以有效提高媒介资源利用率，实现范围经济，增加收益率。在旧体制面前，中国转企改制的步履异常艰难，每个系统都有众多工作人员和成型的机构设置，改革必然带来这些机构和人员定位和职能的调整，影响他们的切身利益和价值，更不用谈在中国就业压力飘升的现实情况下裁员。中国文化从来就是"不患贫而患不均，不患寡而患不安"，只要人人有饭，"人心齐，泰山移"是中国式扑不灭的真理。因此，无论是长期融合还是短期融合，中国特色的媒介融合必定是有限融合。

美国密苏里新闻学院副院长莱恩·布鲁克斯教授曾经说：媒介融合是一个新闻学上的假设，其核心思想就是随着媒体技术的发展和一些藩篱的打破，电视、网络、移动技术的不断进步，各类新闻媒体将融合在一起。既然是假设应该是无限的，但是落实到非真空的传媒实践中，媒介生产融合应该是有限融合。媒介运作规律可以借鉴，模式不可以套用，媒介生产融合应该从国情出发，建立和发展具有中国特色的融合之路。国外有媒介融合，中国有"整体转换"，国外是发展丰富的内容吸引大量的用户，中国是设法争取大量的用户再生产丰富的内容，比如我国数字电视的普及，先不说效果如何，这种"整体平移"就像中国式的春运执行力一样势不可挡。既然是整体平移的方式，就注定了现阶段媒体改革的有限性，有限的范围里进行整体操作。另一方面，各种媒体毕竟是异质的，媒体之间的差异是永恒的，"分中有合，合中有分"，融合是一个相对概念，媒介融合是有限融合。

2.3.2.2 我国媒介生产融合的现状分析

王菲在《媒介大融合》中，从产业链角度形象的绘制了我国媒介融合的产业形态，主要表现为横向融合、纵向融合、交叉融合和系统融合。随着三网融合的不断深入，产业链上任何一个环节都可能进行内容生产，因此，就我国现阶段的媒介生产融合来讲，也是以横向融合、纵向融合和交叉融合的形式出现的。

1. 传统媒体与新媒体的生产融合现状

这里考察的范围是内生型传媒集团传统媒体与新媒体的生产融合情况。目前，我国传统媒体与新媒体在生产商融合体现为两种主要形式：一种是传统媒体与互联网的融合，一种是传统媒体与手机媒体的融合。传统媒体与网络媒体生产融合中又以两大阵营为突出，一个阵营是报网融合，指报与网络的业务融合。另一个是视网融合，主要指电视与网络的融合。随着新媒体主体的地位提高，传统媒体与新媒体的生产在集团内部呈现一体化现状。2000 年后新媒体的发展可谓神速，以不同的发展态势不停地刷新自己的记录，刷亮众人的眼球。以 2010 年分为水岭，2010 年之后，作为传统媒体的报纸和电视加速与新媒体融合参透，一方面显示了传统媒体顺应新形势创新改革的决心，一方面说明新媒体经过了几十年的发展，其媒体属性及传播功能的逐渐成熟，得到传统媒体欧变认可。经历了经济危机、报业"寒冬"论的报业变革转型的决心异常坚决。报网融合的意义对于报纸产业来说是自救，既是自救，在有着尊贵血统的最为古老的传媒中，传媒人的努力显得尤其悲壮，顾而也弥足珍贵。电视作为更多依赖电子技术的传媒类型，与网络的融合，显得从容不迫，这份从容部分来自广电上级主管部门国家广电总局对手内容的掌控。在三网融合的大背景下，电视台的融合之路斗志昂扬，基调明朗向上。

在传统媒体与手机媒体的融合过程中，因为电信作为一个强大的市场主体参与到竞争中来，使得问题更加复杂。在我国三网融合的政策下，电信问鼎内容生产，成为传统媒体的直接竞争者。在西方国家的广播电视和电信的行政管理制度和相关法律文件中，已经允许广电与电信的对称开放和混业经营，这也是我国信息产业发展的大方向。但在我国目前的手机报和手机电视业务中，电信部门利用渠道优势把传媒的内容原创优势创收的大部分利益据为己有。传媒在与手机媒体的融合中，发挥想象的空间目前有所局限。

（1）报网生产融合现状

飞利浦·迈耶在《正在消失的报纸—如何拯救信息时代的新闻业》中说"自从电子时代在20世纪20年代开始出露端倪以来，报纸就一直通过适应一长串的新技术来将其衰退减少到最低限度，这些技术破坏了它们当时的经营模式：无线电广播、电视、用于直接邮寄广告的高质量印刷术和高度专业化的印刷媒体。"可见，报纸是受新技术影响较深的传统媒体，技术发展不止，报纸的变革不息。自进入新世纪以来，随着新技术的发展速度呈指数性增长，报纸面临的危机排山倒海般呼啸而来，陷入了一场深刻的经营危机。全世界的报业人都在思索：我们为之奋斗的报业这是怎么了？中国报业经历20年的高歌猛进，2005年进入"拐点"，2009年，在经济危机的影响下，报业危机论、报业寒冬论此起彼伏，纸媒似乎日渐唱衰。报纸的发行量虽然20年来保持了持续增长，但据调查发现，近几年增长较大的主要是省、市级的地方报纸，而在网络发达的大型中心城市，报纸发行量几年来不但增长无几，更是明显出现下滑趋势。以网络为代表的新媒体新世纪以来迅猛发展，中国的媒体环境和格局发生着重大变化，报纸的年轻读者不断流失，报纸的发行市场不停地萎缩，传统报纸的主流地位从根本上被动摇，一场"殊死搏斗"悄然上演，报纸为生存而进行的改造和转型势在必行。也许是网络媒体真正刺痛了报纸的神经，以内容维权为核心的报业联盟式的自我保护显示了报纸的焦虑不安和不知所措。2010年，冷静下来后的报纸回归了理性的思考能力，接着，我们看到是报业与网络更多不同形式的联合。迈克尔波特指出与其说把替代物看作是一种威胁，不如将其视为一种机会。他进一步指出："进入替代产业也许可以使某公司从替代产品与产品的相互关系如共同的渠道和买者中获得竞争的优势。"更重要的是，报业在与新媒体的融合中看到的不仅仅是自身传播渠道的增多，影响力的扩大，受众的回归，更重要的是报业终于可以问鼎一直以来专属电视的视频领域。

报纸和网络在生产上的融合深度取决于网络新媒体的成熟速度。网络媒体主体地位的形成过程伴随着媒介融合一步步走向深入。"互联网，在向传统媒体发力的过程中，经历了3个阶段。第一个阶段是互联网刚刚诞生时，互联网处在"话题年代"，传统媒体对它仅是有所关注；第二个阶段是互联网迅速发展时，互联网处在"课题年代"，传统媒体对它开始研究；第三个阶段是互联网成熟时，互联网反客为主，进入"命题年代"，传统媒体不得不按照互联网的命题来设置自己的命运。自报网联盟至今，大致经过了报纸网络版、报网互动、报网融合、报网融合品牌化四个阶段。

1）报纸网络版

网络刚刚出现时，网络内容相对单一，基本上是报纸的网络版，原封不动的转载当日报纸的内容，新闻更新率低，报纸和网络保持独立。1997 年正式接入互联网的人民网，当时叫作人民日报网络版，每天用中文发布《人民日报》电子版，媒体形式仅限于文字和图片。人民网就像人民日报的影子，报纸上有什么，网上就有什么，网络的普及率低，大部分的上网行为并不是为了获取信息。这是报网生产融合的最低级阶段。

2）报网互动

报网互动更多的是体现在新闻生产领域，报纸和网络两个独立的新闻生产部门之间进行新闻生产联动合作。最初的报网互动仅限于形式上的互动，比如相互做广告，报纸编辑在网络做客串访谈等。成熟的报网互动是内容上的深层互动，当遇到重大新闻事件时，报纸和网站共同策划，根据不同媒体特点进行内容编排，充分发挥多媒体报道的优势，放大新闻价值，形成舆论合力。尽管如此，互动还不是融合它仅仅是表面意义的融合不是深层次的是局部的融合不是全部的是阶段性的融合不是常态的。报网互动是报网融合的初级阶段，主要是报纸借力网络，放大自身的影响力。早在 2001 年，杭州日报报业集团就开始报网互动的尝试，2006 年，报网互动一时间风靡我国传媒业，《杭州日报》与杭州网推出"报网动"专栏，使报网互动有了一个常规化的操作平台。自 2008 年开始，全国报纸多数都开展报网互动，在广州的报纸中，《南方都市报》的《网眼》版、《南方日报》的"网视焦点"栏目、《新快报》的《热辣网事》等，《成都商报》的《成都全搜索》版和《城市闻版》。尤其是报网互动报道重大新闻成为普遍情况，例如两会报道《人民日报》和人民网推出"网友说会"栏目，《浙江日报》开设"两会视点"访谈栏目和"两会新闻眼"栏目等。1998 年，人民日报网络版有了时事报道，2000 年，人民日报网络版更名为人民网，成为独立的网站，2003 年后，人民网与人民日报的互动趋势日渐明显，报纸的内容可以以单篇或者整合等方式为网络所用，网络充分发挥渠道优势，放大报纸内容为报纸从业人员建网络专栏，博客为报纸提供与受众互动等。随着网络采编能力的增强，报纸不断地从网络挖掘新闻源。国内的报网互动已经形成新闻热线——新闻事件——报纸新闻——新闻跟帖——新闻论坛——报纸获取新闻资源等一整套完整的体系，并在今年取得了较好的联动传播效果。

随着报网互动的广泛开展，各大报社对深层次的融合提出要求。2006 年解放日报报业集团成立了为解放网提供即时新闻的即时播报记者小组，从集团所属各个子报选出多名记者，要求他们既要完成报纸的写稿任务，又要为解放网即时发送新闻信息。2007 年 6 月，《广州日报》成立滚动新闻部，负责报纸、手机和网站三个部门的联动发稿。当发生重要新闻事件时，滚动新闻部派记者去第一线采访，实现新闻的滚动播报。新闻稿同时面向大洋网和《广州日报》。杭州日报报业集团原滚动新闻中心主任瞿刚介绍说：多次的滚动新闻尝试积累了经验，然而，报还是报，网还是网，新老媒体作为两个机构的客观现实使这种"滚动"仅仅成为"互动"的升级版，并没有实质性的改变。从《广州日报》滚动新闻部的实践来看，滚动新闻的确一定程度上提升了《广州日报》的市场竞争力，但因为滚动新闻部是一个存在于报纸和网络之间的中间机构，仅是报纸和网络的部分融合，只对新闻生产起到一定的促进作用，未触及报网融合的实质和根本，因此还处于报网互动阶段。广州日报报业集团滚动新闻部主任吴国华指出："如果每位广州日报的记者都有全媒体意识，一边采访一边播报，并且意识到网络和手机只是与纸张不同的载体而已，广州日报和新媒体不再分离，真正融为一体了，那时滚动新闻部就可以取消了。"他认为滚动新闻部的最终目标是消灭自己。杭州日报报业集团总编辑赵晴说："互动不完全等于融合，报纸和网络必须合一，传统媒体才能真正拥有互联网实时、滚动、多媒体的优势，实现新老媒体的优势互补。

3）报网融合

传统报纸和互联网真正在生产实现融合，不仅仅涉及新闻采编的融合，更涉及技术融合、内容融合、体制机制融合、文化融合、利益融合和营销融合等诸多方面。目前的报业从事新媒体业务真正做到技术和内容融合的范例比较多，但是真正在体制机制、文化、利益及营销等各方面真正融合的例子却乏善可陈。目前的传媒改革，体制的神经虽然不可轻动，但是可以尝试先在机制和政策上确保报网融合的切实可行。南方报业传媒集团、广州日报报业集团、宁波日报报业集团、烟台日报传媒集团等一批报业集团在报网融合中起到了示范作用。

通过定量调查显示：关于传媒媒体与新媒体在生产上的合作，媒体从业人员已经不再认可仅仅是在内容上互动，以往在报纸上刊登建议受众到指定链接去阅读网络上的相关内容，或对内容进行相互转载被认为是较浅层次的合作。34%的被调查者认为新旧媒体间应该结成联盟，整合内容生产、渠道和终端资源，在竞争与合作的过程中相互促进。更有42%的人深刻地认识到，未来的媒体发展应该进行全方位融合，生产流程再造，实现全媒体战略，例如成立一个总的新闻中心，一次采集，多次加工，通过不同媒体进行全方位报道。

当然，这种深度融合应该建立在新媒体生产能力的逐步壮大上，笔者深刻地感受到，一种新介质出现必将引起人们的关注，但是否能成为媒体，取决于它是否有生产内容的能力，即传媒生产力。当前，我国的新媒体在不断走向成熟，其生产能力在不断提高，诸多由传统媒体创办的互联网站在发展壮大。以人民网为例，自1999年以来，人民网就推出多媒体，独立参与了澳门回归、历年"两会"、国庆阅兵、奥运会其他重大活动的报道。2007年后，人民网先后推出人民宽频频道、人民播客；2009年人民网新建成200多平方米的广播级演播厅，启用较高水平的远程视频访谈室，并建成使用专业水准的非线性编辑室，同年价值万元的卫星直播车投入新闻实践，实现全媒体采、编、播统一集成。2010年3月，人民网网络电视台——"人民电视"开始试播，人民网的生产能力不断地提高。笔者调研中定量考察的数据显示，仍有25%的人认为新媒体生产具有独立性和原创性，并对新媒体生产前景看好。

报网融合容易取得的成效是共建共享信息源，共同组建一支能写稿、拍照、录像，全天候、全功能、"十八般武艺"皆精通的记者队伍，遇到突发性新闻事件，首先发几十字的快讯给手机媒体，接着连续发动态消息给网络，最后是深度报道给报纸、刊物文字报道和照片给各家媒体，视频给网络。以上情形形象地描述了报网融合后的新闻生产概貌。比如杭州日报报业集团的"1+6"模式，烟台日报传媒集团的新闻生产流程再造，都是从生产采集开始融合。杭州日报报业集团坚持"一报一网"，一个编辑部同时生产经营报纸和网络，实现新闻采编策划的一体化。烟台日报传媒集团是新闻流程再造的先行者，在"集团办报"大方向下，打通报纸生产环节，将所有的记者集中在一起，成立新闻中心。新闻中心负责新闻采编，上传至全媒体新闻采编平台，新闻素材按层级开发，一次生成，多次利用。在这种模式下，新闻生产真正实现了融合。报业必定在"边际收益递增"效应中受益匪浅，报网融合是报业立足于市场竞争，追逐利润最大化的必然需求。

4）报网融合品牌的建立

目前，我国一些报业的先行者已经步入报网深度融合的阶段。报网一体化是报网深度融合的表现，是报业转型的科学定位。在报网深度融合中，报纸和网络充分发挥各自的优势，最大限度地挖掘了自身的生产可能性。在报网深度融合中，报纸专业的、庞大的采编队伍将使网站拥有强大的新闻渠道优势，原来报纸的新闻生产节奏焕然一新，滚动的 24 小时的新闻生产工作方式将深入人心。报业不仅在传播中稳固并扩大了受众群，而且在实践中逐渐找到盈利模式。更重要的是，报纸和网络践行着共同的价值取向，又根据各自媒体的特性寻求不同的传播方式，两者遥相呼应，在生产中逐渐形成默契，达成共识，形成合力。报纸的内容影响力带来的传统媒体的强势地位将全力扶持新媒体的成长，并将自身的品牌和影响力逐渐向网络新媒体渗透。随着报网融合的不断深入，报网一体化并逐渐形成统一的品牌标识。"报即是网，网即是报"的概念在受众中逐渐形成。如今提起人民日报，人们马上就会想到人民网，看到人民网就会想到人民日报。生产端的采编一体甚至组织结构转型带来了受众终端认识上的水溶交融。

报业集团化的方向是实现多种媒体并存发展。只有通过多种渠道传播，报纸的内容才能被多次利用，才能在多次利用中不断增值，才能在不断增值中获取最大利益。如果报纸不主动渗透新媒体，必然会接受新媒体对报纸的渗透。在这样一个媒体融合的时代，报业应该把握主导地位，敞开胸怀，拥抱新媒体，在未来的媒体格局中更好的定位。由于初期的技术不成熟，网络一开始以呈现图片和文字为主，因此不可避免的主要攀附于传统媒体报纸，利用报纸的内容优势资源不断地发展壮大自己。诚如人民日报总编辑吴恒权坦言："新媒体脱胎于传统大报，又在发展过程中深刻改变着传统媒体的生产方式和生存形态。在当今世界媒体发展潮流之中，传统媒体要跟上数字化、网络化的脚步，必须加快向新兴媒体延伸的步伐，必须从新兴媒体中寻找支点。反过来，新兴媒体要谋求健康快速发展，离不开传统媒体强大的新闻生产能力所输送的充足养分。"他进一步指出："报网融合既是现状，更是未来。"

（2）视网生产融合现状

在很长一段时期里，电视媒体因其声画同步、直观形象和现场感、时效性强而长期处于主流媒体地位，各种议程只有经过电视传播才会进入社会公众视野，甚至各大重要事件，必须有摄像机才能证明其历史客观性及重要的社会价值和意义。受众认可电视机里的世界。但是随着新技术的发展，电视媒体作为单一的传播载体已经显露出它的劣势。同行竞争、新媒体的发展都是广电急需变革的前提，但就现状来说，我国广电与网络的融合压力主要来自电信向传媒业的渗透。目前，电信三网融合的破冰业务融合视讯正在加紧部署。在三网融合的格局中，电信与互联网的融合因为同属一个监管部门而天然形成，因此视网融合是广电应对三网融合中的必要举措。另一方面，据中国互联网络信息中心（CNNIC）发布《第44次中国互联网络发展状况统计报告》显示，2019年上半年，我国网民继续保持增长态势，截至2019年6月，我国网民规模达8.54亿，较2018年底增长2598万，互联网普及率达61.2%，较2018年底提升1.6个百分点；我国手机网民规模达8.47亿，较2018年底增长2984万，网民使用手机上网的比例达99.1%，较2018年底提升0.5个百分点。与五年前相比，移动宽带平均下载速率提升约6倍，手机上网流量资费水平降幅超90%。"提速降费"推动移动互联网流量大幅增长，用户月均使用移动流量达7.2GB，为全球平均水平的1.2倍；移动互联网接入流量消费达553.9亿GB，同比增长107.3%。因为电视媒体与网络媒体视听兼备的特点，国家广电总局对网络视听的传播有播控权，广电在与网络融合的道路上显得更加胸有成竹。

另一方面，"在受众的信息结构方面，电视的人口渗透率极高（超过了97%），全国大部分人口都是有效的潜在收视人口"，因此，全国现有的亿网民中，绝大多数同时是电视观众。央视—索福瑞的研究发现看电视时间多则上网时间少，上网时间多则看电视时间少。由此可见，电视媒介与网络媒介之间存在着一定的竞争替代关系，电视媒体主动与网络媒体融合发展，利用各自优势相互补充，是顺应时代潮流、维持受众的重要手段。

基于网络视频的视网融合新媒体形态包括电视台网站、网络电视台及等形式，在此笔者重点分析电视台网站和网路电视台。广东人民广播电台网站成立，随后，广东电视台网站开始上线运行，身处改革开放前沿的广东广电率先涉足互联网传播，拉开了我国广播电视网站发展的序幕。同年，中央电视台创办了第一家电视台网站——央视国际，随后国内其他的电视机构便纷纷追随央视建立自己的网站。1996年6月，凤凰卫视创办了最初域名为phoenixtv.com的凤凰网，走在视网融合的前端。之后，上海电视台网站、安徽电视网、广东电视网问世相继问世。2004年，湖南卫视创办如今已经形成品牌的金鹰网。此时的电视台网站主要借力电视，从母体中汲取大量的内容资源发展壮大。随着新技术的指数性成长和传媒格局的剧变，视网融合通过网站改版的形式一步步走向成熟。2007年11月，凤凰网改版，并将原域名phoenixtv.com改为。2008年后，金鹰网多次高调改版，先是添加视频新闻、视频分享、播客社区等多项视频相关版块，后又推出了"网络娱乐生活"的新概念，将电视、网络、手机更好地整合在一起。目前，湖南卫视积极挖掘网络优势，投资上亿元进军网络游戏产业。

进入 21 世纪之后，广播电视网站的经营规模和范围不断扩展。2020 年 7 月 8 日，国家广播电视总局正式发布《2019 年全国广播电视行业统计公报》（以下简称《公报》）。《公报》显示，2019 年全国制作发行电视剧 254 部、1.06 万集，影视剧类电视节目制作时间 12.03 万小时，同比增长 2.12%。全国电视剧播出 21.11 万部，影视剧类电视节目播出时间 848.45 万小时，同比增长 3.21%。2019 年全国广播电视行业总收入 8107.45 亿元，同比增长 16.62%。其中：广播电视和网络视听业务实际创收收入 6766.90 亿元，同比增长 19.99%。传统广播电视广告收入下降，新媒体广告收入增长明显。持证及备案机构网络视听收入持续增长，已经成为广播电视行业发展的生力军。

网络视听节目坚持精品创作，加强统筹建设和管理。全国持证及备案的 620 家网络视听服务机构新增购买及自制网络剧 1911 部，同比下降 10.41%。网络视听机构用户生产上传节目（UGC）存量达到 16.73 亿，同比增长 61.64%。网络视听付费用户 5.47 亿户。在关于传统媒体与新媒体生产融合是否有利于新闻节目制作的定量调查中，结果显示：73% 的被访者肯定了生产融合在当前新闻生产中的积极作用，认为新闻中心有利于新闻生产。新闻源空前丰富，各自媒体可以在共享库里随时提取最新，最适合自己媒体的新闻素材进行二次采编。子媒或频道编辑可以不用管理记者，节省出时间忙于新闻策划，不用再疲于应付各种事务性的事情，只专心编排新闻内容，使得新闻的专业性更强。同时，编辑有时会跟记者一起去采访，离新闻源越来越近，编辑的积极性得到提高。当然生产融合也对编辑提出了较高的要求，要求编辑针对版面、文字、信息、记者等资源有较强的整合能力。其中，持否定态度的从业人员占受访比例的 12%，另有 15% 的受访者对创建新闻中心后的融合生产不置可否。

电视在与新媒体的融合过程中，并没有像有的专家担心那样在融合中迷失或失去了自己，而是凸显传统媒体的传播优势。中国人民大学陈力丹教授给出这样的评价："网络较多地抢先揭露问题，传统传媒在跟进的同时，给予理性的关照。因为网上的东西真实程度和观念的理性程度均不够，需要由传统媒体给予适当的'纠偏'。这样的'合作'关系正在形成。"网络新闻可以经过电视媒体的深度调查报道使得事件的真相大白于天下，还原新闻真实。

（3）分中有合，合中有分

以上是就业界实践较久的报网融合和视网融合做出的论述，现实情况是：随着大型传媒集团的成熟，报台网三者甚至更多的新旧媒体之间的融合正在发生。客观地说，我国的报台网融合在大部分传媒内部还处于探索摸索阶段，其中的问题比经验多。笔者在调研中深刻地感受到在融合的大趋势下，人的思路和观念转变是最难以逾越的鸿沟。翻山越岭易，超越自己难，如果论证开来这属于一个深刻哲学命题。目前，国外有影响力的新闻网站都是报业发展起来的，我们国家的有影响力的新闻网站却是新浪、搜狐、网易、腾讯等门户网站。实践说明做新媒体要有新媒体的观念，要有新媒体的思考方式。报纸、电视做网站一定要站在网络的角度上去思考问题。推进报网融合的关键在于体制机制的创新，而观念的创新则是关键中的关键。报纸和网络是完全不同的媒介形态，做好报网融合最重要的一点就是要在观念上有所突破，解放思想，改革原有的新闻传播理念和模式，真正拥抱网络。即使是新媒体发展足够成熟的今天，我们也处处可见传统媒体的影响力，比如现在CNTV的站内搜索必须像翻书箱一样一个一个找，这完全不是互联网的使用习惯，互联网的使用习惯是要让别人容易找到，然后看预览效果和推荐。再比如我们的国家网络电视台仍然保留"电视台"的称呼，网络上的内容划分依然称之为"某某频道"等等。当然，我们不能因为名字而否定传统媒体在新媒体探索中取得的成绩。但是笔者只想说明：超越自己很难，这里的自己是大写的"自己"，是传统媒体，是旧有的思维习惯和观念。当然，改革总不是一蹴而就的，相信传媒改革会在历史的环环相扣中最终走向新的传媒格局。

另一方面，传统媒体与新媒体之间应该相互学习，弥补自身的先天不足。比如上海第一财经王牌栏目《波士堂》的电视节目制作中，在以观众为中心的理念倡导下，竭力倡导新媒体思维，注重传送双方的互动过程。而一个由传统媒体报纸或电视传媒集团开办的网站，应该充分借助集团的影响力和品牌优势，找准自己的立足点，打造不一样的新媒体。比如湖南广电集团旗下的金鹰网，充分依托传统媒体的娱乐品牌优势，整合集团的娱乐资源以娱乐资讯和娱乐互动为特色，创建了一个国内最好的电视视频互动娱乐网站。

更重要的一点，充分认识到各个媒体的独立性是我们讨论融合的逻辑起点。传统媒体在实践工作中，应该把握融合的有限性，不要在新媒体的技术漩涡中迷失自己。充分把握传统媒体的传播优势，以专业的惯性思维创造专业的内容。分中有合，合中有分，意味着差异性表达，整体看，这些新闻产品有差异，包括内容差异、角度差异、表现形态差异等。这些差异使各媒介定位差异得以实现。只有各个主体时刻保持融合中的独立性，差异性、原创性、专业性，不在"融合"中失去自己，才会有融合的长久性和稳定性。

让人欣喜的是，笔者调查获知：33%的受访者认为报台网的生产融合后，生产内容更加丰富；34%人认为生产形态更加多样化。新闻中心之前的新闻生产中，各个子媒或频道都有跑不同"口""线"的记者，对整个媒体来说，资源浪费重置现象严重，新闻中心将记者全部集中在一起，将所有的新闻线索合理分配，既可以加大覆盖面，又可以丰富各个点的报道力度和细节。新闻源的获取更加丰富，使得新闻生产的内容更加丰富。同时，由于各个子媒或频道面对相同的新闻源，子媒或频道编辑要充分发挥自己的编辑思想，根据所在子媒或频道的特点，编辑出与众不同的新闻稿件，因此新闻生产的形态较之以前更加多样化。

2. 媒体当跨"界"——全媒体生产融合现状

目前，与国际化新闻集团相比，中国的传媒业仍然"小巫见大巫"。然而，随着以互联网为代表的新技术在短短十年内快速崛起，中国传统的传媒格局已经被彻底打破，报纸、广播、电影、电视等传统媒体纷纷通过跨界发展寻求新路径。我国的传统媒体集团化愿景指向大型综合传媒集团。在国际传媒集团的启示下，无论是报纸还是电视都已意识到自身传播力量的单薄，伴随着产业发展在行业性和地域性上的成熟，纷纷谋求跨媒体、跨行业、跨地区多元化运营发展，向综合传媒集团转型。2006 年 11 月 28 日，成都日报报业集团与成都广播电视台合并，成立了全国中心城市第一家综合传媒集团。随后一批跨媒体、跨区域、跨行业的大型传媒集团纷纷成立，比如原上海文广新闻传媒集团、南方日报传媒集团、湖北日报传媒集团等。在我国现实语境下，一时间形成传媒界"三跨"新话题。

跨媒体。在传媒业，跨媒体运营一般有三个层次，一是传统媒体或媒体集团的网络化与数字化拓展，二是广电集团主办广播电视报或期刊，以及报业集团或其参股的上市公司向广播、影视剧制作行业渗透，三是报纸、广播、电视同属于一家传媒集团。"跨媒体"对于新闻传播来说，意味着报纸、广播、电视和网站的采编业务全面整合，资源共享，集中处理，然后通过不同的渠道与平台传播给受众……跨媒体运作一般在两个层面上展开。一是不同媒体之间通过收购、合并等手段，进行产权、营运、产品的整合，形成规模异常庞大的多媒体集团，开展具有规模效益的多种业务；二是统一媒体集团内部的不同媒体，发挥协同效应，使信息资源的用途多样化。传统媒体"触网"即是跨媒体之举，而时下也是业界操作频繁和热议的主要话题。新媒体代表了新技术，新技术昭示着社会发展的大趋势，排斥新媒体就是拒绝新技术，拒绝新技术意味着逆社会潮流而上，传统媒体已经深刻的意识到了这一点，目前，国内的传统媒体没有网站的屈指可数。由网络发展开来，伴随着三网融合的不断深入，传统媒体在手机领域也不断开拓疆土。2003 年 10 月，海南电视台最早推出中国手机电视业务。2006 年，中央电视台联合电信部门启动了央视手机电视业务，通过手机平台将丰富的电视节目，大型互动等呈现给用户。2009 年，中广卫星移动广播有限公司与东方明珠旗下的上海文广手机电视有限公司正式签约，在全国率先启动广电手机电视 CMMB 的商业运营。从非严格意义上来讲，在"三跨"之中，跨媒体较之跨行业、跨地域来说，属于传媒内部的整合，因此操作起来相对容易，效果也易于掌控。实践证明，传媒界内部进行跨媒体经营对媒体品牌的塑造及延伸起到很好的作用。

跨区域。一批大型传媒集团积聚有大笔资金，本地市场空间接近饱和，集团的发展受到一定的限制，出于资本扩张的要求，它必然寻求跨地区发展机会。国家广电总局推进广电系统的改革不是今天才开始，只是三网融合的大背景将广电的改革由幕后推到幕前凸现出来。传统的"四级式"的典型政府办媒体的模式，以"大跃进"的方式使中国的电视台数量顷刻间位居世界首位，解决了临时性的全国覆盖问题。但是随着网络技术和卫星技术的进步，四级办模式越来越暴露出它的不足，单一、分散的传播模式严重阻碍了中国传媒业的发展。技术飞速发展下，新媒体传播无疆界的特性提醒了传统媒体除了纵向合并，还可以横向联合。于是跨区域整合成了传统媒体集团期待的战略目标。早在 2001 年，央视与美国在线时代华纳公司的跨区域合作就已经开始。美国在线时代华纳公司进入中国广电市场，作为互换，中央电视台的英语频道（CCTV-9）则利用时代华纳的网络在美国播出。随后，贵州电视台收到央视的启发正式向外界宣布整合战略的"西部黄金卫视"。然而，早期卫视跨区域整合由于国内广电体制框架的严重束缚并不成功。2001年，中宣部、新闻出饭署等颁发《关于深化新闻出版广播影视业改革的若干意见》中指出要"组建一批主业突出、品牌名优、综合能力强大的大型集团""促进跨地区发展和多媒体经营"。随后期待已久的各大媒体纷纷响应上海《东方早报》将投资主体发展到上海、南京两地，解放日报报业集团与成都日报报业集团联手的《每日经济新闻》相继创刊或推出试刊，2003年7月，上海文广新闻传媒集团推出了"第一财经"这个概念品牌，并由此开始了跨媒体、跨地区经营的大胆尝试，通过资源整合陆续开办了第一财经电视频道和第一财经广播频率，并于2004年年底与广州日报报业集团和北京青年报社联合创办了《第一财经日报》。在中国，这种不以地方命名，广播、电视、报纸统一称的平台，"第一财经"是第一家。"2003到2004年，跨区域在广播电视方面则更为普遍，广播电视本身多区域覆盖的技术特性决定了其发展中必将遇到众多竞争对手，而竞争与合作则是2003-2004年中国广播电视发展的关键词之一，媒介金牛市场、省级城市频道联盟、全国交通联盟、诸多音乐联播榜都是跨区域合作的产物。"2010年，青海电视台和湖南广播电视台共同组建新公司，湖南广电将全面负责运营青海卫视，而在此之前，开始先行制播分离的上海广播电视台已经与宁夏广播电视总台达成合办宁夏卫视频道的协议。电视台的跨省合作在国家广电总局的支持下正成为一种新趋势。由于我国传统媒体长期以来体制机制上的束缚，传统媒体之间跨越存在着很多现实的问题，比如当地政府的干预、区域文化的差异带来的合作停滞等。但是新媒体的无疆界特性给媒体跨区域发展提供了良机，成为传统媒体跨区域的突破口。为了开辟新的广告业务运营市场，找到新的盈利模式，2010年5月15日，深圳广播电影电视集团、黑龙江日报报业集团等家媒体联手组建"城市新媒体联合体"，通过资源整合，推出跨地区、跨媒体的城市联合网络电视台。新上线的城市联合网络电视台域名为cutv.cn，将以"统一技术平台、统一业务流程、统一广告运营"的方式进行建设和运作。

跨行业。为实现与资本、资产联合，以前是业外资本踊跃进入媒体，现在则是在业内资本推动下的媒体业务进入其他媒体或行业以实现价值扩张。2009年12月，淘宝网与湖南卫视宣布共同组建"湖南快乐淘宝文化传播有限公司"之后，阿里巴巴集团董事局主席兼首席执行官马云发表感言："如果只会种自己的田，这是农民；只会种别人的田，是打工仔；能把别人请来种田，收获自己的果实，这是地主。"传媒媒介跨行业整合也成为媒体新的经济增长。湖南卫视自新世纪以来，在集团的发展中频频出新，与淘宝网的合作将整合双方资源，筹备一档电视节目，同时在淘宝网上设立专门潮流购物频道及外部独立网站，打造与网购有关的电视节目及影视剧，打通网络与电视的平台终端，创建电子商务结合电视传媒的新商业模式。值得关注的合作亮点是："快乐淘宝"将开发多终端应用，即电视网络手机覆盖的技术创新。2009年，浙江日报报业集团确定"全国化全媒体"之路。接下来的战略部署先是与阿里巴巴战略签订合作协议，两大集团利用各自的优势和团队进行合作推出时尚生活周刊《淘宝天下》；紧接着与中央电视台财经频道签署战略合作协议，将业务渗透至电视然后出资绝对控股红旗出版社有限公司；为了发展户外媒体组建新公司，专门经营与视频新闻结合的户外大屏幕 LED。因为互联网和手机牵扯到渠道问题，因此传统媒体开展网络、手机业务实质上是跨行业之典型，三网融合还没有铺展开来时，业界已经将行业合作进行的有声有色。如上海电信和原上海文广联合运营的 IPTV，双方优势互补，2009 年年底用户已突破百万；杭州广电与杭州网通在资本层面进行深层合作，开展服务，兼顾了双方利益，确保用户发展顺利进行，2008 年年底达 30 万。此外，宁夏、河南、山东潍坊和山西晋中农村地区等电信和广电之间的一些实质性的合作，也堪称典范。

在跨行业运营方面，报业主要通过收购、兼并、参股等形式，将业务拓展到非文化领域，开展与现有技术、产品、市场没有联系的经营活动或投资活动，如高新技术产业、房地产业、教育业等。上海文新报业集团则通过证券市场介入资本运作，加大对文化传播产业的投资。例如文新报业集团通过控股合并上海印刷集团，建成上海青浦印刷基地。依靠投资、控股、参股、合作，相继组建家以音乐舞蹈、会晨、动漫票务、剧场经营为特色的文化公司。2010 年，文汇新民联合报业集团又对旗下的新民传艇广告公司增资 5000 万。

"三跨"式的全媒体生产实践多年来，出现了大批成功合作的范例，而且现实的情况交叉复杂，诸多"跨越"给我们带来许多有益的启示，"携手、合作、互补、共赢"是传媒业发展的成功之道。只讲竞争已成过去，追求竞合才能双赢甚至多赢。由此可见，媒介融合的范围不仅仅指媒介产业内部各不同形态的媒介之间的融合，它还包括媒介行业与其他行业之间的整合，比如新闻媒介与电信产业的融合、媒介与先进科学技术之间的融合等。

第3章 中国媒介生产融合存在的问题分析

※ 3.1 媒介生产融合存在的问题分析

长期以来的思维习惯保守有一定的历史惯性。在我国，以报纸、广播、电视为代表的传统媒体大都有半个世纪的历史，在历史的发展中赢得了值得尊重的社会地位，从感情上来讲，在中国讲"报纸即将消亡""电视没有未来"，有太多的东西让保守重情谊的中国人承受不来。可以想象当新技术兴起时，为什么传统媒体会一时间端起自尊和高傲，高调布局以保护正版内容为旗号的传统媒体"自卫反击战"。但是世界范围内的技术进步席卷而来，技术本身并不吸引人，但是技术带来的贴心便利的信息服务消解了人们对于新技术的抵触甚至不屑，获得了受众的一致认可，由此我们看到了技术的渗透力无坚不摧。受众对传统媒体产生了怀疑，传统媒体开始坐立不安，反思自身发展的新路径。联合新媒体共同发展既展现了传统媒体作为资深传媒大海般的胸怀，又表明了缺乏安全感的传统媒体终于走出了被新媒体一棒打蒙的尴尬，凭借多年积淀的内容生产优势和丰厚的人脉资源重新拾起了自信，从容应对传媒变革的姿态。但是技术融合易，体制机制融合、文化融合、观念融合难，在媒介生产中不同的生产思路和理念在一起不断的碰撞，既有星光点点，也有火光四射。跨媒体、跨区域、跨行业的媒体发展除了需要充分的发展想象力，还要有切实可行的媒体实践经验需要积累。

3.1.1 传统媒体固有的媒体成见给媒介生产融合带来的障碍

技术平台的搭建容易，技能的掌握相对简单，新理念的形成比较困难。范以锦教授指出传统媒体经营新媒体，解决理念的问题更为迫切。在目前我国的传媒集团中，虽然开展了诸多新媒体业务，都在全媒体实现的道路上，在新闻生产流程、体制机制等方面进行了一定的融合改革，但是新旧媒体之间的默契，尤其是传统媒体对于新媒体的认可和尊重并没有达成共识。这既有历史的渊源又跟目前新媒体的发展现状有关。早在网络媒体刚刚进入国内时，决策者没有意识到网络的传播力量，因此并没有把新媒体放在与传统媒体同等地位来对待。这从决策者将网络新媒体直接推向市场，以企业化定位可见一斑。当然，这也无意中给了新媒体飞速发展的足够空间。在具体的新闻生产中，传统媒体固有的媒体成见主要源自以下几个方面：传统媒体生产的优势地位，新媒体突出的技术特性，新媒体生产能力相对较弱。

传统媒体生产的优势地位明显。传统媒体在长期的新闻生产中积累了大量的专业人才和丰富从业经验，以及广泛的社会人脉资源。因此，多数基层的新闻从业人员对新媒体的影响力认识不足。作为传媒内部的从业人员每天面对的是自己的新闻采编，并没有深刻意识到新媒体对自己的工作会带来更多的影响。笔者在调研中发现，传统媒体发展的危机感主要来自高层和决策层。无论是中央电视台、上海广播电视台还是烟台日报报业集团，传统媒体的新闻生产中多数受访人员表示感到变化最大的是新闻源及传播途径的多样化，新闻制作过程本身变化不大，而且网络等新媒体并没有得到与传统媒体一样的重视。一位受访者说出了大部分传统媒体生产人员的共同心态"与新媒体融合与否对我们来说无所谓，我们的新闻资源对网络、手机等新媒体无条件共享。"言语中不仅"你""我"分明，而且掺杂着对新媒体生产能力的怀疑。另一方面，部分新闻生产的从业人员习惯了传统的"各自为战"的生产方式，不能从过去小而全的新闻生产模式快速转型，缺乏全局意识和观念更新。

新媒体突出的技术特性。数字和网络技术的应用是传统媒体跨越到新媒体的基础，传统传媒正在努力向数字化、网络化的方向转型，这给传统媒体技术工作带来了新的挑战。新技术的接受需要一定的时间，作为传统媒体的从业人员难免对新技术持有最初的排斥心理，从业人员的技术障碍成为接受新媒体的重要羁绊，或者由此滋生出对新媒体的不屑情绪。新媒体虽然具有明显的技术优势，但是在我国的传媒发展中还没有得到充分的发挥，受众对于新媒体的载性还没有得到巩固。

新媒体的生产能力较弱。新媒体发展起步晚，新闻采访资历浅，大部分集团的新媒体从业人员以年轻人居多，多为刚刚走出校门的大学生，只有少数从传统媒体调配过来的有经验的新闻工作者。将传统媒体专业知识与新技术领域相融合的复合型人才的培养还需要一段时间，因此目前新媒体生产能力和生产经验相对较弱，这成为新媒体地位一直得不到提升的主要问题。访谈中，笔者深刻感触到新媒体虽然前景被看好，但社会给予传统媒体的尊贵地位，在传统媒体人的那份自信和从容中依然能感受到。

定量调查显示，多数媒体从业人员对于新媒体的生产能力持观望态度，被调查者认为新媒体目前的生产能力较弱，主要依托作为母体的传统媒体的强大生产能力。在开展新媒体的战略考虑上，笔者通过访谈了解到，集团的管理高层虽然对新媒体的发展前景非常看好，但是因为没有良好的盈利模式，所以大部分媒体仍然处在"跑马圈地"阶段，"大家有，我也有，免得以后落后。"是一种普遍心态，国家网络电视台副经理问永刚的话道出了传统媒体从事新媒体业务的阶段性尴尬"什么新业务都做，现在最想知道不该做什么，这也许是所有传统媒体人的困惑。"无论是央视的国家网络电视台、上海广播电视台的网络新闻台、还是烟台日报传媒集团的水母网，其从业人员少部分是从传统媒体调派的，大部分是市场选聘的，以大学刚刚毕业的年轻人居多。目前，国家网络电视台整个团队已有 700多人，平均年龄 28 岁。大家对新媒体热情和积极性是有的，但是媒体经验尤其是新媒体经验，以及传媒生产运营实践显得有些单薄。因此，在具体的生产中，内容生产依然依赖于作为母体的传统媒体。例如国家网络电视台的视频数据库为亚洲最大，库里储存着中央电视台历年50万小时的节目镜像，还有现在每天央视的节目还包括世界各地的视频平台，以及现在41个上星卫视新增加的视频资源。据调查了解，央视新闻中心的新闻全部面向国家网络电视台免费共享，其他媒体如出一辙。对于传统媒体来说，需要多想想网络新媒体的优势和自己的弱势，这样才会有谦和平静的合作心态。所谓"成人达己"，报纸成就了网站，网站会带给报纸更美好的未来：网站成就了报纸，报纸会为网站提供更有竞争力的内容。新媒体是技术的产物，但它带来的变革远远超出了技术的范畴，涉及广播影视生产方式、服务方式、盈利方式、管理方式、体制机制等各个层面。

人民日报社社长张研农在接受《媒介》杂志记者采访时说传统媒体与新媒体并非"冰火两重天"的对立关系，而是"你中有我，我中有你"的共生伙伴。借助新兴媒体，传统媒体的声音得到倍增，融合新兴媒体，传统媒体将从单一走向多元，从平面走向立体，再创活力与生机。

3.1.2 传统媒体条块分割的现状给媒介生产融合带来的障碍

我国媒介监管情况比较复杂，首先，不同的媒体分属不同的管理机构，长期以来形成的格局是新闻出版总署及地方出版局负责平面和印刷媒体，包括图书、报纸、期刊等国家广播电影电视局及地方各级广播电影电视局负责电视媒介的管理，主要包括广播、电影、电视等国务院新闻办公厅及地方各级政府新闻办公室负责的数字媒介，主要指互联网等。其次，电信行业经过重组后已经形成三大运营商格局不同，广电行业内部是一种划区域而治，国家，省，地市和县四级办广电的格局。分业种管理和分级垂直管理的特点相结合使得中国媒介的宏观管理形成了特有的"三纵四横"的"井"字管理结构。"三纵"指依照三种媒介形态形成的分业种管理格局，"四横"是指依照四级行政级别形成的分级垂直管理格局。近年来进行的"三级办报""两级办台"的改革虽然通过减少层级在一定程度上减少了资源的浪费，提高了管理的效率，但这种"井"字管理结构并未发生根本的变化。因此，新技术下的传媒变革首先是对"井"字的拆分，拆分的难度不亚于重建，甚至难于重建。媒介融合并不存在技术障碍，最大的障碍来自社会政治、经济和文化等众多领域。

3.1.3 跨地区——内容生产偏离本土化

目前电视台的跨省合作在国家广电总局的支持下正成为一种趋势。继先行制播分离的上海广播电视台已经与宁夏广播电视总台达成合办宁夏卫视频道的协议之后，2010年，青海电视台和湖南广播电视台共同组建新公司，湖南广电将全面负责运营青海卫视。跨区域整合，可以实现媒体资源共享合作、共存发展的目的，发展相对落后的青海电视台，可以充分利用湖南卫视品牌资源、内容资源、市场运营和人才技术等各种电视资源优势，提高自身的知名度，在西部地区扩大自身的影响力。湖南卫视也可以利用西部优秀的民族文化充实自己，不断实施"走出湖南、走向省外、走向海外。"的战略目标。而在上海广播电视台和宁夏卫视的合作中，上海广播电视台则巧妙地"借壳上卫"，从而扩大落地覆盖，增强自己的影响力。作为强势的湖南卫视和上海广播电视台从中受益匪浅，但是作为青海卫视和宁夏卫视，应积极开发地域资源，提高本土化节目的制作能力，避免变成别人的内容输出渠道。

在中国，本土化还牵扯到一个重要课题：如何处理与当地政府的关系。"四级办"的政策使得大大小小的广播电视媒体分别归属于每一层级的党委和政府，当合作跨区域媒体阻碍了地方媒体的发展时，就有可能受到地方保护主义的掣肘。当某些重大政治意义事件以及突发事件发生时，跨地区报纸的存在使得宣传统筹、舆论控制的可操作性出现了不确定性。当地政府对于跨地区办报的态度，被认为是一个合作成功与否的、很关键的因素。

在全球化时代，区域经济是传媒发展的动力阀，强调本土化是传媒，尤其是地方传媒发展的主要方向。陆地教授根据电视媒体的竞争范围和影响力，将中国电视媒体的发展定位分为四种类型：全球型、全国型、区域型、地方型。除中央级媒体和新华社等中央级具有影响力的传媒外，其他传媒都应该重点加强本土化传播来促成自己的发展和转型。本土化传播的价值在于建构地方政治、经济很文化的影响力和品牌号召力。

在全媒体框架下，愈应重视细分市场深耕细作的能力。因为本地新闻作为新闻媒体的命脉，往往受数字化传播环境的冲击最大，而全媒体手段则可为每一个消费群体，为每一个时间节点，为每一个市场长尾都提供挖掘工具，现有市场的巩固和新增长点的开掘都可由此延展开来。另外，由于我国地域辽阔，共可以分为数十个文化区，每个文化区经济发展水平和文化理念上存在着巨大差异，受众的观念也呈现区域性差异。跨区域合作媒体生产的内容既要有地域特点，适合当地受众欣赏口味，又要有跨文化的特色，这是跨区域合作中媒体生产的重点和难点。

3.1.4　跨媒体—内部竞争的削弱

传统媒体"三跨"要注意跨地区不要丢掉自己的区域特色，跨行业要有理有利有节，跨媒体要资源互补，避免内部削弱竞争。据笔者的调查数据显示，在被访者中，认为跨媒体生产不利于形成内部竞争或者对此不置可否的人占74%。其中原因不尽相同，诸如中央电视台和上海广播电视台的跨媒体生产主要是因为相应激励机制的滞后，由此带来了记者中出现少部分是精英，少部分甘愿落后，大部分是处于完成自己分内工作的中庸状态，从而致使内部竞争的削弱。其中34%的被访者明确表示跨媒体式的多元化生产不利于在媒体内部形成良好的竞争，相比原来生产模式中内部多形态和多层次的竞争，现在的竞争略显单一和乏力。

以报业为例，国外传媒格局一般是一省一报，而我们国家一座城市多家报纸共存，一个报业集团内部报纸同城竞争现象普遍。比如笔者所在城市济南，同时存在大众日报集团拥有的大众日报、齐鲁晚报、生活日报等十一张报纸和济南日报。对中国传媒业来说，报业集团的集中化跨媒体生产战略具有巨大的发展潜力。但反观国内一些传媒集团跨媒体生产经营，内部竞争没有被激发，反而在不断被削弱，子媒体内容生产同质化严重，有些企业甚至丢弃自己多年经营的传统优势和特色。不少传媒企业在各领域内涉足多元化生产经营，但因为没有制定适合自身的发展战略而面临着严重的生存问题。跨媒体生产不能盲目跟风，需要理清传媒企业自身发展的诸多相关问题。

3.1.5 跨行业—资本运营放大化

众所周知，传媒具有事业和产业双重属性，传媒既要生产精神产品，维护公共利益，又要在市场中参与竞争，获取生存的资本和空间。说到底，传媒是具有意识形态属性的、由各种生产要素构成的经济实体。作为经济实体，传媒参与市场竞争，主要包括两方面的内容即传统传媒经营和传媒资本运营。传统媒体经营指的是与传媒直接相关的广告、印刷、发行等方面的经营。传媒资本运营主要包括产业参与和行业介入的多样化、产权组合与经营形式多重化，以分散资本运营的风险，保证最大增值。随着信息传播环境的剧变，新老媒体加速融合，传统媒体进军数字化领域，资金成了关键因素。于是，部分传媒重心发生迁移。

首先，部分传统媒体的工作重心不再是研究如何制作内容，而是如何吸引广告投放。主任、编辑们开选题会，讨论更多的不是如何更好地做新闻，体现新闻价值，而是如何运作一个商业性的选题。新闻从业人员为市场所左右，从而失去新闻专业主义理念和操守。其次，以报业为例，在目前发行成本居高不下，市场份额不断缩小的情况下，报纸依靠传统业务经营已经很难筹集到充足的发展资金。故此，在新媒体资本运作的成功启示下，许多传统媒体在转企改制的过程中加大资本投入，一场真金白银的资本运营大战在部分传媒中正硝烟密布，跨行业成为传媒资本运营的潮流，许多传媒积极寻求上市融资。国内报纸最成功的例子就是北京青年报的"北青传媒"在香港挂牌，一次融到 9.5 亿港元。之后，国内各种媒体八仙过海，通过各种渠道谋求上市。现在，国内已有多家报业集团通过各种渠道，成功将自身的部分资产上市融资，为报社的多元化发展筹措了大量资金。广电领域继中视传媒与凤凰卫视进行大规模项目合作、成都商报借壳四川电器现名博瑞传播、赛迪传媒控股港澳现名赛迪传媒后，陕西广播电视信息网络有限公司通过股份划转将成为黄河科技的新控股股东。传媒买壳、借壳上市等名目翻新的运作手段在传媒界一时间层出不穷。跨行业，上市融资是有效的资本运营手段，一旦随波逐流被放大化，带来的是传媒生产的趋弱，最终舍本取末，传媒发展将竹篮打水一场空。张大钟提出了"国内的新媒体是否需要验明正身"这样的质疑。他认为现在有很多新媒体的传播模式在仓促间抱着概念去做，甚至是用上市、资本的冲动去做，会背离为客户提供新型服务模式的要求。据研究表明，目前，由于机制、体制和市场环境等多种因素的影响，媒介上市公司普遍存在可持续发展力量不强。公司业绩分化较为明显，高增长、一般增长和经营退步的企业几乎各占三分之一。电广传媒、新华传媒、时代出版、广电网络、华闻传媒等增长较快，但增长的原因不是通过非传媒业务获取高额收益，就是通过收购或整合资源获得的外生性增长；东方明珠业绩增长甚至主要依靠出售股权。严三九教授指出：如果把资本运营仅仅定义在这样一个狭隘的范围之内，最危险的就是可能使得企业不安心于实业的开发，不把资本用在生产经营上，看不到资本运营的最终实现成果且必须通过生产经营才能得到。如果把资本运营仅仅定义在这样一个狭隘的范围之中，许多产业就会因此不能得到发展，我们所提倡的资本运营如果仅仅是炒卖股票，证券，产权，其结果就会使资本运营业成为一种追求泡沫经济的行为。

※ 3.2　媒介生产融合认识上的误区分析

3.2.1 误区一新媒体不是媒体，新媒体生产只有资本运营

产生此误区主要有两方面的原因，一是新媒体发展对于资本运营的依赖性。二是新媒体生产模式的不确定性、生产能力相对较弱和影响力的尚未形成。

新媒体发展对于资本运营具有很强的依赖性，可以说新媒体的发展成在资本，败也在资本。新世纪之初，风险投资商看好中国国内传媒市场，纷纷转投中国新媒体。新浪、搜狐、网易从发展之初到实现盈利，其成功说到底是资本的胜利。而分众媒介等诸多新媒体的大起大落，也印证了传媒领域专家的一句戏言："当市场的大潮退去以后，裸泳者必然会显露出来。"

新媒体发展速度十分快，建立新媒体网站，获取国际风险投资，纳斯达克股市上市，成为新媒体奋斗的三部曲。2005 年，盛大网络的股市市值超过 18 亿美元，网易也有 16 亿美元。新媒体的商业模式的建立、技术研发、平台搭建、培育市场等需要大量资本，新媒体在经历了发展之初依靠 VC 融资疯狂烧钱阶段之后，于 2010 年的下半年迎来了新媒体上市的浪潮。凡是能够进入纳斯达克股市，获取业务上突破的新媒体公司大多为非国有文化企业。而国有文化新媒体企业几乎没有上市的，仅限于集团国有资本的支持。以传统媒体凭借自有资本投入新媒体业务并非易事，相比社会资本的大投入如九牛之一毛。传统媒体中无论是凤凰卫视发展旗下的凤凰网，还是湖南卫视投入金鹰网无一不是社会资本的胜利。新媒体似乎与资本先天不可分割，因此给人的印象是新媒体只有资本运营。

另一方面，新媒体生产模式的不确定性、生产能力相对较弱和影响力的尚未形成，也是人们产生认识误区的主要原因。新媒体的生产模式和商业模式仍在探索中，有大量的基础建设工作需要完成。同时我国新媒体节目内容的创作生产也存在现实的局限性。表现在

以下方面：一是概念大于平台。围绕新媒体的探讨多、概念多、说法多，相比较而言，概念远远大于平台，以 IPTV 和手机电视为例，从现实看，只有几家获得了执照资格；二是平台大于内容。有限的平台基本上是传统的内容，适合新媒体的内容还远远没有生产出来，也就是说平台存在，但是内容比较陈旧，并没有完全适应新媒体的要求；三是内容大于需求。有限的内容远远不能满足受众的需求，它并没有引发更广泛的群体对这些内容的强烈需求。传统媒体的影响力已经形成，人们对于传统媒体的认可具有历史厚重性。传统媒体一度是新闻真实和舆论公正的化身，而网络，常常因为言论的自由，观点的散乱而被看轻。但今天，随着新媒体的发展，当网络承担起像"两会"召开、"奥运盛典""世博报道"等重大新闻的发布任务的时候，我们可以得出结论：新闻的真实与否在于新闻自身，而不取决于技术载体。对于重大事件的成功报道是中国网络新媒体获得认同的基础。从"草根"走向"主流"的网络媒体角色擅变，标志着网络媒体的日臻成熟，进一步体现了新媒体的媒介功能与社会责任的融合，标志着中国网络媒体经过了十余年的发展已经开始步入成熟。范以锦教授在评点 2010 年传媒事件时指出：传媒事件，指的是媒体自身变革引发的舆论关注，或媒体报道后引发舆论震撼的相关事件。以此勾勒 2010，我们发现，如果没有微博，2010 年的传媒图景或许会大不相同。2010 年，"手机＋拇指"组合在一系列社会聚焦中异军突起，狠狠补了传统媒体与网络的短。有人说，它真正开启了"公民报道"的帷幕，让每一次围观都有了价值。

3.2.2 误区二传统媒体与新媒体是取代关系

有人误认为传统媒体与新媒体是取代关系。少数保守派认为，新媒体是新技术发展的阶段性产物，终会作为渠道为传统媒体所利用。而相当大部分的传统媒体人面对新媒体的快速发展，诚惶诚恐地认为新媒体终将取代传统媒体主流媒体的地位。保罗·莱文森从技术发展的角度分析指出媒介演化是一种人性化趋势，是人对技术和媒介做出的理性选择，但是新媒体对于已有媒体并不是简单的替代，而是对已有媒体的某一种媒介功能的补救和补偿，这是一种技术的融合。如果简单地将传统媒体与新媒体的关系界定为取代关系，显然是缺乏思考的，是一种优势地位遭到威胁后的自我保护反应。喻国明教授指出新媒体的崛起的确引发了传统媒介中人的某种危机感，有人则把传统媒介在其发展进程中所遇到的种种困难归咎于新媒体的攻城略地，誓言要断绝新媒体在内容依存上的"免费的午餐"；而在新媒体方面，也存在着同样的误区把新技术特性的开发与传统媒介的全部价值对立起来，刻意打造另类的、与传统媒介功能互不衔接的新媒体模式。而这样做的结果造成的恰恰是新媒体所面临的、缺少有效的盈利模式的问题症结所在。同时他进一步强调："尽管目前我们看到的更多的是传统媒体与新媒体之间的竞争，但产业和市场越发展，我们便越能注意到一种相反的趋势，就是它们之间联手的趋势，这便是所谓的媒介融合。"传统媒体与新媒体的融合不断加强，报网融合、视网融合及合作开办诸如《天下淘宝》栏目，借以打造新的立体多元化商业模式的传媒生产融合实践不断推向深入，传统媒体的媒体品牌影响力和专业化生产优势随着新媒体的发展壮大，在趋弱中被无限的放大出来。《芝加哥论坛报》公司总裁杰克·富勒在《信息时代的新闻价值观》一书中一语中指出："每一种媒介都有自身的优势与劣势，它也会将这些强加在所携带的讯息上。新媒介通常并不会消灭旧媒介，它们只是将媒介推到它们具有相对优势的领域。"

纵观人类传播史，任何新媒介的产生都不可能完全取代已有传统媒介。著名传播学家罗杰费德勒在《媒介形态变化》中说："新媒介并不是自发的和独立的产生的—它们从旧媒介的形态中逐渐逐渐产生。当比较新的媒介形式出现时，比较旧的形式通常不会死亡，它们会继续演进和适应。"因此，"你中有我，我中有你"的融合形态和格局才是传统媒体与新媒体发展的最终落点。

3.2.3 误区三 生产需要融合，经营可以不融合

媒介生产的根本点在于建立良好的商业模式。在目前的媒介生产融合中，各大传媒都对生产方式进行了有效的调整，具备了全媒体生产能力和全介质传播能力。但是作为市场中的传媒产业来说，核心是具备全媒体、全方位的运营能力，即如何通过打造的全媒体平台进行整合营销，从而赚取最大的利润。传媒的公益性要靠资金投入产出。

笔者通过调研得知，中央电视台作为中央级媒体意识到这一点，在整体战略布局把中中央电视台的电视黄金资源与网络同步销售，在整合营销中获取利润最大化。上海广播电视台为了改变广告部门和节目部门长期分离的状态，2005 年 8 月，广告经营中心组建了整合营销部。其功能在于适应市场变化的要求，整合集团内部内容资源的优势，为广告主提供完善的广告投播方案。整合营销部的成立标志着整合营销传播理念在广告经营中的正式导入。2007 年，原上海文广副总裁张大钟在集团广告招商会上表示："多频道、跨媒体的整合营销将成为广告经营战略的重点，集团给广告主提供的不再是简单的时段，而是为客户提供整合的广告方案，即整合多频道、跨媒体的传播平台，使客户的投入在产业价值链上不断进行循环增值。"SMG 旗下的诸如第一财经等部分全媒体形态的子公司，在全媒体运营上也可圈可点。烟台日报报业集团对新闻生产流程进行了再造，传统媒体和新媒体在生产达到高度融合，但是其媒体运营仍然各自为战。网站等新媒体希望依托报纸进行品牌整合营销，但是作为传统媒体的报纸认为整合营销对于自身价值不大，反而会被网络分得一杯羹。中国传媒大学广告学院院长黄升民教授认为当前的传媒全媒体运营能力是缺失的，而未来传媒的竞争，在人和技术都上升到一定的层面之后，必定是商业模式之争。在技术不成熟时，生产易受制约，因此会从技术角度来构建商业模式，待技术成熟后，传媒的生产依靠自身获取利润最大化来确定商业模式的成败，而今天的传媒业发展处在一个大产业背景下，以用户为核心的商业模式正在被构建和完善。

新旧媒体的生产融合体现在新闻策划、报道采访、节目制作、媒体发布、广告营销等

各环节。新闻策划要统筹各种媒体形式，报道采访要为所有媒体采集资源，节目制作要面向异质媒体开发异质节目，媒体发布要充分利用各个媒体渠道，广告营销变为多种媒体以最佳方式组合打包售卖，而在实际操作中难以真正融合，传媒业在经营上的"碎片化"是媒介生产融合发展的短板。

3.2.4 误区四媒介生产"融合"与"专业化"是对立关系

有人担心融合会泯灭不同传媒的传播特性，将带来传媒生产专业化的丧失，这种担忧显然对媒介生产融合的认识只限于字面的理解，"融合"与"专业化"不是非此即彼的关系，不是对立的两个方面。

从一定意义上来讲，媒介融合突出了产品异质的重要性，融合是优势的相互借鉴，但是内容却不会因此变得单一或缺少创意。在媒介融合导向下，多样化的生产主要来自两方面因素：一是生产主体的增多；传统媒体专为"点餐"用户制作"精美菜肴"，提供高质量的内容，给用户高品质的视听盛宴享受。新媒体的内容海量，质量良莠不齐，是"自助餐"，用户都可以从中按需自由选取。"自助餐"是新媒体中受众参与信息生产带来的新体验。二是产业链的重构造成生产分工的精细化。生产的多样化和分工的再强化，有利于每一个环节生产质量的提高。以新闻生产为例，媒介融合无论是对记者、新闻本身还是受众，意味着更好的选择。融合使得记者视野开阔，从单一媒体中解放出来，在更大的坐标上来考量自己的位置，在有意识或无意识中选择最适合自己的媒体，以不同的报道形式进行报道受众则选择适合自己的媒体进行接收信息。美国密苏里新闻学院博士章于炎等人通过调研绘制了从媒介融合到竞争优势的发展轨迹图，以探究一系列媒体现象的发展轨迹，从媒体融合到优质新闻业务理论、规模经济和范围经济，媒体组织由此获得更多盈利，从而具有竞争优势。另外，在日趋复杂的多样化生产背后，是受众在"信息海洋"里对于适合自身的高品质多样态内容的选择，因此，传媒生产"内容为王"的传统不但未曾颠覆，进而注入了新的内涵，融合带来的是生产的专业化和多样化。

第4章　媒介融合对传统新闻媒体造成的影响分析

人类每时每刻都需要对未知进行预测并制定应对策略，正所谓"居安思危"。然而，在信息大爆炸的数字时代，我们很难从喧嚣的噪声中精准地辨析出未来的信号。数字科技的高速发展对各行各业的影响力持续渗透，传统新闻媒体在聚光灯下的生存突围战显得格外夺目。新媒体，多媒体，跨媒体，全媒体，媒介融合的理念先行、实践其后。传统新闻媒体因缺乏理论指导的实践就像摸着石头过河，可谓"步步惊屯"。从恐慌的热议到冷静地反思，敢问路在何方？

※ 4.1 技术形式：对生产方式、传播渠道的影响

4.1.1 对生产方式的影响

4.1.1.1 新闻生产者的变化

对于传统新闻媒体而言，新闻的生产者即采编队伍。无论报纸、广播、电视，作为存在已久的媒介，都已培养出一批专业的记者、编辑团队。按照既定的运营模式，进行新闻的生产加工。然而，媒介融合的出现，业界内颠覆性的瞬息万变导致传统新闻媒体的采编队伍不得不具备超常的综合素质和过硬的竞争实力适应不断变化的岗位考核要求，从而形成巨大的生理、心理压力。"活儿不如以前好干了，一年比一年压力大。"在媒介融合背景下，传统新闻媒体在记者分工上大多实行"跑条分口"制度，即记者负责一个领域的信息收集、采访、报道。这种制度的优点是记者能专攻自家的"一亩三分地"，使得新闻生产效率较高，新闻产品的质量较好。然而，随着数字技术的不断发展，新闻生产的平台不再遥不可及，"人人都是记者""人人都是编辑"成为不争的现实。部分传统新闻媒体生产者的角色骤然间从精工细作的匠人转变为流水作业的劳工。

4.1.1.2 新闻生产过程的变化

报社作为传统新闻媒体单位，其新闻生产过程可普遍概括为：新闻线索—记者—选题

策划会—采访报道—编前会取舍新闻稿件—编揖确定排版（文字稿、图片稿）—值班主编校对、签发—报纸印刷刊发。

然而，媒介诞生背景下，过去以发行报纸为单一业务的报社转型升级为报业集团，成为集报刊、广播、电视、互联网、移动互联网为一体的"媒介融合航母"，并大力发展全媒体新闻编辑部，其新闻生产过程大致可概括为：新闻线索—选题策划会—全能记者（团队）—快速采访—互联网、移动互联网平台发布图文快讯—深入采访—制作音频、视频（接受专访）供广播、电视、互联网、移动互联网播出—完成图文长篇报道供报刊次日刊发—后续追踪深度报道—制作数据新闻。

4.1.1.3 新闻产品的变化

媒介融合理念的盛行直接推动了媒介之间的联姻，各类新闻产品即"爱情的结晶"。例如：报纸与互联网的联姻之路就走了四个阶段：1）有报无网。20世纪70年代，网络新闻信息服务的探索由于缺乏成熟的技术支撑和低廉的成本费用而尚未采用多媒体技术；2）报网并存。直至80年代，互网络传播的新闻信息还仅停留在静态的文字和图片阶段。1987年，美国《圣何塞信使新闻》首先将报纸通过互联网发行，成为世界上第一家电子报纸。90年代，随着多媒体技术和网络通信技术逐渐成熟，尤其是万维网及网络浏览器的推出，多媒体新闻在网络上逐步发展起来。1996年初，全球有900家左右的报纸上网，1997年10月上网的报纸递增到2300家；3）报网互动。1995年《中国贸易报》正式上网，成为中国第一家上网发行的日报，国内媒介大批上网的序幕由此拉开。此外，商业网站如新浪网、搜狐网等也纷纷开设了新闻频道，进行新闻传播互动；4）报网融合。这一阶段不仅包括报网等各种媒体的融合，而且包括技术制作层面不同媒体生产方式及人才资源层面各种媒体从业者的融合，形成新闻采集方式和新闻信息产品的汇流与分享。报纸与网站不再是独立的个体，而是"你中有我，我中有你"的共生体。然而，这一过程可谓耗时耗力，"报人办网，十年不成"还成了业界流传的笑话。

笔者经过长期观察，不完善地总结在媒介融合背景下，新闻产品的变化犹如其载体的排列组合，具体可表现为：1）报纸＋广播＝读报栏目；2）报纸＋电视＝读报栏目/IPTV：读报频道；3）报纸＋互联网＝官网；4）报纸＋移动互联网＝手机报/客户端：有声报纸（懒人读报）；5）广播＋电视＝IPTV：广播频道；6）广播＋互联网＝官网；7）广播＋移动互联网＝客户端：新闻电台；8）电视＋互联网＝官网/IPTV／网络电视（小米盒子、乐视TV）；9）电视＋移动互联网＝客户端：手机电视（央视新闻）；10）互联网＋移动互联网＝客户端：视频新闻（PPTV、PPS），还包括与户外屏媒的合作；大屏滚动新闻等，与平板电脑的合作；新闻PAI，与3D技术的合作；3D报纸，与卫星传版技术合作：卫星报纸，与二维码合作；报纸二维码，与微博/微信等平台合作；官微（新华视点、新华社中国往事、新华网）。这些不顾竞争策略，放弃自身核心竞争力，拿来主义的尝试到底是救世主还是毁灭者？如何在传统新闻媒体转型阶段探索出清晰的市场盈利模式？如何在媒介融合背景下寻找到新闻产品的运作规律，依然是亟待解决的关键问题。

4.1.2 对传播渠道的影响

从 1615 年第一份真正的报纸《法兰克福新闻》开始，纸质传媒已经走过了近 400 个春秋。20 世纪 20 年代广播的出现，50 年代开始电视的广泛运用大大地改变了传媒的形式。受众不再满足于纯粹的文字、图片，开始投向更具有现场感的广播、电视。进入 21 世纪，传媒生态又发生了巨变。W 互联网络为基础平台的数字媒体的出现，极大地扩展了大众对新闻选择的自由程度，或许互联网的出现仅仅是冰山一角，并未带来全球报纸、广播、电视撞击后沉没的灾难；但移动互联网的出现绝对是足以让泰坦尼克号沉没的那座冰山。数字化、网络化对传统新闻媒体的影响之深不言而喻，各类新闻传播渠道都能借此升级换代，实现提高传播时效、传播容量、传播质量、传播服务，降低传播成本的目的。

然而，数字技术的持续发展，移动互联网的出现又一次打破了新闻传播渠道的格局，掌上屏媒更加趋近媒介融合，传统新闻媒体的新闻信息传播主渠道被越来越多分众的新闻信息传播渠道取代。具有革命意义的 iphone、ipad 等移动互联网设备的普遍应用，让受众可在任何时空通过网页、客户端等载体接收各种形态的新闻信息，并参与实时互动。关于互联网"狼来了"的红色预警已不再是谎言，新生事物是否会取代旧事物？具体如下图 1-1 所示：

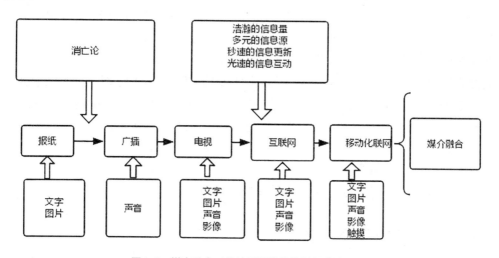

图1-1　媒介融合对传统新闻媒体传播渠道的影响

报纸、广播、电视被"消亡论"笼罩。数字技术拓展了新闻信息的传播渠道，原本的马路变成了高速公路，白纸黑字、字正腔圆、正面形象变成了 0：1，人们不再依赖于从报纸、杂志、书籍、广播、电视中获取重要新闻信息，而是本性地渴望通过社会化网络获取具有相关价值的新闻信息。浩瀚的信息量、多元的信息源、秒速的信息更新、光速的信息互动，新闻的定义"新近发生的事实报道"不再是新闻理想，而是 24 小时新闻信息超市的口号。

※ 4.2 功能作用：对议程设置、舆论引导的影响

4.2.1 对议程设置的影响

美国幽默作家罗杰斯喜欢在他的讽刺性政治评论的开头说这么一句话："我所知道的事情都是从报纸上读来的。"这句评论简明扼要地揭示出大众传播媒介的实质，即媒介从业人员通过报道建构事实提供公众了解世界的间接经验。然而，提供公众需要知道的新闻是自新闻媒体诞生W来的一个永恒的梦想。那么，究竟是谁在无形中操控着公众的信息源并设置公众关注的焦点呢？

媒介融合背景下，传统新闻媒体垄断性的话语权被抢夺、新闻议程设置功能正在逐步弱化，传播力、引导力、公信为、影响力受到新媒体的巨大影响。过去，传统新闻媒体作为议程设置的主体，决定传播内容、传播方式、传播力度等，而如今，新媒体使"人人成为记者""人人成为编辑"变为现实，议程设置的主体呈现多元化局面，"沉默的螺旋"被打破，议题难把握、热点难预料、议会进程难控制成为此阶段的主要特征。

本研究认为，传统新闻媒体应对当下的情形，唯有扬己所长、因势利导、互利共赢，发挥自身核心竞争力即权威性、专业性的独特优势，例如：（1）充分利用新媒体，自办官方微博、微信等发布权威新闻信息，实时、开放、互动；（2）密切关注新媒体平台上具有争议性的热点议题，及时调动专业采编队伍进行实地考察、调研，将真相公之于众，获得受众信赖；（3）注重新闻策划，抢占先机制造议题，展现在独家报道、深度报道、调查性报道方面的强项；（4）推出知名记者，形成"意见领袖"，更加隐性化、人性化地引导舆论；（5）侧重公关议题，关注与公众利益密切相关的新闻事件，激发公众参与热情，做好人民与政府的沟通桥梁，为民发声；（6）适当发表评论，针对重大事件，发表评论员文章，用理性的思考感染受众感性的情绪，从而主导舆论方向；（7）掌握互联网特性，把握热点舆论从形成到消退的时间进程，巧妙淡化热点，转移热点。

4.2.2 对舆论引导的影响

要在这个瞬息万变、弱肉强食、物欲横流的钢铁丛林中生存，就必须如局外人般，用国际视野透视世界的变化。应对国际舆论中"中国崛起"的不同态度，唯有采用神秘、古老的中国智慧——《易经》之"潜龙勿用"。尽管内部外部矛盾重重，城乡差距、贫富分化、官员腐败、环境污染、对外贸易、人民币汇率问题等动摇着国人的信心，但事实证明按照官方汇率计算，中国自 1979 年以来，GDP 增加了 18 倍，一跃成为世界第二大经济体，此外，过去 30 年中，已有 8000 多亿美元外资投资在中国，中国成了世界经济增长的重要

动力。美国前财政部长劳伦斯·萨默斯做了估算；如果说英国工业革命期间，一个人的生活水平在自己生命周期里翻了 1 倍的话，那么在中国当今这场现代化大潮中，一个中国人的生活水平在自己的生命周期里可翻 7 倍。然而，深陷转型过程中的人们往往更容易被浮于表面的困难与挑战激怒，逃避从历史的角度观察人类社会发展进程的雷同，将矛头转向体制内国家机器对言论自由的严格调控，借助新媒体平台，大肆宣泄一己之情绪，向社会散播负能量，造成社会负面影响。

所谓舆论调控，就是国家以各种形式，有目的地对舆论进行干预，使其能朝着有利于本阶级意志的方向发展。舆论以多种多样的形式存在于社会的发展之中，但与媒介融合关联最密切的，受其影响最大的，必然是新闻舆论。改革开放以来，我国的新闻舆论调控主要依据党的宣传政策、方针等行政指令，通过报纸、广播、电视的新闻传播渠道进行贯彻落实。一般规律为：政府—媒体—受众，即政府通过授权新闻媒体发布新闻信息，新闻媒体作为"把关人"，实现对新闻舆论的调控，从而影响受众对新闻信息的认识和舆论的走向，然而在媒介融合背景下，传统新闻媒体的新闻信息传播主渠道在反映舆论，形成舆论，引导舆论的过程中逐渐丧失主导作用，新闻舆论平台逐渐迁移。然而，在新媒体平台，人人都是自媒体的"把关人"，新闻传言取代新闻核实，新闻信息的真实性无法得到保障。新闻信息成为廉价、易得的资源，甚至被商业化、娱乐化消遣。

《当下中国舆论引导格局的转型》一文中指出，我国舆论表达格局已由一元化演变成多元化，存在四种舆论场，分别为：主流媒体舆论场、市场化媒体舆论场、民间舆论场和境外舆论场。面对主流媒体舆论场与非主流媒体舆论场的结构性失衡，舆论管理者采取制度安排、巧政干预、技术介入、话语创新等多种手段努力改变主流媒体舆论场的被动局面。未来的舆论引导格局还存在变数，最大的变数来自中国社会，同时新媒体也具有巨大的技术活性。

面对媒介融合背景下的新形势，我国政府从 1994 年开始，出台了一系列相关的规章制度，为媒介融合态势下的新闻舆论调控工作提供了指导和参照。例如 2000 年的《互联网站从事登载新闻业务管理暂行规定》《互联网电子公告服务管理规定》《互联网信息服务管理办法》《中华人民共和国电信条例》；2001 年的《国务院办公厅关于进一步加强互联网上网服务营业场所管理的通知》；2002 年的《中国互联网络信息中也域名注册服务机构认证办法》；2003 年的《信息产业部关于加强我国互联网络域名管理工作的公告》；2004 年的《中国互联网域名管理办法》等。其中，《中华人民共和国电信条例》《互联网信息服务管理办法》的条款中有专门针对公民言论的具体规定。当前，尽管新闻舆论调控的过程较为复杂，但借助网络舆情监测技术，能使新闻舆论调控的效果量化。人民网舆情监测室、新华网网络舆情监测分析中国等都发挥自身政治资源的竞争力优势为中国新闻舆论的调控做出了巨大贡献，推动了我国社会管理方式的有效创新。

※ 4.3 资本运作；对市场份额、盈利模式的影响

4.3.1 对市场份额的影响

由清华大学新闻传播学院和社科文献出版社联合发布的《中国传媒产业发展报告（2014）》指出，2013年中国传媒产业结构调整出现重大变化，互联网及移动媒体行业收入的增长幅度领先，市场份额超越传统媒体。网络广告市场规模也追平电视媒体，新媒体对传统媒体的替代作用愈发明显，传统媒体和新媒体的竞争更加白热化。2013年移动互联网成为占据人们闲暇时间的最主要媒介，不仅抢夺了传统互联网的"风光"，更在使用时间上超越广播电视、报刊图书。移动互联网对传媒产业增长的贡献率达到30%，较2012年上升12个百分点，随着移动互联网用户在全体网民中的比例从2007年的24%上升至2013年的81%，未来还有较大成长空间。在新媒体的竞争下，2013年传统媒体呈现两极分化的发展趋势。电视媒体的领先优势继续扩大，电视广告市场保持两位数以上的增长，电影票房和植入广告推动电影产业加速前进，全年票房收入增长10.4个百分点。广播和期刊市场增长率衰退加剧，报业集团开始寻求转型革新。2013年传统媒体广告市场整体增长仅为6.4%，低于同期GDP增速。其中报纸广告同比下降8.1%，6家报业上市公司中，有3家的广告收入降幅超过两位数。蓝皮书认为，报业市场还将面临新一轮整合。

当前，从市场份额来看，可发现，传统媒体仍占据一定比例，新媒体则呈现快速递增趋势。如果考虑运营成本、受众流向、广告投资等问题，不免会发现新媒体正在向中间靠拢，传统媒体正在被迫挤向周边。当前，媒介融合使得受众可以凭借个人移动终端在任何时间任何空间，通过互联网，获取传播者利用不同媒介形态、采用不同融合方式提供的其所需要的新闻信息服务。这意味着网络社会的形成，全球网络人际关系的搭建。正如20世纪50年代，加拿大著名学者马歇尔·麦克卢巧所预言，人类将进入电子信息时代，电子传播媒介将把人类居住的这个地球变成一个小小的村落。全球范围内数字化浪潮及传媒市场的逐步开放，导致大众受众呈现"分化"的趋势愈加明显。买方为主导下的传媒市场，媒体生态环境的变化导致受众注意力的分散化和碎片化，受众掌握着一定的新闻信息传播、接收渠道的选择权及主动权，能够按照自己的意愿解读媒介文本，建构意义，并在网络平台上实现共享、互动，从而形成一个个具有黏性的"意见社群"或"意见部落"。论坛、贴吧、社区、空间、微博、微信等自媒体均可成为新闻信息发布的平台，依靠关系传播，具有点对点的广告投放效应，大量稀释着传统新闻媒体的市场份额。

4.3.2 对盈利模式的影响

新闻单位的收入主要来源于：（1）订阅费用；（2）渠道销售；（3）广告收入，除部分新闻单位享有国家补贴。在媒介融合背景下，经营传统媒体的新闻单位一味地不顾利润，抢滩占位；向全媒体，快速扩张；东施效颦，消耗资源。这些举措难免导致其最终走向衰退、消亡的局面。

借鉴美国《纽约时报》的举措，该报业公司从 20 世纪 90 年代开始实施报业融合的新媒体发展策略，通过大为开发其网络及数字化业务使它能在 21 世纪获得巨大的发展优势。综合国外媒体消息，《纽约时报》近期发布的 2014 年一季度报表显示，公司一季度净利润为 180 万美元，比去年同期的 360 万美元下降 50%，但季报也显示出公司转型的积极信号：一是印刷广告收入同比上升 3.7%，数字广告收入同比上升 2.2%，这是《纽约时报》近年来首次在同一季度里实现印刷和数字收入"双升"；二是数字用户数达 79.9 万户，环比增幅 5.1%，超过 2013 年各季度增幅，继续引领美国报业转型。《纽约时报》总裁兼 CEO 马克·汤普森表示，这是《纽约时报》近年来首次在同一季度实现印刷、数字广告收入"双升"。他把广告收入超常表现的原因归结于"原生广告"的引入和推广。这种广告形式的核心竞争力是让广告内容和形式与新闻媒体有更细腻的融合，为读者提供一种无缝隙的体验。品牌通过创造让受众真正愿意阅读并分享的内容，与潜在消费者连接互动。《纽约时报》这样的媒体网站的平台和受众面刚好给"品牌讲故事"提供了最佳的渠道。汤普森说，数据说明纽约时报创新广告形式的效果良好，但他也承认要继续保持广告收入同比增长的难度越来越大。此外，《纽约时报》不断创新的数字产品和服务是数字订阅收入增幅超预期的关键。除了常规订阅外，《纽约时报》将"短平快"的快速阅读与深度阅读两手抓，开发出一系列瞄准不同受众的、不同阅读需求的数字化产品（应用软件）、服务，以聚拢人气，开辟新财路。今年 4 月初，《纽约时报》主要瞄准移动终端市场推出两款手机客户端应用 NYT Now 和 Times Premier，继续提高纽约时报内容变现的能力。

关于我国广播电视在媒介融合背景下所受的影响，可参见国家广电总局发展研究主任庞井君曾发表的《中国视听新媒体的现状与发展趋势》一文，分析了中国视听新媒体的现状和发展趋势，认为经过十多年的发展，我国的视听新媒体以领先的用户规模、丰富多样的业务形态、产业链各环节的多元竞争，实现了与世界视听新媒体的同步发展。移动多媒体广播电视技术创新、体制创新、运营创新取得重要突破，呈现出广阔的发展前景。互联网电视业务正式启动，进入有序发展阶段。可以说，庞大用户群体为中国视听新媒体产业的发展提供了雄厚的用户基础条件。与传统广播影视相比，视听新媒体具有以下特征：视听内容形态多元和分众化；内容来源多样化；内容体验丰富化；传播渠道（终端）无所不在；单一渠道（终端）的兼容性与多功能化，更高的全程互动性。

与此同时，值得关注的是，在视听新媒体的话语权不断提升、影响力不断扩大的前提下，当遭遇重大事件、突发事件时，主流媒体开办的视听新媒体如果不能及时正确引导舆论，将会对社会稳定和经济发展带来灾难性影响。如何在确保国家文化安全的前提下，促进（移动）互联网等新兴媒体发展，不仅仅是技术问题和业务问题，更涉及道德、法律层面的管制问题。

第5章 媒介融合使传统新闻媒体陷入的困境分析

※ 5.1 外部环境：媒体报道的泛娱乐化倾向

当前，娱乐节目泛滥成为不争的事实。一项调查表明，除转播中央电视台的《新闻联播》外，众多地方卫视都将"黄金时间档"留给了娱乐性的节目，使之成为比拼收视率的重要环节。娱乐节目的宗旨本是为了满足受众日益增长的精神文化需求，但如今为吸引受众的眼球获得收视率，众多娱乐节目不惜降低文化品位，丧失道德底线、制造出格事件、山寨原创节目等，正所谓煞费苦心，不择手段。新闻信息的深度解读、长期追踪等节目不再是受众喜闻乐见的。这与媒介融合背景下，新闻信息失真、谣言四起等现象屡见不鲜，网络的快速病毒式传播动摇着人们的信任感、安全感不无关系。此外，为了提高发行量、收视率、关注度，连新闻、社教类节目也渗进娱乐元素，呈现泛娱乐化趋势。尽管，新闻单位对各类媒介载体见缝插针，但依然难以影响人们对新闻的接受度。

5.1.1 科学技术的无形枷锁

"科学技术是第一生产力"，毋庸置疑。但是，科学技术的发展在给人类社会带来进步的同时也带来了一系列的负面效应。这在作为当代科技成果集中体现的互联网空间中尤为突出。德国哲学象伽达默尔曾经说过；"科学将以一种超越对它的控制的内部必然性继续自己的道路，它将创造出越来越多令人惊奇的知识和控制力量"。

互联网作为虚拟空间，原本意味着一个相较现实空间更加民主、平等、开放、多元的社会空间的形成。媒介融合背景下，看似新闻信息以比特的形式沿着光纤线路，以千分之一秒进入千家万户，传播到达每个"地球村"中的个体，但实则不同 IP 的地域空间已将彼此分隔；其次，是对活动的控制，即是对人体姿态反复的操练，对每个行为、动作都严格要求并付诸实施。在中国，新浪微博的出现曾让受众为言论自由而集体性狂欢，但随后的敏感词审核制、实名制等再次严格控制了个体的行为；最后，是力量的编排，即是将单个的规训对象（囚犯）联合起来，将单个力量组织起来，以确保在一定时间内取得最大利益和最佳效果。因此，全景敞视主义的圆形监狱主要体现的是一种权力局势，"这是一种重要的机制，因为它使权力自动化和非个性化权力不再体现在某个人身上，而是体现在对于肉体、表面、光线、目光的某种统一分配上，体现在一种安排上。这种安排的内在机制能够制约每个人的关系。……这里有一种确保不对称，不平衡和差异的机制。"所有的这些问题归根结底都是一个目的："所有这一切都是为了制造出受规训的个人"。不管从技术基础、监视模式、空间划分、权力等级等各个方面看，似乎是任何束缚、控制、权力、统治、规训无涉的新型社会空间——网络空间，却在本质上不是另一种新型的全景圆形监狱，实际上是处于一种无形却又无所不在的信息监控网络中，成了当代资本主义社会的新型统治和渗透手段。因此，传统社会空间中那种明显的、赤裸裸的权力与控制并没有凭空消失，而是以更加全面隐蔽而富有迷惑性的方式渗入网络空间中。这表明，随着现代性的进程，本身作为一种人工产物的网络科技，有可能脱离人的控制而走向未知的自主发展，成为后现代资本社会的新型统治手段且具有负面效应。

人类化会的媒介环境就像真空的玻璃罩，人类就像蜘蛛一样在其中自以为是地、不停织着游戏的网，却永远呼吸不到自由的氧气，即便在真空中不受影响的电磁波——互联网的"比特大军"带来了裂痕，氧气依然被控制，甚至更加严格。人类喜欢游戏，喜欢研究游戏的特点、规律，喜欢掌控自己在游戏中的角色，喜欢赢。可是，人类常常忘记跳脱游戏本身，看看自己的生存状态。原本作为机器的高压锅由于现阶段失去控制，被强行堵住公众话语的出气孔，随时会爆炸，可是人类依然分门别类地精心、钻研着技术，沉溺于各行各业技术变革带来的无限欢愉中。就像全球潜在的三十到四十万填充着工业生产所用硅胶的女性会挺胸抬头，尽情享受举手投足之间的女人味，却忘记摸一摸自己身上由 PIP 公司为了降低材料成本、获得巨额利润而安装的"定时炸弹"。

然而，除非选择退出这场游戏，否则所有的置身其外都是虚无的。游戏规则简单地循环着，无奈，简单的力量往往超越复杂的极限，就是在有限的时间和空间里进行最激烈的竞争以求资源的最大化掠夺。不过，就像任何国家都有特权，任何事情都有特例一样，游戏的规则中也会设置些特殊通道，让那些推崇技术至上，渴望宇宙为数字的毕达哥拉斯的追随者们去思考是谁设计了这款游戏，并在浩瀚的未知世界中成为具有掌控权力的引领者，以救世主的名义去挑战缔造这一切的设计师的终结权。可笑又荒诞的是这也在游戏的布局中。

面对最原始的痛苦，人类或许可以选择暂停，但无法停止。开始游戏理所当然地并不意味着平等地进入游戏，即便游戏说明总散发着理想主义的光芒。资本的原始积累者和资本的占有者之间总是存在着天然的不可调和的矛盾，因为人性的欲望导致主体不可能等同，仅保留微乎其微的可能性。当觉察到这款游戏正逐渐渗入脊髓，挑逗欲望，刺激灵魂，人性正在同步进行着裂变，无需设置任何诱惑，已经万劫不复地陷入其中，偶尔出现尚未泯灭的自我折磨，是因为内心稍微游离在了规则之外，很快就会受到失败的惩罚，回到规则之内，去追求游戏中所谓的成功。当然人类文明之所以还没有被人类自己毁灭，依旧在变化中延续，说明人类创造的某些力量在与游戏规则促成的裂变抗衡，这些力量统称为信仰，能够帮助人类在自己的游戏未结束前封锁住自我的欲望，在定静中开启智慧，联结身体，调理情绪，检视思想，发现真我，由内而外获得与宇宙诚合为一的和平，体悟真爱与喜悦，慢慢渡过游戏中重重的幻境。可悲又绝望的是这也在游戏的布局中。作为环境的媒介是人类感官的延伸，帮助收集各类感官信息以便人们的格式塔也被理解、构建周围的世界。如今，生活在媒介融合的环境中，为了获取信息和与外界交流，人们在日常生活中使用不止一种媒介，建立联系并进行自我曝光，形成以自我为体系的网络生活圈。取舍、进退之间依稀尚存的是选择的基本权利，人类需要通过自我选择的参考信息以认清这个"楚门的世界"。

5.1.2 媒介营销的糖衣炮弹

不禁思考为什么人类聚精会神地关注着战争、色情、娱乐、社交、时尚，却忘记洞察处于政治、历史、经济游戏中的自己的生存状态？为什么人类夜以继日、身心疲惫地追求着时代赋予的效率的社会价值，却发现技术的永无止境和道德的不复存在？为什么人类拥有了可以无时无刻地享受言论自由的新媒介，却深感自身陷入混乱的数字泥潭，逐渐丧失属于公共知识分子的批判精神？

正如奥尔德斯·赫胥黎在《美丽新世界》中预言，人类会渐渐爱上压迫，崇拜那些使他们丧失思考能力的工业技术。他担心人类在汪洋如海的信息中日益变得被动和自私，以及人类的文化成为充满感官刺激、欲望和无规则游戏的庸俗文化，人类会由于享乐而失去自由，并将毁于他们热爱的东西。人类似乎尚未对一种并非自然灾难预警式的预言产生恐慌，甚至几丝忧虑，而是尽情接受新媒介带来的注意力分散、记忆为退化、想象力弱化、创造力固化。或许最终毁灭人类的不是自然界的海啸，而是人类自己缔造的网络海啸，被慢慢吞噬，最终毫无察觉地溺水而死。

卢梭在 1749 年的一篇论文里提出疑问，科学进步促成了道德的败坏还是道德的净化？这不禁使人产生关于技术与媒介之间关系的思考，在如日中天的技术创新背后，是否隐藏着阴暗而凶恶的东西，并且使我们天使的一面笼罩在可怕的阴影之中呢？在当前巨额经济利润的诱使和复杂的商业运作下，我们所生活的世界充斥着我们看不见、听不见、尝不到也闻不到的危险，我们大脑的威胁反应机制也被一再地愚弄，各类传媒机构为赢得个人、企业的高额宣传费用，不惜逾越职业道德操守的底线，利用技术的手段营造出完美的信息、环境让受众浪费时间，沉迷其中。原本就已深陷政治圆形监狱的人类还将为获得层层技术包装后的廉价商品而拱手相让自己的剩余价值，让身、心、灵魂卷入追求利益、效率的黑洞。

尽管"时间"是人类定义的独立规则，但似乎连人类自己都逃脱不了历史循环的宿命，纵观人类发展史，复杂的社会几乎都很容易崩溃，崩溃并非自然灾难，但对人类文明造成的破坏性很有可能不亚于自然灾难，尤其是包含核武器的蒸汽机里的工业社会一旦爆炸，岌岌可危的世界格局将彻底挑战人性的底线。洞悉的望远镜总是可自动伸缩，工业文明的透镜，总能满足有心人的欲求，将原本处于表层之下的阴暗、贪婪、疯狂送入眼中，不遗漏任何一点蛛丝马迹。关注的焦点集中在一个具体客观的存在上，华尔街，一条不足 600 米却承载着 200 年资本市场发展历史的街道。在这里，信息不对称的缺陷是输赢的最大赌注，在巨额的财富面前，任何人都有可能成为血眼腥红的赌徒。在这虚拟的天堂亦地狱里，弥漫着人性亦兽性的气息，数字化的人操纵着数字化的货币，无眠的日复一日。然而，原本处在真空玻璃罩里的游戏一旦接通互联网，就会迅速升级，如蜘蛛般的人类感受到蛛网中信号丝的轻微振动，本能的驱动使其步步逼近资本这个最大的猎物。可惜，螳螂捕蝉，黄雀在后，资本中心的华尔街在这场经济游戏中不着痕迹地撒了个网套住了全世界。

信息的增长速度正在加剧人类认知层面的阶级分化，信息的价值正在走向两极。大众传播所带来的数字鸿沟正在撕裂社会。每日，大脑面对海量的信息以及附着其上的人际关系必须高速运转进行多任务处理，高负荷的压力导致眼球的外凸、颈椎的僵直，身体虚弱地发送着不断被忽视的警报。网络打开了人性的潘多拉宝盒，让所有的丑陋完美地呈现，人与人无缝亲密的关系间又夹杂着可怕的嫉妒隔阂。占有欲让人类无时无刻地渴望下载，恨不得大脑与无线网络链接，缓解信息焦虑的痛苦。分享看似盛行，但这很容易导致批判、质疑的精神在多次传播中被逐步稀释、消解，最终以娱乐的方式出现，并成为一种可怕的网络文化精神，再扩散至全社会。网络用语已不仅仅是特殊的传播符号体系局限于线上，线下的流行甚至动摇了印刷媒体的根基。新媒介的物质载体层出不穷，人性中根深蒂固的贪婪和欲望被最大化的生产，无孔不入地充斥到碎片般的时间、空间中。人类的灵魂已被架空，麻木地刷新、转发、收藏，没有内在力量的沉淀与支撑，外在的意见尚未聚焦就已被删除。立场坚定的公共知识分子因渴望被关注而丧失透视孤独的隐士身份，引爆于瞬间，消散于顷刻，真我与原初隐形在未完的朝圣之路上，深刻的洞察力因内屯之水难归于平静而逝去。

本研究质疑，人类是否已经在由媒介营造的醉生梦死中，逐渐流失道德，将挖掘事物本质的好奇心和动力娱乐化，不断弱化质疑、批判和对人类社会发展模式进行颠覆的精神，选择在快节奏的循规蹈矩中追随技术。

※ 5.2 内部环境；媒体市场化运作举步维艰

5.2.1 固化的思维模式

从媒介融合背景下，中国新闻媒体发展的内部环境分析，当前，全球范围内的报业危机与衰落，尤其是具有上百年历史的美欧报业岌岌可危的生存现状让人们不得不相信自己的世界末日如约而至。作为历史最悠久的新闻传播渠道的报业是否会消亡，成为学界、业界最为关注的未知数。由于新生受众及原有受众阅读习惯的转变，美欧报业自 2008 年起，就开始面临莎翁《哈姆雷特》中那句经典台词的局面："生存还是毁灭，这是一个问题。"其实，如我国著名新闻记者范长江之次子范东升在《捶救报纸》一书中所引述：2007 年 1 月 1 日，现存世界上最古老的报纸，创办于 1645 年的《信件与新闻报》停止印刷版的发行，成为世界上第一家改为只在网上出版的数字报纸，对全球报业而言就已然是个不祥之兆。根据美国皮尤中也的《突破迫在眉睫复苏擦肩而过——2010 年美国报业发展报告》的数据，2010 年美国报纸印刷发行量相比 2008 年、2009 年降幅趋缓，2010 年日报发行量同比下降 5%，是 2009 年降幅的一半。

尽管，中国报业的生存环境与其大不相同，尚具有较大的市场生存空间，但也日趋衰落。本研究经过长期观察，总结出我国报业在媒介融合背景下（将）出现大规模破产倒闭、大幅度裁员减薪的主要原因包括以下两个方面：

（1）纸张成本、发行成本的持续升高。数据显示，纸张成本约占报纸生产成本六至七成。而每张报纸的纸张和印刷成本约为 0.2 元左右。以一份 4 开 56 版、日发行量 50 万份的都市类报纸为例，印刷、发行成本约为两元，而售价通常只有 0.5 至 1 元。近几年来，纸厂提价，形成价格同盟，几乎是同一天发出通知，调价幅度也很一致，报社几乎没有还价的余地，只能被动接受，相当于每发行一份报纸，就要承担的成本亏损约在 1.5 元左右。据业内人士透露，如果广告收入状况比较化报社还能顶得住，但面对新闻纸的持续提价，只有提高报纸发行价。而此举措只能导致恶性循环。此外，发行成本约占报纸总成本的 26%，是第二大成本组成部分。包括发行管理人员工资及发行报纸过程中产生的销售费用、投递费用、其他办公费等。如自办发行投递，因发行投递属劳动力密集型业务，如一张发行量为 20 万份的报纸，根据发行分布一般需 360 ~ 400 人左右的发行队伍，人员多，并在全城各个区位需设投递站点，存在费用大、管理难，考核难的问题。

（2）广告商投资渠道的转移。"事业单位，企业管理"的新闻媒体赖以生存的高额广告费向（移动）互联网转移成为不争的事实。新闻传播渠道的日益增多，加之新闻信息的无版权保护，导致"硬新闻"越来越难盈利。"免费报"的救世策略仍在实践探索中，但涉及环保问题，是否能得到广告商的长期青睐，盈亏是否能持平有待分析。（3）行业竞争持续升温。最困扰经营传统媒体的新闻单位的问题就是在媒介融合背景下的转型升级过程中，至今尚未探索出清晰的市场盈利模式。

5.2.2 多方利益的博弈

数字技术与网络技术只是为媒体融合铺平了一条道路，真正促使媒体走向融合的核心驱动力首先还是来自媒体作为一种利益组织不断追逐经济利益的本能。笔者观察发现，移动互联网就像一股暗潮，尽管在媒体竞争极其激烈、传媒产业高度发达的美国，敏锐的先行者们早已嗅到经济利益被威胁的气息，企图在数字生存时代高举"媒介融合"的大旗，有准备地进行选择性牺牲，但还是不能避免 2004 年开始，当其卷走报纸赖以为系的广告、发行市场份额时，所引发的资本市场的恐慌，以及让数以万计的传媒人感受到直面存亡的困境。

在我国目前的产业管理政策和媒介规制的保护下，这股冲击仿佛一石激起千层浪。在缓冲地带，"内容为王"、"渠道为王"、"平台为王"的争议，将我国电信业和传媒业之间产业融合的问题再次推向风口浪尖。一些学者认为传统媒体与网络媒体的联动融合将推动从三网融合到三屏联动的演进，对于三网融合而言，融合的核心是开放的互联网，而不是封闭的运营商专网，广电部门不应该单独建设专网来发展媒介传播分发网络。随着现代技术的飞速发展，技术已不再是阻隔产业之间融合重组的重要因素，而已成为推动产业之间更加紧密联系的关键因素。在这种新的产业背景之中，产业之间的不断融合促使电信业和传媒业之间产生了相互渗透、相互交叉的种种深刻变化，从而呈现出一种新型的"大媒体产业"的趋势和特征。大媒体产业是电信业和传媒业产业融合的必然结果，其融合进程的新阶段，同时也意味着一种新的产业形态的出现。

传统媒体旧有的"以我为中心"的新闻信息生产传播模式，已难以适应信息时代新闻信息服务的市场需求，在坚持正确舆论导向前提下，应该进一步深化"以用户为中心"的理念，才能更好实现内容生产和服务流程的优化升级。这需要建立各部门协同参与的联席工作机制。很多媒体管理者依然在改变的过程中苦苦挣扎。对于那些受股东控制的媒体，别无选择，只能尽量在新的恶劣环境下，试图盈利，但现实是短期内它们无力改变亏损现状。因此，很多管理层都背负着巨大的压力。另外，那些受补贴的媒体，有机会在一个相对安全的环境下做出改变。毋庸置疑的一点是，新闻编辑部的内部结构在新的环境下肯定要发生巨大变化，之前那种缓慢节奏运转模式以及头重脚轻、官僚式的管理风格，将一去不复返。

第6章 媒体融合给传统新闻生产方式带来挑战

※ 6.1 媒体融合的发展现状

随着新媒体的出现与蓬勃发展，传统媒体在大众传播时代发挥的"议题设置者"的主导权优势不断被削弱，报纸广播电视的受众急速下降，老龄化趋势越来越明显。新媒体后来者居上，以其自身的各种优势成为时代的宠儿。媒介生态环境发生巨大变化，传媒业进入转折发展时期，媒体融合成为传媒领域乃至我国国家深化改革层面最为关键的热点话题。

从 20 世纪 80 年代媒体融合的概念被正式提出，到当前媒体融合进入深层次的理念、体制机制等方面的深度融合。媒体融合的每一步向前，都离不开技术的支撑、政策的鼓励以及受众对信息需求的变化。首先，互联网技术、信息技术以及数字化技术的发展为媒体融合提供了技术支撑，实现了将各种媒体融合在一起，形成融媒体的媒体形式。弥补了报纸媒体色彩单调、时效性短，广播媒体只有声音没有图像，电视媒体内容无法保存的自身缺陷。其次，国家层面对媒介融合的政策支持与鼓励成为媒体融合的重要保障。由于媒体融合关系着各个国家的广电事业、信息产业以及电子制造业等重大产业的发展，对各国的政治、经济、文化有着深远的影响，因此，各国都非常关注并重视媒体融合的发展。以我国为例：媒体在我国发挥着党的"喉舌"作用，国家的各项方针政策都是通过媒体发布，主流媒体还肩负着引导正确舆论的使命，事关国家政治的稳定。所以，无论是 2013 年召开的十八届三中全会，还是 2014 年召开的全面深化改革会议，抑或是自 2015 年开始，每年举行一次的世界互联网大会，2016 年新闻舆论工作座谈会等等，都把媒体融合作为重要话题来讨论，甚至提升到国家深化改革的战略层面，写进政府工作报告当中。最后，受众对信息需求的变化也是直接影响媒体融合不可或缺的条件。在传统媒体占主导地位的时代，受众只能作为被动的接收者获取来自专业新闻从业人员和媒体那里的信息。但新媒体的出现改变了单一的信息传递模式，涌现在互联网上的信息呈爆炸式出现，人们可以主动地阅读自己感兴趣的信息。受众对信息的需求越来越个性化和多样化。这就导致了媒体之间通过融合与发展，PC 端、移动 APP 端、社交媒体终端等不同渠道满足受众对信息的需求。

从 20 世纪 80 年代媒体融合的概念被正式提出，经过短短的几十年时间，媒体融合已经经历了三个发展阶段。从最初的 web1.0 时代以编辑为特征，报纸、电视、广播等传统媒体在自身的基础上创办新兴媒体，单向性地向用户提供信息；到 web2.0 时代的新旧媒体之间互动融合发展，用户开始参与到信息的交流阶段之后；发展至当下 web3.0 时代，即传统媒体与新兴媒体深度融合发展阶段。在第一阶段中，由于缺乏经验，各媒体只能摸着石头过河，报纸媒体在网络上开办同名网站，将纸质内容原封不动，完全照搬到网站上，成为报纸电子版。受众可以通过电子版免费获得新闻信息，其他一些门户网站可以肆意地转载新闻信息，网络上出现了信息内容同质化严重，版权问题得不到保障等诸多问题。此时的受众还处于单纯地接收信息，没有参与到与媒体的互动中。在第二阶段里，由于各媒体已经积累了一定的经验，所以开始将媒体融合的重点转移到内容、渠道等方面，并且与用户形成了互动关系。具体表现在新兴媒体转载传统媒体的内容时要标明出处，同时各门户网站除了复制转载新闻信息之外，也生产出原创性的信息供读者阅读。网站增添了评论功能，允许读者发表意见与建议，将部分话语权交付给用户，重视他们的反馈，与其形成了良好的互动关系。目前，我们正处于媒体融合的第三阶段，即深度融合发展阶段。在这一阶段里，媒体融合不仅要加强表面上的内容、渠道、技术等方面的融合，而且更加重视理念与内部组织机构的融合。媒体融合在内容上呈现出多样化与个性化，在渠道上运用 PC 端、移动端、社交终端等各种端口进行信息传输，在技术上充分利用大数据、云终端、虚拟现实等先进技术进行融合。秉承"互联网思维"，将传统媒体的严谨态度、权威的公信力与新兴媒体的多样化的创新形式进行融合，重视内部组织机制的改革，打造出全媒体平台，加强媒体之间的深度融合发展。

※ 6.2 媒体融合对传统新闻生产方式的冲击

互联网深刻地改变着传统新闻业，在新媒体以其自身的便捷性、互动性强等各种优势蒸蒸日上的同时，传统媒体衰落的步伐正在加剧。据统计，2015 年全国报纸广告大幅下降 35.4%，与 4 年前相比，累计降幅已达 55%。全球各国的一些报纸杂志等都面临着停刊的危机。2008 年末，美国第二大报业集团论坛公司申请破产；2009 年 4 月，拥有 100 年历史的《基督教科学箴言报》宣布停刊。在 2008 年突如其来的报业倒闭潮下，英国和德国这些发达国家也都无力抵抗，英国在一年之内就关闭了 53 家报纸，德国的《法兰克福论坛报》《德国金融时报》《纽伦堡晚报》这三家具有影响力的报纸也宣告破产。与之相对应的是微博、微信、新闻客户端等新媒体成为时代的宠儿。受众获取新闻信息的方式开始变得多元化，纸媒与读者所建立的传统"盟友"关系正在分崩瓦解，正在被智能手机、可穿戴设备所提供的新闻发生形式所取代。媒体融合正改变着传统新闻的传播渠道、受众获取新闻的习惯、新闻生产的内容以及新闻的呈现方式。

6.2.1 新媒体改变传统新闻传播渠道

随着数字技术的发展以及信息时代的到来，传统的报社、广播电视台等媒体都已不再独立经营，而是适应媒体市场的发展要求进行媒体融合发展。多数大型报业集团、广电集团等建立了全媒体的传播模式，对采集信息的过程与传播的策略进行了结构化的整合与优化。对新闻的传播渠道由之前的单一媒介发布转为集 PC 端、移动终端、社交化平台进行内容的发布。这就打破了原有的传统媒体控制渠道的壁垒，使得新闻信息在跨媒体间得到了广泛的传播。

尤其是近年来 WiFi 技术的普及应用，智能手机屏幕设计趋向大屏化，加上手机应用软件体验的不断升级完善，促使移动智能手机成了网民最为青睐的上网设备。传统媒体手中对传播渠道的控制权正在一点一点消失。在互联网还未兴起前，媒体发布内容都是通过自己创办的报纸和广播、电视台这些渠道，但媒体融合的发生，使得新闻生产者与内容产生的渠道发生了分离，传统媒体之外的信息发布渠道开始盛行。网络 PC 端的专业新闻网站也开始盛行，网易、新浪等新闻门户成为网民接收新闻信息的主要渠道；手机短信新闻开启了移动终端新闻传输渠道，新闻 APP 也呈爆发式增长；微博、微信等社交化的平台更是成为人们接收与发布新闻信息最广的传播渠道。

6.2.2 受众获取新闻的习惯发生改变

媒介是用来满足人们的需求的。用马克思的观点来说："没有需求，就没有生产。"媒介的一切生产活动其实都是围绕着受众的消费需求展开的，无论是传统媒体主导新闻生产的时代，还是媒体融合后新闻生产发生变革的时代，受众对于新闻产品的需求都是亘古不变的。他们获取新闻信息从来都是主动的、自觉的，只是每个人获取新闻的习惯不同而已。在网络还没有普及的时候，人们获取新闻都是通过观看电视、阅读报纸和收听广播等传统方式单向性地接收新闻信息。到了 21 世纪，网络和移动通信技术如雨后春笋般发展起来，人们开始在电脑和掌上设备中浏览新闻，通过使用微信订阅公众号的推送方式，或者下载"今日头条""一点资讯"等专业的手机新闻客户端，甚至通过"喜马拉雅 FM"等一些视听软件来根据自己喜爱的方式来获取新闻信息。

媒体融合给受众带来了无限种可以获取新闻信息的渠道，并且这些获取新闻产品的渠道随着科技的创新越来越省力，越来越得到受众的青睐。根据传播学"鼻祖"施拉姆提出的传播学选择或然率公式"报偿的保证 / 费力的程度 = 选择的或然率"来说，受众对于某种传播渠道获取需求满足预期的可能性越大，而费力程度越低，那么选择某种传播渠道获取信息的可能性也就越高；相反，预期的报偿很小，而费力的程度很大，那么选择的可能性也就越小。这就很好地印证了受众获取新闻信息习惯发生变化的原因。举例来说，在传统媒体时代，印刷媒体刊登新闻会受到版面的限制，一方面不能够同时提供声音、视频等相结合的新闻产品，另一方面需要有专门的配送人员或者邮寄人员将报纸杂志定时送入读者的手中，等受众拿到它们的时候已经是相对于新闻事件发生的滞后期了，而且遇到春节过年，报社、杂志社放假这样的情况，受众就不能够及时获取新闻信息；同样的道理，广播、电视等传统媒体也面临着由于自身特点所造成的局限性，这些新闻获取渠道相对于当今的新兴媒体来说相对是费力的、麻烦的。媒体融合不仅打破了传统媒体间的隔阂，带来了媒体之间的融合以及延伸，而且更重要的是给受众提供了方便及时、更为省力、尤为有趣的信息获取方式，在不知不觉中改变了受众获取新闻信息的习惯。

近年来，可穿戴设备的流行带来了新闻消息自主提醒推送功能的发展，更多受众更愿意选择阅读这些新闻信息，这就在很大程度上影响着受众获取新闻的习惯。2012 年，随着 Google 公司推出的智能眼镜面世，开创了"智能可穿戴设备元年"。Apple Watch、小米手环等一系列深受年轻人喜爱与追捧的智能可穿戴设备也随之登场，它们的应用与普及促使消息通知提醒功能成倍发展。据路透社 2015 年发布的数字新闻报告中显示：英国、法国、德国、美国、西班牙、日本等多个国家 2015 年较 2014 年的新闻消息提醒都有所增长。对于新闻生产者来说，消息提醒能够让读者直接得到信息，为读者阅读新闻信息提供了更加便捷的方式，如此一来，在新闻业的竞争中，新闻客户端以及各种订阅号的自动推送与消息提醒将成为竞争的焦点，时刻引领改革潮流的纽约时报集团，成立了 11 人的特别小组，专门负责开发、规划新闻消息通知提醒功能，根据读者的喜好、语言、阅读历史等，力求提供更加个性化的消息推送。正如《纽约时报》消息推送产品经理安德鲁·菲尔普斯说的那样，以前都是新闻生产者高高在上地向读者输送信息，而现在是越来越多的读者仅仅通过小小的推送与他们产生联系。

6.2.3 新技术冲击新闻呈现方式

互联网技术、电子通信技术以及数据挖掘技术等一系列先进技术的发展，给传统的媒介生态环境带来了巨大的变化，不仅影响着人们的生活方式和思维方式，也冲击着传统的新闻呈现方式。以前的新闻信息都是以单一的文字加图片的形式呈现给受众，在密密麻麻的字里行间，很容易引起视觉疲劳。但在当今的媒体融合时代里，新闻信息的呈现变得越来越多元化，除了有解释说明性的文字与图片之外，还融合了各种有声音频和带字幕、图像的视频内容。在当今的"读图时代"，不仅可以抓住受众的眼球，而且也满足了受众个性化的需求，从而达到极好的传播效果。

无论是专业的新闻网站还是移动新闻客户端，它们在进行新闻产品的生产上，都非常重视新闻信息的呈现形式。如 Twitter 在呈现热点事件时，会将与之相关的文字、图片和视频等整合在一个标签中，用户可以根据自己的喜好选择通过详细文字、高清图片或生动视频等形式了解事件的状况。脸谱网于 2015 年 5 月推出了新的应用项目"即时文汇"（Instant Articles），它是一种交互式媒体内容创建工具。通过与《纽约时报》《大西洋月刊》、BBC 新闻等九家媒体合作，帮助发布者提供多元化的信息展现方式，使读者获得更好的新闻信息阅读体验。比如信息发布者可以通过各种形式展现新闻报道，除了有高清图片和视频外，还增加了交互地图和音频注释等功能，这些都有利于新闻信息的个性化呈现。随着大数据技术、虚拟现实技术在新闻传播领域的应用，传统的、单一枯燥的新闻呈现方式将被生动有趣的可视化新闻所替代，借助于图形、视频化的手段进行有效的信息呈现将会使新闻报道焕发出新的生命力。

6.2.4 媒介组织结构发生改变

媒体融合从最初的传统媒体建设新兴媒体阶段，发展为互动融合阶段，再到当今的深度融合发展阶段，每一阶段的融合都向前推进了一个层次。我们说媒体融合不仅仅是简单的平台相加，而是内容、理念、体制、技术、管理等方面的深度融合，这一切都与媒介组织结构有着根本的联系。在传统媒体时代，通常大型报业集团下面的每个子报会设立独自的信息采集记者和编辑人员，组织结构是分散的、不统一的。一方面，对于同一件新闻报道，需要投入额外的人力和金钱，并且采集的信息是相似的，这就很容易造成采访成本的浪费，报道的新闻内容同质化严重。另一方面，每家报纸对新闻线索的搜集，对相关新闻背景的整理，以及对数据的统计等信息资源都是保持独立，不予分享的。这就经常导致信息资源不能被充分利用，很难做到新闻生产过程中人员与资源的共享。随着媒体融合时代的到来，各个媒介集团开始大刀阔斧地进行内部媒介组织结构与生产流程的变革，以规模化、集约化经营作理念，建立了"全媒体"的中央厨房式生产的媒介组织结构，实现社会效益和经济效益的最优化。

在新闻与传播学界，最早也最为出名的媒介组织结构变革案例是美国的"坦帕新闻中心"的建立。它是一个名副其实的"媒介综合集团"，坐落于美国佛罗里达州坦帕市，是由美国媒介综合集团于 2000 年斥巨资建造的一座传媒大厦。它囊括了旗下的坦帕论坛报、电视台（WFLA－TV）及其坦帕湾网站（TampaBayonline），设立了"多媒体新闻总编辑"，统管三类媒介的新闻报道。将它们全部集中在同一新闻编辑室中进行新闻采编工作，这就使得媒体的采访人员可以相互配合、协调达到事半功倍的效果。近几年来，随着传统媒体与新兴媒体的深度融合发展，我国各大媒介集团也纷纷效仿这种"全媒体"的媒介组织结构，对其内部的组织结构进行改革重组、优化升级。如广州日报于 2014 年 12 月成立了中央编辑部，通过垂直化中央厨房的模式进行新闻生产。他们建立了跨越传统媒体与新媒体的新闻统筹平台，将传统媒体与新媒体的编辑部融合为一个整体，使之既可以生产专业信息和深度报道，也可以编辑多元化的新闻报道内容，并且可以通过与受众的互动，从反馈中得出整合加工的信息。所有这些信息汇聚在综合的新闻统筹平台上，经过选择性编辑分发到夜编新闻中心、大洋网和数字新闻实验室等。这种组织结构的优点在于可以将人员配置与职能分工协调统一，在进行新闻采编时更加方便快捷、高效智能，从而创作出更为优质的新闻产品。

第7章　媒介融合背景下传统新闻媒体转型的路径

※ 7.1 技术形式：数字化融合转型，分众化传播盈利

　　媒介融合背景下，面向受众需求、市场需求的新闻信息采集、生产、传播、引导方式正在发生革命性的变化。新媒体的快速发展，正深刻地改变着当前新闻行业的形态及新闻媒体内部的组织结构。传统媒体面临巨大的生存压力，加速突破媒介边际，尝试多种形式的跨媒介、跨行业的融合方式，以应对生存危机。

　　各类新媒体对传统媒体带来了巨大的冲击，为了不在数字化时代被淘汰，众多传统新闻媒体单位争先恐后地走上了数字化的媒介融合转型之路。然而，迄今为止，真正数字化转型成功的新闻媒体的案例鲜少，不得已而为之的东施效颦，不是对自身的补充，就是对自身的消耗。如此行为，将不仅失去原有的传播阵营，也将因受众习惯的先入为主而无法开辟新的传播渠道。例如 ipad 等平板电脑大行其道之时，期刊等平面媒体如《周末画报》抢占先机，以制作精良的客户端赢得大量受众的关注，获得奢侈品的广告赞助。随后，新浪、网易、搜狐等口户网站迅速打造新闻客户端，将其作为转载传统媒体新闻信息及提供互动的平台。尽管传统媒体如《参考消息》等也相继推出了官方客户端，但由于只注重新闻内容的搬运，而不注重用户体验，不及时更新操作系统，甚至放弃已有平台，与硬件设备供应商合作，打造专属的平板电脑，而错过吸引受众的最佳时机。然而，传统新闻媒体在数字化融合转型过程中，也有可圈可点之处。

7.1.1 本土化的产物：手机报

　　2008 年，笔者曾参与新华社江苏分社与中国移动通信集团江苏有限公司合作的《大学生手机报》的市场调研工作，认为手机报是具有中国特色的媒介融合阶段性产物，其实质是媒介融合环境下，电信增值业务拓展和传统媒体内容输出相结合的产物。手机报主要面向政府、企业、学校，依托手机媒介，由传统媒体、移动通信商和网络运营商联手搭建的信息传播平台，用户可以通过手机以短信、彩信的形式浏览当天发生的新闻及针对客户群需求的定制内容，因而被誉为"掌上媒体"。但随着腾讯、新浪、网易、搜狐等用户网

站新闻客户端（APP）及微博、微信的新闻滚动、定制、推送业务的相继出现，传统媒体手机报的竞争优势、生存空间还有多少，值得深思。

本研究认为，尽管手机报作为媒介融合背景下本土化的产物，或许难承担起拯救报业的重任，但是其独创性的成功在当下仍具有较强的生命力。特别值得一提的是，这种报业与电信业融合，遵循后者的运营规律进行内容编辑、排版设计的全新产物实现了巨额盈利，虽然近 50% 属于提供传播渠道的移动运营商，也不失为盈利模式的创新举措。如何细分受众市场，隐性植入广告，减少强制订阅、恶意扣费的现象仍需进一步探索研究。

7.1.2 移动互联战场：客户端

媒介融合背景下，看新闻，不再是每天的晨报、晚报，不再是每晚的新闻联播，可以是各大网站，可以是各种弹窗，可是微博、微信推送，也可以是各种手机客户端。热门新闻客户端包括：新浪新闻、网易新闻、搜狐新闻、腾讯新闻、凤凰新闻，用户量均破亿。其中，新浪新闻客户端的标语是："为我们希望的生活"，特点为：（1）高效可靠的新闻应用，抛弃海量内容堆砌，5 分钟知晓今日最新头条要闻；（2）精必打造的视听体验，高清美图和真实视频，让受众与新闻事件零距离；（3）定制自己的新闻中心，选择感兴趣的内容，组成受众自己的新闻头条；（4）更多个性化功能，包括最新消息及时推送，支持离线阅读，支持社交平台分享，节省流量的文字模式等。网易新闻客户端的标语是"有态度的新闻门户"，激发每个人思考，新用户注册，绑定社交平台，送彩票，送流量，送手机。搜狐新闻客户端的标语是"搜狐新闻先知道——中国第一的新闻客户端"，特点为：海量刊物订阅、即时新闻资讯、快讯推送功能、新闻组图浏览、智能数据压缩、离线阅读模式等。腾讯新闻客户端以"事实派"亮相，特点为：1）每日新闻及时报道，洞察真相，领先一步；2）要闻推送贴心提醒，世界大事，一手掌握；3）视频新闻直接播放，舒适体验，值得拥有；4）精彩图片品质展示，原创名品，定格人间冷暖；5）今日话题精心、筛选，剖析深刻，用常识解读新闻；6）评论分享互动轻便，阅读过程也能表达态度等。凤凰新闻客户端的标语是"全球华人第一移动资讯平台"。相比之下，人民网新闻综合客户端、新华网的新闻客户端"新华炫闻"等传统媒体的新闻客户端显得更为官方，界面设计、内容形式上比较难以吸引广大受众。

媒介融合背景下，各家用户的新闻客户端也开始加大商业化的力度，尤其是新闻客户端营销受到了越来越多广告主的青睐，成为时下最适合品牌投放的 APP 类型之一。从目前形势来看，2014 年新闻客户端营销或迎来迅速增长的一年。据 DCCI 最新调查显示，快消、汽车、口硬件、通讯等领域 TOP10 广告主对移动互联网广告投放充满信心，90% 的广告主将在 2014 年增加在移动互联网领域投放，超过 60% 的广告主已将移动新闻客户端纳入媒介计划中并进行广告投放。而"广告主选择投放的新闻客户端分布"数据显示，网易以 53.8% 居于首位。在 2014 年广告主加大投放力度的新闻客户端分布情况数据中，网易新闻客户端的数值最高，为85.7%，广告主对新闻客户端的偏好程度明显。同时报告显示，广告主对新闻客户端广告投放决策因素依次为：覆盖人群、活跃程度、市场影响力、品牌匹配度、保障品牌安全以及对所属门户的偏好，而前四项指标则是广告主决定投放的最核心要素。要想与移动互联网紧密融合，实现新闻媒体升级必须打赢客户端的送场硬仗，为后续工作的开展做好铺垫。

7.1.3 尾随技术发展：数据新闻

在信息不畅的时代，受众需要通过记者的双眼看世界，而如今，在数据大爆炸的时代，受众可以借助数据的驱动和技术的支撑来观察世界，发现从前被忽略或根本无法看到的真相。在国外，数据新闻正日益普及，但在国内的发展还属于初级阶段，面临着数据偏少的难题。不过，这种富有表现力的叙事方式，正为各家媒体所重视、研究和应用，并打造各具特色的数据报道团队，值得关注。

从白纸黑字到文、图、音、像媒介融合的形式变化，从纸张到电脑、智能手机、平板电脑的载体变化，从报纸到门户、论坛、博客、微博的渠道变化，技术对新闻传播的颠覆作用，如此真实可见。当下，数据新闻的兴起，或许又将代表该领域的一个重要发展方向。数据新闻，简而言之，就是用数据处理的新闻。它把传统的新闻优势与海量的数字信息相结合，创造新的可能。数据可能是新闻的来源，也可以是讲述新闻故事的工具，还可以两者兼具。目前，数据新闻不只是实验室中的概念性产品，而是已被行业所接受并日渐普及。美国很多高校开设了相应课程，谷歌和行业组织共同主办了数据新闻奖项，全球新闻人合作撰写的《数据新闻手册》被译成多种版本。更重要的是，路透社、英国广播公司、《纽约时报》等媒体在实践中已经生产了大量优秀的作品，为数据新闻树立了标杆和榜样。

数据新闻首先意味着方法论的创新。长期以来，用眼去看、用嘴采访、用笔写作，是新闻记者了解和反映世界的基本方法。而数据新闻开启了用统计或量化方法分析数据并生产新闻的理念与方式。追溯数据新闻的渊源，从20世纪60年代的精确新闻学一直到21世纪初出现的计算机辅助新闻，一脉相承，都代表着"社会和行为科学研究方法在新闻实践中的应用"，致力于"从数据的海洋中发现新闻"。用万维网创始人蒂姆·伯纳斯·李的话说，"新闻工作者需要精通数据。过去你可能通过在酒吧和人聊天获取新闻故事素材，尽管现在这种方式有时可能仍被采用，但目前你同样要钻研数据并借助数据工具进行分析和筛选出令人关注的信息。"

在国外媒体的众多案例中，数据新闻能够绘制详尽的犯罪地图，揭露隐秘的官员腐败，洞穿复杂的关系网络，展现战争带来的惨重伤亡。数据新闻增强了新闻记者透视世界的能为，提升了新闻报道对于受众的价值。生产数据新闻需要一支由记者、程序员和设计师构成的复合型团队（在最近的一次美国报纸编辑协会上，有专家认为数据记者由三个维度的人员组成，计算机辅助报道记者、新闻应用开发人员化及数据可视化专家）。无论路透社、英国广播公司还是《纽约时报》，其数据新闻编辑室的构成都是相似的。具体案例如下；

◆ 案例：《纽约时报》数字化专题报道"雪崩"

去年12月，《纽约时报》发表了其数字化专题报道"雪崩"，该报道由专题记者、普利策获奖作家约翰·布适奇撰写。报道的灵感来自于对滑雪场上高死亡率的关注，由6个故事组成。

与照搬纸质内容的新闻网站不同，打开这篇报道，呈现在眼前的首先是全屏循环播放的积雪滚落山坡的视频。往下滑动，则能见到记者的文字穿插于视频和图像之间，交互图片、采访视频及知若滑雪者的传记等元素被巧妙地糅合进去，可谓是把故事讲"活"了。

"雪崩"系列报道发布66天后，《纽约时报》就获得了350万页面的流览量。至于一些业内人士认为，新闻媒体应借鉴好莱坞的多层制片方式，优先在应用程序和电子书阅读器上推出数字化文章，然后将其改造成网络版本，最后才拿到报纸上。事实上，《纽约时报》已经把"雪崩"转成电子书，一本卖2.99美元。这种转制的成本不高，他们计划今年以这种模式出版约12本电子书，实际绩效如何还待市场考验。

不过，"雪崩"的制作成本十分高。据悉，该项目由11人的制作团队共耗时6个月完成，其间的耗资更是高达25万美元。《纽约时报》网络方面的负责人也表示，"雪崩"非报纸网站的常规项目，因为这"十分奢侈"。基于这一点，有资深媒体人指出，类似于"雪崩"这种精致的数字化媒体表达方式，似乎更加适用于纪录片而非新闻，因为这样长时制作过程损害了新闻最基本的即时性与新鲜性特征。

这样一支团队在整个新闻生产过程中协同工作，从一开始就要就新闻主题、数据获取、表现形式、技术实现等问题进行沟通，并在推进中不断碰撞和调整，直至最终产品的实现。度是一个和稿件写作完全不同的过程，而更多体现产品为王、快速迭代、持续运营、开放共享等互联网基因。因此，对传统媒体而言，不仅要重视团队的组建，团队文化的建设同样重要。而一旦团队成型，将突破传统的束缚，成为一支具备强大生产力的超级团队。

本研究认为，如何在追求面面俱到与抓大放小之间进行选择无疑是传统新闻媒体数字化转型的关键点。只有放下老思路，老经验，学习新思路、新经验才能以市场占有量为基础，资源吸附力为枢纽，以价值观传播为核心。以品牌认同度为起点，以新闻专业主义为要求，以受众的需求为导向，集聚媒介融合的力量，成就转型集成增值。例如：《华尔街日报》建立的收费网站，其付费用户较多，收费也多，商业模式较为成功。这与默多克在收购《华尔街日报》时制定的报社数字收费模式有关：首先，在报道上，该报每天的发稿量约在1000篇左右，采编人员保持在1000名以上；其次，该报数字收费的对象，除了中高收入的受众群外，还有"公费埋单"的企业或公司；再次，同样的采编内容，在报纸上看到的只是精简版，属于快速阅读，如果受众想要深层阅读的话，只能去网络版上看。这一模式让该报专业性的资源获得最大限度发挥。

早期，孤立无助、被动消极的受众作为单向的接收端，即"魔弹论"中的"鞭子"。然而，随着大众传媒产业化，市场的主导作用逐渐增强，受众逐渐成为大众传播媒体向广告主吸金的主要依靠。媒介融合满足了受众分化的需求，因而任何传媒机构要想争夺到足够维持其生存和发展的注意力，已经无法依靠某单一媒介，全球范围内传统媒体广告份额的大量流失就是最好的例证。美国论坛报系前任高级副总裁霍华德·泰纳（Howard Tyner）认为，新闻业本质是吸引眼球——吸引尽量多的人看你的内容，他提出了著名的"受众在哪里，我们就到哪里"的说法。当前，受众需求呈现多元化和特殊化的特点，新闻媒体只有深刻领悟互联网思维，才能实现利益相关性的新闻信息服务。"长尾理论"作为网络时代兴起的一种新理论，提出由于成本和效率的因素，当商品储存流通展示的场地和渠道足够宽广，商品生产成本急剧下降以至于个人都可以进行生产，并且商品的销售成本急剧降低时，几乎任何以前看似需求极低的产品，只要有卖，都会有人买。这些需求和销量不高的产品所占据的共同市场份额，可以和主流产品的市场份额相比，甚至更大。满足不同受众的不同需求的分众化传播已成为美国报业的趋势，它也导致美国许多小报纸能胜过大报纸并实现盈利。股神巴菲特收购了其家乡的数十份报纸。他认为，通过整合，一些中小型甚至微型的报纸可以实现盈利。这些社区性报纸的客户黏性更强，忠诚度更高，具有更稳定的经济回报，其竞争为主要具备以下特点：首先，采编内容高度本地化，成为当地人的"生活必需品"；其次，发行主要依靠社区，不要求大范围，但强调范围内的"必达率"，实现发行渠道垂直化，以分类广告为主，瞄准本地广告商，或试图进入本地区的品牌广告商。据相关调查表明，一旦出现了新的经济收益创新点，小规模的报纸往往比大规模的报纸要灵活得多。

※ 7.2 功能作用：职业道德立基，新闻内容为王

7.2.1 职业道德立基："无冕之王"最后的神圣光环

新闻记者出身，几乎都对自身所从事的职业有着一种特殊情结，认为这个职业是社会舆论的引导者，是事实真相的挖掘者，是人民群众的发声者，是白纸黑字永恒价值的体现。新闻职业道德更是"铁肩担道义，妙笔著文章"的脊梁。

然而，数字化传播技术的迅猛发展，对新闻来源、新闻加工、新闻发布、新闻接收、反馈等新闻生产流通的各个环节都产生了深刻的影响。在新媒体浪潮的冲击下，传统媒体

与新媒体的合作愈加紧密，新闻传播速度更快、传播内容更多，但是随之而来的虚假新闻、低俗新闻、新闻炒作也时常出现，这不仅损害了新闻媒体的公信力，也给公众的生活带来极大的困扰。新闻工作者是信息的传播者，肩负着社会瞭望者和舆论引导者的使命，在媒介融合背景下，如何强化新闻工作者的职业道德建设成为一个迫切需要解决的问题。

2013年4月18日最热闹的新闻，非香港《大公报》刊发的《北京"的哥"：习近平总书记坐上了我的车》莫属。新华社官方微博还证实"确有其事"。然而，正当广大公众还在讨论"习近平主席微服私访"的意图时，新华网、人民网突然发布：4月18日香港大公报刊登的《北京的哥奇遇：习总书记坐上了我的车》一文，经核实，此报道为虚假新闻。当天，17时55分《大公报》就此刊发了道歉信，全文如下：就刊发《北京"的哥"：习近平总书记坐上了我的车》虚假消息向读者致歉。《大公报》4月化日刊发了《北京"的哥"：习近平总书记坐上了我的车》一文。经核，此为虚假消息，对此我们深感不安和万分遗憾。由于我们的工作失误，出现如此重大虚假消息是极不应该的。对此我们诚恳地向读者致歉。我们将以此为鉴，用准确严谨的新闻报道回馈公众。这一事关国家重要领导人政治形象问题的重大事件出现如此问题，深刻地折射出媒介融合背景下，新闻工作者不仅需要在认知上坚守新闻职业道德，更需要在实践中体现新闻职业道德，自觉维护新闻工作者的良好形象。

新闻职业道德是新闻媒体及其从业者在新闻传播活动中应该遵循的道德准则与行为规范的总和，也是社会道德在新闻传播领域的体现。新闻从业者在其职业活动中所表现出来的关于新闻传播的一系列职业观念、职业态度、职业情感、职业作风等道德现象，正是新闻职业精神的一种外在表现。对新闻媒体而言，职业道德意味着新闻工作者在从事新闻信息传播等各项活动时，主动与利益相关者保持距离，恪守和践行新闻行业的道德标准，确保对新闻事件真实、客观、全面地报道。这有利于：（1）保护新闻从业人员的积极性，激发职业热情、职业潜能；（2）正确处理与新闻事件相关的利益关系，增强报道的公信力；（3）维护新闻行业的社会信誉，增强报道的影响力。

7.2.2 新闻内容为王：成为民众的"新闻发言人"

信息化生存时代，新闻信息泛滥，大到国际纷争，小到家长里短都可以通过（移动）互联网上的各类新闻媒体平台迅速传播。添油加醋，煽风点火，唯恐天下不乱者无处不在；飞短流长，指鹿为马，大肆造谣生事者兴风作浪。渠道固然重要，但没有内容的支撑，很难在激烈的市场竞争中赢得受众的关注。只有贴近实际、贴近生活、贴近群众，以"内容为王"才是新闻媒体生存发展的不二法则。

新闻战线开展"走基层、转作风、改文风"活动，是健全正确舆论导向体制机制的创新探索，是党的宣传事业与新闻规律高度结合的战略举措，是在新时期贯彻党的群众路线的成功实践，是新型传播格局下提升新闻媒体传播力、影响力、公信力、引导力的重要举措。中央政治局常委刘云山，对送项活动高度重视，多次发表重要讲话和深刻论述，指出"当前，媒体格局、舆论生态、新闻队伍结构等出现许多新变化、新情况，如何深化对新闻工作的规律性认识、不断丰富社会主义新闻理论与实践，是时代提出的重大课题。"

"走基层、转作风、改文风"活动是时代的关怀向人本位、民本位的渗透。这需要当前的新闻宣传工作者紧跟时代的步伐；保有媒体人的职业热情，继承能吃苦的优良精神，走入基层、深入群众，在磨砺和苦难中培育出人文关怀和再姓情怀。只有将对祖国深沉的爱扎根于人民群众的土壤中，才能从源头涌现出真实、鲜活、生动、具体的优秀新闻作品。正如《新闻联播》为其首开先河，制作节目《杨立学讨薪记》的央视新闻中新闻部记者雷飚老师所言，记者不把身段放下来，视角沉下去，真正与基层群众同呼吸共心跳，镜头里的人物是不可能鲜活起来的。

"走基层、转作风、改文风"活动是对当前浮躁的社会风气的沉重地、理性地、深深地质问。习惯做"无冕么王"的新闻媒体工作者，是否还能记得诗人义青那句耳熟能详的"为什么我的眼里常含泪水，因为我对这土地爱得深沉。"是否还能做到"迎着问题上、朝着基层下、贴着群众走、向着深处挖"，从广大的人民群众中寻找"最可爱的人"；是否还能回答"我是谁，我从哪里来，我到哪里去？"这个最简单又最深奥的哲学终极命题？人民赋予了我们权力，我们从人民中来，就该到人民中去！只有和人民群众面对面、手握手、也贴也才能获得最可贵的信任，才能抓住隐藏于现象背后的问题本质，用思想的力度激起社会各界的广泛关注，帮助困难群众、弱势群体。中央电视台"走转改"节目《皮里村蹲点日记》打动了全国观众的心。报道者、央视浙江记者站站长何盈老师用自己的行动回答道："我想做一个裤腿上永远沾着泥巴的记者，因为一个合格的记者就该这样，而且我觉得这样的记者是幸福的。"

"走基层、转作风、改文风"活动是新闻报道遵循新闻传播规律向新闻本质的回归，是践行党的群众路线、夯实新闻工作的根基，提升宣传亲和力、吸引力、感染力的重要举措。有利于在信息化社会的背景下，以机制化、常态化的新闻运作模式逐步规范新闻秩序，正确引导舆论、真正发挥作用。媒体队伍不仅要在数字时代搭建实体运作、资本运作、产权交易、全媒体的平台，更要搭建好文化传播的平台，培养一批洞悉西方话语体系、体悟中国千年文化精髓且具备独立判断、深刻思想的新闻媒体工作者将中国文化兼收并蓄的强大包容性展现给世界人民，获得文化认同，增强我国的文化软实力。

作为一名新闻学专业的硕士生，常常深感"新闻无学"，然而这"无"中却衍生万千个"有"。科班出身不仅要得其技巧，更要厚积薄发深得其思想。只有不断学习"走转改"活动过程中资深记者的经典作品，积极投身于实践，以敢闯敢写的精神深刻体悟民间疾苦、敏锐发现社会问题，不断积累报道经验，提升新闻素养，规范职业道德，完善自身的世界观、人生观、价值观，增强大局意识、使命意识、责任意识、忧患意识，争取写出百姓认可度高、切实能解决问题的新闻报道，成为民心的"新闻发言人"。

※　7.3　资本运作：加快实施媒介融合，全力打造传媒集团

我国媒介融合进程中所涉及的电信网、广播电视网、互联网的三网融合自 1994 年起从问题产生、初被叫停、转为促进、初步落实、提出试点至今日的试点进展，不断突破法律、政策、技术、管理、人才等壁垒。三网融合不仅将会形成巨大的产业规模和市场发展空间，而且将对传媒业、通信业带来重大影响。国内部分具有影响力的传统媒体机构都加紧从战略层面把握三网融合带来的新机遇和挑战，转变传统思维模式，提高创新能力，塑造新型市场营销理念，加快战略转型，打造传媒集团。例如：已上市的浙报传媒致力于构建互联网枢纽型传媒集团，全力推进"三个转变"：由报纸读者向多元用户转变，由大众化传播向分众化传播转变，由提供单一新闻资讯向以新闻资讯为核心的综合文化服务商转变，对外投资和内部建设并举，加快构建新闻传媒、互动娱乐、影视和文化产业投资"3＋1平台"的大传媒格局。传统业务方面，浙报传媒去年报刊印刷、发行和广告及网络推广业务实现收入合共 14.64 亿元，同比增长 24.74%，占主营业务收入约 64%，估算贡献净利润大约为 2.3 亿左右，同比略有上升。由于宏观经济黯淡抑制了整体传统报业业务的增长，浙报传媒 2013 年在传统业务方面成绩显得特别突出。这些表明浙报传媒转型战略初获成功。媒介融合背景下，我国报业集团改革的思路大致是深化传统媒体与新媒体整合发展，以平台带动项目。在平台上集聚、打通内容资源、用户资源、团队资源等，把当下报纸的亏损转化成对未来的投资。围绕新媒体进行产业布局、发展模式和体制机制的顶层设计，实现从内容生产理念、方式到能力的脱胎换骨。

在这个产业和商业模式都处于混乱状态的年代，报纸想要赚钱，就必须尝试许多新理念和新方法，然后聚焦在那些可以成功或是有前景的模式。通过传媒集团的打造，新闻业除了与娱乐业、旅游业等实现融合，还包括金融业。数年前，中南传媒就圈定了金融扩张的发展战略，提出要走财团式发展道路，搭建金融租赁、互联网金融、投资基金等更多金融平台，努力成为国内传媒业中金融实力最强的企业。去年 10 月，中南传媒公告称，拟与控股股东湖南出版投资控股集团有限公司合资设立财务公司。今年 3 月，由文化部、中国人民银行、财政部共同制定的《关于深入推进文化金融合作的意见》正式出台。4 月 22 日，湖南出版投资控股集团财务有限公司获得《中华人民共和国金融许可证》，成为全国文化行业的首家企业集团财务公司。从申请到获得许可，仅用了半年时间。据银监会批复，财务公司注册资本为 10 亿元，其中，中南出版传媒集团股份有限公司出资 7 亿元，占比 70%；湖南出版投资控股集团出资 3 亿元，占比 30%。财务公司就是企业集团的"内部银行"，是非银行性的金融机构。与银行不同的是，按照银监会的规定，财务公司的服务范围"只能对内，不能对外"，而且依托集团、服务集团。依托集团，是指财务公司的资金只能来源于成员单位的现有资金；服务集团，是指财务公司的资金要帮助、支持成员单位

和集团主营业务发展。

本研究认为，一个传媒集团要想具备更强的市场竞争力，就必须走出单品经营的业务模式；要想赢得更多的市场空间，就必须站在产业融合发展的视角，向上下游多种文化业态拓展，促使内容价值的多次变现和传播效应的相互渗透。

※ 7.4 人才资源：增强核心竞争力，以人才驱动变革

7.4.1 传统新闻媒体核心竞争力的构成要素

当下，随着各行各业的竞争加剧，"核心竞争力"的探讨成为热门话题。综合上述观察分析，本研究认为，中国新闻媒体核心竞争力是指中国新闻媒体在长期发展过程中所形成的，支撑该媒体过去、现在和未来的发展，形成一定竞争优势，并且使其在长期的竞争环境中取得主动地位的核心资源与核心能力之和。这在媒介融合背景下，尤为突显，尤为重要。中国传媒产业，新闻行业，新闻媒体要想做大做强，扩大国内外影响力，将有赖于自身核心竞争力的挖掘、培养。日本研究针对中国新闻媒体发展的特定阶段，深入探究，逐步推演出中国新闻媒体核心竞争力是文化力、学习力、创新力、品牌力四者的有机结合。核心竞争力主要指核心资源与核心能力，其中核心资源包括：资本资源、政治资源、文化资源、技术资源、内容资源、人才资源；核心能力包括：适应市场的能力、整合资源的能力、持续创新的能力、塑造品牌的能力。如下图 1-2 所示：

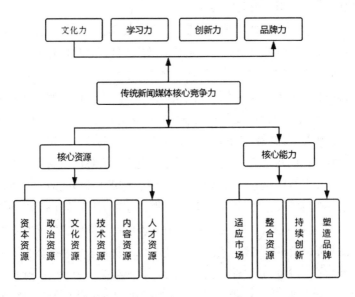

图1-2 传统新闻媒体核心竞争力的构成要素

媒介融合背景下，对于中国新闻媒体的核心竞争力而言，文化力是精神之根基，学习力是发展之源泉，创新力是制胜之关键，品牌力是成功之保障。只有将这四股力拧成一条绳，充分发挥其作用，才能不断夯实核心竞争力。

1. 六大核心资源

本研究认为媒介融合背景下，中国新闻媒体的核心资源包括：资本资源、政治资源、文化资源、技术资源、内容资源、人才资源。具体阐述如下：1）资本资源，"传媒控制资本，资本壮大传媒"的发展理念已为当前各大传媒集团所用。应对传媒市场化，需要资本为纽带，整合产业资源，加速转型升级的布局；2）政治资源，新闻舆论监督是保障公民知情权、表达权、参与权、监督权的重要方式，是新闻媒体代表广大公民行使权力的重要职责。新闻媒体批评是重要的政治资源，这有利于推进中国民主政治进程；3）文化资源，中华五千年的传统文化是传媒产业发展"取之不尽用之不竭"的宝库，需要加快将文化资源优势转化为文化产业的竞争力；4）技术资源，当前数字技术的发展日新月异，媒介融合背景下的新闻报道需要强有力的技术支撑与设备更新；5）内容资源，充分发挥多元新闻资源的优势，合理配置优秀新闻队伍的组合，坚持新闻报道内容为王，是高质量报道的保障，是传统媒体应对媒介融合机遇与挑战的根本；6）人才资源，这是新闻媒体最为活跃、最为积极、最有价值的生产力要素，新闻媒体队伍不仅要在数字时代搭建实体运作、资本运作、产权交易、全媒体的平台，更要搭建好文化传播的平台，培养一批洞悉西方话语体系、体悟中国千年文化精髓且具备独立判断、深刻思想的新闻人才，将中国文化兼收并蓄的强大包容性展现给世界人民。

2. 四大核心能力

本研究认为媒介融合背景下，中国新闻媒体的核心能力包括：1）适应市场的能力，只有面向市场，科学定位才能帮助中国新闻媒体找准自身的受众群体，才能更具有针对性地提供新闻信息服务，也才能更快地转变理念，参与传媒市场的激烈竞争；2）整合资源的能力，只有整合新闻单位方方面面的资源，采用虚拟联动机制，突破各部门之间的壁垒，鼓励物质资源、人为资源的流通，才能真正实现媒介融合；3）持续创新的能力，制度创新是根本、管理创新是基础、理念创新是前提，模式创新是保障，渠道创新是手段，产品创新是关键，人才创新是核心，考核创新是条件。创新是事物发展的不竭动力，只有坚持围绕中国新闻媒体的核心竞争力，从细节之处创新，营造出适应我国新闻媒体在媒介融合背景下发展的环境，才能确保各项工作的顺利展开；4）塑造品牌的能力，需要在做好日常报道的同时，有意识、有目标、有策略地打造明星记者、明星栏目等，不断扩大自身的宣传效果、舆论影响力。这将有助于中国新闻媒体因势而谋，应势而动，顺势而为，再塑舆论形象，获得文化认同，增强我国的"软实力"。

7.4.2 传统新闻媒体核心竞争力的驱动要素

媒介融合改变了新闻媒体的生态环境，新闻生产、传播模式的变化催生了与之相适应的有生为量。根据笔者对现有国内外学者所提供的文献资料进行收集、研究、思考、归纳后，发现媒介融合环境下的新闻生产、传播的群体大致可分为四种类型："全能记者"及"超级团队"，"专家记者"及"公民记者"。

1. 全能记者与超级团队

掌握全面媒体技能，能够同时承担文字、图片、音频、视频等报道任务，为多种不同形式媒体提供新闻作品的"全能记者"首当其冲。"全能记者"这一概念引自美国新闻教材《全能记者必备：新闻采集写作和编辑的基本技能》一书，尽管此书基于平面媒体，并未对媒介融合趋势下的"全能记者"进行定义，但深刻提出"要成为一个成功的记者，必须把握这个职业的发展趋势，并能对这个职业的变化及它所报道的这个社会的变化因应自如。"学界、业界也使用"超级记者""背包（背囊）记者""全媒体记者"等来对适应媒介融合趋势的新闻记者加以形容。

《新周刊》总主笔闫肖锋在《青年记者》上发表的《全能记者时代的到来》中虽未对"全能记者"定义，但鲜明提出全能记者时代，记者不仅要为报纸写稿，还要为网络供稿。这要求全媒体记者对于报纸、杂志、广播、电视、音像等载体样样都能玩得起来，还需要操弄3G、4G等流媒体技术。广州日报记者史勇发表在《青年记者》的《多栖发展的"全能战士"——在广州日报滚动新闻部的采访实践》一文中提出："在新时代的要求下，记者需要学习的还有很多，在未来的新闻战场上，记者所面临的挑战会更大。如何做好一名适合时代发展的'全能战士'，要看你有没有决心去改变"。光明日报驻宁夏记者站站长庄电一发表于《新闻战线》的《力争当"全能记者"》一文，明确使用"全能记者"的措辞，认为"全能记者"应有更多的技能，除了会写稿、会拍照、会用电脑之外，还应会驾车，精通外语，具有较强的社交能力。发表在《新闻写作》上的《焱灯：北京晚报的全能记者》一文则是一篇关于焱灯记者的个人小传，使用了全能记者的概念，却着重强调焱灯记者随机应变以一当十、率先垂范锐意创新、严于律己身先士卒的工作作风。近年，发表在《中国记者》上的《一个全能记者的成长》和《给全能记者泼点冷水》，前者以个人实践由传统记者向全能记者转型为成功案进行分化，后者则对全能记者的工作方式提出质疑，提出全能记者的方向是对的，但要注意方式和方法。

介于相关"全能记者"研究的文献资料较少，并且在中外媒介融合的实践环境中，可发现"全能记者"是极其稀缺、抢手的顶尖新闻人才。2005年，蔡雯教授赴美国密苏里大学新闻学院访问时对主管教学工作的副院长 Brain S.Brooks 教授和有新闻从业经验的 Daryl Moen 教授针对媒介融合与培养问题的交谈记录中，Moen 教授的观点是，很多人操心我们应该培养一些"背包记者"也就是一名文字、摄影、摄像全能的记者，他们可采访新闻，可以做各种新闻业务，所有设备都放在一个大背包里。我觉得，除了摄影记者外，现在并没有太多的"背包记者"，人们是在谈论这种可能性。我个人并不认为会有很多人成为"背包记者"，但是这种人才在某些地方会有用武之地。2014 年，笔者专程赴美国密苏里新闻学院针对其"媒介融合"项目进行交流学习，有幸采访到了被誉为"媒介诚合"倡导者的中国项目总监章于炎博士，他指出，在媒介融合时代，随着科技的进步，传播载体的变化，原本泾渭分明的几种媒介之间已经悄然融合，"媒介融合"会使主流媒体角度更多，内容更丰富，是对个人制作内容的一种带动，是对传统媒体的一种发展。迎接媒介融合时代的到来，一个是经济的复苏，一个是人才的储备，在这之中更重要的是要有观念更新，要做新理念和新经验的实践者。

通过整理归纳上述对全能记者的观点，可发现，学界、业界对全能记者的未来发展前景持乐观态度，但对其适用范围存在争议。部分观点认为从供职单位而言，全能记者适用于小型媒介机构；从报道形式而言，全能记者适用于突发性报道；而部分观点则认为，全能记者代表着未来自媒体时代的发展方向，不为任何一个雇主而为多个客户工作的全能型自由职业者。介于全能记者竞争力为笔者实验性研究，其构成要素的探索、归纳主要通过笔者对文献资料的分析、对传统记者与全能记者竞争力的对比、对学界及业界人士的调研式访谈的总结和自身在美国密苏里大学新闻学院的参与式观察得出。笔者认为，全能记者竞争力应在保留传统记者竞争力的基础上，有所区别，即在包含专业理念、职业道德、传统业务能力（专指新闻采编能力）的同时，注入新的竞争力要素。由于全球范围内的媒介融合导致媒介技术的全球化、媒介市场的复杂化、受众需求的多元化、跨文化跨语境传播的普遍化，因而笔者在进行全能记者竞争力构成要素分析时是从世界全局出发。具体如下图 1-3 所示：

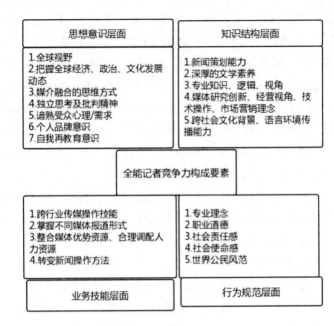

图1-3 全能记者竞争力构成要素

本研究认为，从个体层面而言，"全能记者"即具备基本文学素养、传统新闻操作手法，跨媒体报道思维方式，能够灵活运用文字、图片、表格、音频、视频、动画等报道手段，满足受众需求的新闻人才；从媒介组织层面而言，"全能记者"并非单兵作战的全能型新闻记者，而是集合具有很强媒介融合意识和团队合作精神的全能型新闻记者，使其以团队的工作方式整合多媒体优势资源，对新闻内容多次开发以满足受众需求的"全能团队"的总称。尝试地推断全能记者竞争力的实质是传播者作为新闻传播生产力的根本要素，为适应信息传播全球化的时代背景，媒介融合趋势的人力资源与能力。

媒介融合环境下，应运而生"全能记者"，但"全能记者"要熟悉多种媒介类型的内容生产，要使用多种采访工具、利用多种采访手段进行第一时间的报道及后续追踪报道等。此外，过程中还要在高强度压力下，避免新闻内容再加工的重复性以及对涉及人身安全的外部环境的掌控等，这对记者的个人身体素质、职业素养、工作效率、新闻视野、价值判断等都提出了极其苛刻的挑战。因而，大型传媒集团、传媒机构等在进行规模较庞大、内容较复杂的新闻事件报道任务时，往往采用多人组成的"超级团队"来实现媒介融合思维下的报道，通过人力资源的最佳配置实现新闻资源的最大化、最优化整合，新闻市场的最精细化投放。

2. 专家记者与公民记者

如今，社会消费节奏不断加快，广大受众普遍对新闻时效性的需求越来高，对新闻深刻性的需求越来越低；社会开放程度不断提升，精英群体对信息的获取又不满足于国内的来源，造成"专家记者"的生存空间越来越小，压力越来越大。笔者认为，媒介融合的大环境中，新媒体、全媒体的不断冲击下，传统媒体唯有率先开展突围战，顺大势而为之，以万变不离其宗的姿态，深化"专家记者"的培养机制，严抓传统报道的核心竞争力，才能为多媒体加工平台提供质量保证，为引领世界舆论导向、掌控国际话语主导权提供强有力的智库支撑。

新媒体时代，对于"全能记者""超级团队""专家记者"而言，出没着一个最具威胁力的新型群体，即"公民记者"。这个群体的组成有可能是业余的新闻爱好者，即"草根记者"，有可能是单兵作战的"全能记者"，有可能是依靠众包资源的"超级团队"，也有可能是脱离体制、个体运营的"专家记者"，还有可能是打着"公民记者"旗号的社会反动势力。"公民记者"即普通公民开始参与新闻传播，引发了学界、业界对"公民新闻"的研究与思考。公民新闻一词源于美国，从某种程度上而言，公民新闻是六十年代末期欧美社区媒介在新媒体条件下的延伸，公民新闻的幡起，起始是韩国杂志社记者吴连靖于2000 年不满于媒体乱象的恶化，在网络创办了 Ohmynews 公民新闻网站，当时即召 727位不满媒体乱象有意识的民众一同加入新闻报道行列，公民新闻完全是公民为主轴的媒体，都是由公民自发的公众议题的公民新闻报道。韩国公民新闻网站 Ohmynews 的口号是"人人都是记者"，强调普通公众对于新闻信息报道的参与；美国公民新闻网站 New West 则选择用"未经过滤的"这个字眼来形容由受众投稿发布的信息，以此强调这个网站和传统媒体新闻发稿机制的不同并对网站所提供的信息属性进行了界定。除此之外，网站还为新闻提供者制定了一套规则，号召大家"不要被'公民新闻'这个字眼吓倒。你发布的信息也没有必要就必须是经过深思熟虑的编排好的文章。它可以是一篇慷慨激昂的演说，可以是对某一件事件的大声疾呼；它可以是一篇短小的评论，也可以是一篇小说，任何你想写的东西都可通过我们的网站进行发布。我们就是要听到你们也中最真实的声音。"

"公民新闻"使人们注意到，大众媒体的职业记者并不一定是他所报道领域的权威的专家，很可能对于某一领域而言，受众或受众集体的智慧更应该受到关注。在新媒体技术日益发展的今天，受众可以一改往日在新闻信息传递过程中的被动地位而积极主动地参与到信息的制作和传播中来。他们已不再被大众传媒所设置的议题牵着鼻子走，对于重要的新闻信息可以有自己的判断。中国人民大学新闻学院博士生郭翠玲在其博士学位论文《新媒体背景下的公民新闻研究》中对公民新闻做了以下比较全面和准确的概括：（1）网络等新媒体技术、移动通信技术的发展是公民新闻得以发展的物质前提。网络等新媒体技术为普通公众参与新闻信息的发布和传播提供了技术支持，移动通信技术的不断进步使得人们可以随时随地记录自己的所见所感，凝固历史瞬间；（2）公民新闻最大的特点就是普通公众对信息传播过程的广泛参与。公众的参与冲击了大众传媒对信息传播的垄断地位，从而挑战了大众传媒的传播特权。公民新闻还可以通过各种方式实现对大众传媒新闻报道的监督，公民个人的声音开始为大众媒体的政府所重视；（3）公民新闻可以是一个人的独创，也可以是群体的内容共创；（4）公民新闻的表现形式多样，可是文字，也可是照片、视频；可以是对某一事件的报道，也可以是就某一问题发表的评论和看法。

笔者认为，尽管"公民新闻"的出现，展现了在突发事件报道中的优势，具有社会监督的功能，对公民意识的提升，公民社会的构建起到了巨大的促进作用。但是，随着科技的发展，编码解码变得越来越简单，网站、BBS、博客、微博、微信、移动终端（包括信息发表、转发、表态、评论等）等媒介介质的层出不穷，人们在"地球村"分享自己的观点，并快速寻找与自己观点相近者，打破了沉默的螺旋理论，各种不同的声音汇聚成一个个"意见社群"或"意见部落"，个体微弱的力量变为同类群体逐渐强大的力量，群体内部对外界事物的价值判断如高压锅，如果集体负面情绪没有得到很好的疏导，反而将成为不可预估的隐患。如何转危为安，需要传统媒体，尤其是主流媒体放下垄断地位的思想，放下"无冕之王"的特权，将也比也，积极主动搭建平台，尊重"公民记者"的劳动成果，通过互动、融合，隐性科学引导"公民记者"对新闻价值的判断，借助"公民记者"的力量，传播事实，为受众所乐见。

第8章　媒体融合背景下新闻生产方式的变革趋势

※ 8.1　新闻生产模式：由闭合型向开放型转变

在传统媒体占据主导地位的时代，新闻信息生产通常是由媒介组织内部按照既定的规则，进行特定的、专业化的新闻采集、编辑与发布。社会公众作为信息传播过程中被动的"接收者"，只能拥有获得新闻信息的权利，并不能直接参与到新闻生产之中。这样一来，新闻生产相对是在一个封闭的环境中进行的，只有那些专业的新闻从业人员才有资格进行新闻生产，并且由于权利系统对传统媒体运作的介入和干预，他们往往会受到社会外部如当下时局、政策及主流意识形态的束缚。作为党和政府的"耳目喉舌"这样的舆论宣传工具，媒体所生产的新闻大多是从各级政府机关及官方组织中得到的，其在源头时，就不可避免地被"加工"了。因而，媒体运作的核心关系即为媒体内部与官方意识形态的关系，以及其与背后各项权力机构的互动。新闻媒体处于国家和社会之间，其报道不是中立的，它依赖于"国家"力量，依附于权力机构，也受制于权力组织。在这种背景下，新闻生产是一种偏向于权力的倾向性生产。这样就导致了一种闭合型的新闻生产方式。

随着互联网的崛起，从前的"传统媒体"受制于人的格局被打破。互联网释放出的自由、解放的能量，打破了传统媒体对新闻生产的垄断地位。互联网技术及新兴的数字化技术的发展带动了大量的新兴媒体或"自媒体"的发展，它们围绕在传统媒体的周围，改变了传统媒体新闻生产与写作的格局，引发了传统媒体的生存危机。于是，一种新型的"开放式"的新闻生产模式成为主流。这种新闻生产和以往的闭合式生产有着截然不同的面貌，从新闻实践来看，这个形成过程既是一线新闻记者编辑的自发行为，又需要组织者有意识地去引导去建构新的采编规范，同时还需要流程再造和机构重组，甚至需要搭建新的数字化生产平台和出口。在广州日报工作的资深记者窦丰昌对开放式新闻生产做过大量的然所研究。他认为开放的新闻生产模式有利于记者编辑之间的沟通协作，给大众以"发声"的渠道，受众可以直接参与新闻生产的过程。这种模式一改往昔新闻生产必须由专业人员主导、在媒体集团内部循环的特征，无论在新闻生产的主体，还是内容和渠道等方面都可以达到良好的效果。如当下在欧美国家以及我国的台湾地区受到广泛应用的"众筹新闻"生产模式，就是非常典型的开放型新闻生产模式。这种模式的流程主要是由记者面向社会公布新闻报道项目计划，有对此项目感兴趣的公众提供资金予以支持，等资金到位之后开始落实报道计划。也就是说整个新闻项目从资金来源到新闻项目的选择，以及新闻项目执行过程中，一系列的反馈和报道成果等，这些都是由社会大众自主参与的，在很大程度上打破了传统的由专业记者编辑进行议题设置和新闻报道的组织化生产方式，形成了一个受众全程参与的开放型新闻生产模式，这在很大程度上促进了新闻生产的社会化过渡。

※ 8.2 新闻生产主体：由新闻机构到社会公众

　　媒体融合促使新闻生产主体发生了多元性的变化。在传统媒体占据主导地位的时代，新闻生产是呈现出单向性地链条式生产。即由专门的报业集团旗下的媒体机构及其专业的新闻采编人员完成的。但新媒体的出现，如微博、微信、BBS等这些人人都在使用的社交媒体，改变了人们的交往方式和信息传递渠道，提供了更自由开放的话语表达平台。相对于传统的报纸、电视等媒体的"专业主义壁垒"而言，他们有着"低门槛"、"草根化"的特质，平等自由畅所欲言的环境使原本只能作为新闻产品接收者的受众也可以成为随时表达自己观点的新闻记者和线索提供者，积极主动地参与到新闻的报道与传播之中。他们或主动投入精力搜集、上传相关新闻信息；或动用自己的资源优势介入新闻调查和采访；或进行新闻的撰写与制作等等。受众的广泛参与使得新闻素材在网络空间中交汇融合越聚越多，分散在网络虚拟空间中的每一个受众都可能成为公民记者。于是，新闻生产的主体从专业新闻机构延伸到普通的社会公众。

　　丹·吉摩尔曾引用一个韩国网络报纸的宣言来代表他对普通人参与新闻报道的认识："每位民众都是记者。只要你愿意把新近发生的具有价值的事情记录下来，并进行报道出来分享给他人，便都可成为记者。这句话恰当地印证了当下这个"人人都是记者"、"人人都有麦克风"、"人人都是电视台"的时代。也就是说以专业新闻从业者为中心的模式已不复存在，新闻生态系统正由"新闻工作者中心"转向"受众中心"。尤其是有重大突发公共事件发生的时候，由于专业的新闻工作者可能不在现场，不能在第一时间报道当时的情况。我们的社会公众在这个时候就担起了新闻报道的重任。他们可能会在突发公共事件爆发的第一时刻，用自己的手机拍摄大量的照片或者用手机上的视频来记录当时的情景，然后在自己的微博、微信或者脸谱网等社交媒体上将这些照片或视频传递上去，信息即刻便以裂变式地进行转发、传播，成为引起人们关注的热点事件。在这样一个过程之中，现场拍照片或视频的人成了新闻事件的发起者，而在事件中不断提供新的新闻素材的社会公众以及直接关注、转发、讨论事件的社会公众是促使新闻事件成为焦点事件的推动者，那些对新闻事件做出评论的社会公众则发挥着"意见领袖"的作用，为新闻生产提供专业知识，进行理性的分析，引导事件的舆论走向。正是有了这些社会公众，新闻产品得以被生产出来。所以说，在当今的媒体融合时代，不只是专业的新闻工作人员才能生产出新闻产品，社会公众也已成为新闻生产、互动传播的主力军。也正是由于有了这些热心的公民记者不计酬劳、不辞辛苦地参与新闻的生产过程，为新闻报道提供素材和意见建议，或直接参与新闻作品的撰写和制作，才使得媒体融合背景下新闻生产的深度和广度都得到了极大延伸，开启了一个尤为宽敞的新闻生产之门。

※　8.3　新闻生产内容：由简单图文到多样内容

在传统媒体时代，新闻生产内容大多都是由编辑部挑选的专业记者和编辑进行采访、写作、编辑、校对，由于当时的新闻产品都是通过报纸、杂志、电视、广播等媒介进行传输，所以新闻生产的内容都是简单的文字、图片、声音和流动的画面这些相对独立的内容形态。但随着互联网的发展以及数字技术的不断更新，这些单一的内容形态已经不能满足受众的需求，不再符合受众的"口味"。而且原先的内容元素之间的边界开始变得模糊、淡化，它们逐渐融合，于是就形成了集文字、图片、声音、视频等为一体的多样化的内容形态。这正好同融合媒体的"集多种内容呈现形式，通过多元化的传递渠道的传播形态"相吻合。尤其是在当下的读图时代里，如果内容只有枯燥密集的文字组成，恐怕是很难引起读者的注意。加之碎片化阅读的趋势越来越明显，把简单的文字和数字转化为引起受众感兴趣的多样化的可视化内容，成为新闻生产方式变革的趋势之一。如当下较为流行的摄影漫画新闻、视频新闻和 HTML5 互动新闻等。

8.3.1 摄影图片内容

摄影漫画形式的新闻生产内容被国外报纸运用的较为广泛。它既不是单纯意义上的摄影图片，也不是固有概念中的漫画。而是集两者的技术与特点为一体，在创作思维上属于漫画，在表现形式上属于摄影，用摄影手段来实现漫画创作思路的一种视觉呈现体裁。这种新闻生产内容的优点在于集严肃与幽默为一体，把抽象的内容形象化，在向受众准确传递新闻信息时，又能直观、生动地表现出来，给受众以强烈的视觉冲击，带给受众视觉感官上的愉悦。如美国的《快报》、《每日新闻》等报纸在报道有关今年一月份"超级暴风雪"袭击美国东岸这一事件的时候，采用的是摄影漫画的形式。

《快报》摄影漫画为漫天大雪中，头戴红帽子，手拿红色铁锹的美国第 16 任总统林肯。其中，林肯雕像、红色帽子和铲雪用的工具都是现实中实景拍摄的素材，而漫天的白色雪花是画上去的，这些形象按照作者的创意经过"PS"处理组合到一起，形成了一个现实生活中并不存在的有趣情形。同时配以主标题："这可能是载入历史的大雪"（This could be monumental）。生动、形象而又巧妙地突出了暴风雪之大。《每日新闻》则是运用自由女神像被暴风雪掩埋的只露出举着火把的手臂和只剩下一半的冠冕，配以主标题：我们被雪淹没（We are flaked）来表现出此次暴风雪的强大。运用摄影漫画形式的除了美国之外，还有法国的《解放报》、加拿大《国家邮报》和澳洲的《太阳先驱报》等。在 2012 年的欧洲杯足球赛期间，摄影漫画这一新闻生产内容形式也是被国外大量报纸的头版所运用。

8.3.2 视频内容

我们说图片通常比文字更容易受到读者的关注，而视频是集文字、图像、声音等为一体的载体，对人们的各种感官都有着强大的冲击力，更能吸引用户的"眼球"，增强用户的体验。所以在这个媒体融合时代，运用先进的多媒体技术，生产出丰富多彩的视频内容更符合当今新闻生产内容的发展趋势。尤其是近几年较为流行的视频新闻。我国的新华社、《中国青年报》、《新京报》、《南方周末》等传统媒体都加入了视频行业，开设专门的视频频道并且注册视频账号，发布视频新闻。以《新京报》网站为例，它的视频栏目丰富齐全。有《新闻回播》、《新闻现场》、《动新闻》等将近 20 个，并且这些视频内容特别广泛，大到热点新闻事件、新闻报道以及名人访谈，小到生活常识都有所涉及。而且新京报网对视频的制作要求严格，有些视频运用了先进的 3D 技术，能够生动形象地演示新闻事件的发生过程。除此之外，《动新闻》这一栏目还将动画元素融入视频当中，通过色彩鲜艳、趣味横生的动漫画面来表现人们关注的热点事件，形式新颖有趣，内容通俗易懂，受到了广大用户的一致好评。事实正是如此，单一的文字图片新闻早已满足不了受众的需求，尤其是对一些突发新闻的报道，视频新闻可以让人们了解到现场情况，真实清晰地看到当时的情景。这样以来，集声音、画面于一体的视频新闻，以其丰富多彩的信息内容吸引着人们的关注，正成为不可阻挡的新闻生产趋势了。

8.3.3 HTML5 互动内容

除了摄影漫画、视频等新闻内容外，基于 HTML5 技术的互动新闻内容也给予用户良好的阅读体验。HTML5 最大的优点就是它通过添加各种好玩的游戏等方式与用户形成互动，注重用户的参与和体验，更重要的是实现跨平台使用。这样更有利于信息的广泛传播。以 2015 年两会期间新华网推出的 HTML5 产品为例。有《今年两会这些代表见不到了》、《2014 总理的 10 大表情》、《李克强做报告时 52 次掌声在哪里？》、《DUANG！马桶盖又火了》和《今年两会真能"省"》等 11 个产品策划。这些有趣而又吸引人的小游戏、小策划需在页面扫描二维码之后，才能在移动端浏览。此方式使 PC 端与移动端短时间绑定，跨屏互动，实现两终端的完美结合。另外这种两终端结合方式既增强了页面浏览的便捷性，也充分利用了游戏在移动端的可操作性，促进了与用户之间的互动，广泛地吸引了用户的参与。

无论科技如何革新，受众对信息的需求始终存在，且不断增长，优质内容依然是媒体的核心竞争力。这就需要新闻生产内容秉持"用户思维"，也就是要读懂用户的阅读需求，生产他们喜闻乐见的产品。借用今晚报社今晚传媒发展研究所副所长吴阿娟在《让"新闻供给生态"改变内容生产方式》一文中的话就是："新闻介质越丰富，高体验度的内容却愈加稀缺。与此同时，受众逐步趋向理智，自觉抛弃低体验度的内容。无论是传统媒体还是新兴介质，用户的体验已经被摆在内容取舍判断的地位上，即使这种体验打着主观而个性化的烙印。"在媒体融合时代，各报业集团都应将视频化、数据可视化等多媒体呈现方式作为新闻内容创新的主攻方向。用平等开放的心态，秉承为用户服务的理念，结合不同媒体的特点，提升用户阅读体验，提高用户参与感，增强用户黏性。将信息、说服力、艺术表现力三大元素融合在一起的内容产品，才是用户喜闻乐见的新闻产品，才能在媒体融合的浪潮中立于不败之地。

※　8.4　新闻传输渠道：由单一"面"到多元"体"

互联网时代，我们的生活被大量的信息充斥着，移动终端的崛起、社交媒体的风靡，让每个受众都无时无刻地在信息中遨游，成为海量信息的拥有者。原来的媒体主导型开始向受众主导型转变。于是"渠道为王"成为互联网思维中不可缺少的一部分。谁有渠道，谁就能拥到达率，谁就可以成为王者。在这样一种态势下，传统媒体纷纷与新媒体融合，积极拓宽自己的新闻传输渠道，由平面性的单一渠道，正在转变为立体化的多元渠道。一方面是媒体融合初期形成的 PC 端新闻网站，一方面是媒体融合互动期形成的移动终端传播渠道，还有就是当下最为开放最受欢迎的社交媒体平台的传输渠道。

8.4.1 互联网 PC 端传输

在传统媒体与新兴媒体融合的初步阶段，报纸和报业集团都倾向于开发手机报功能，建设自己的同名网站，推出自己的电子报刊。这都离不开互联网 PC 端的支持。由于 PC 端有宽大的屏幕，完善的功能，可以将传统媒体的新闻内容良好地呈现于屏幕上，成为网络媒体发布大量新闻的良好平台。这样做的目的就是扩大传统媒体知名度和品牌影响力，以便挖掘更多的客户资源。美国的《华尔街日报》就是最先踏上媒体融合道路，开辟报纸新闻电子版的报纸。最初的电子版报纸，都是直接将当天印刷的报纸内容照搬到网络上，并没有什么创新，仅仅是单纯地转载。但随着科技的发展和受众需求的提高，这些电子版报纸开始创新自己的内容，除了将部分新闻"转载"外，还增添了以图片、视频、音频等多种形式为一体的新闻报道形式。可以说，当今的《华尔街日报》网络版已经不再是一家简单的数字化报纸，而是将报纸与网站融为一体，双方彼此嵌入，真正实现了报纸在纵向深度上对网络进行延伸，网络在横向广度上对报纸进行拓展。

8.4.2 移动终端传输

除了互联网 PC 端，iPad 的应用、智能手机的出现以及电子阅读器等一系列移动终端的普及，为扩宽新闻传输渠道提供了载体支撑。据中国互联网络信息中心（CNNIC）发布的第 37 次《中国互联网络发展状况统计报告》显示：截至 2015 年 12 月，我国手机网民规模达 6.20 亿，有 90.1% 的网民通过手机上网。只使用手机上网的网民达到 1.27 亿人，占整体网民规模的 18.5%。在欧美发达国家，如英国，人们在工作时间查看手机至少 73 次，在非睡眠时间内，人均每 4 分钟就要查看一次手机。这些数据充分说明了移动终端已成为人们生活中获取信息所必不可少的载体。所以手机尤其成为媒体融合中最重要的传播渠道目标。于是各大报业集团开始把目光转移到"新闻客户端"的建设发展上面。据最近发布的《中国传统媒体新闻客户端发展报告》显示，在刚刚过去的一年中，主流传统媒体新闻客户端出现了"井喷"式爆发，总量已达 231 个。其中，新华社、人民日报、央视新闻等客户端的下载规模已接近或超过亿级规模。上海报业集团创办的"澎湃新闻""界面"新闻客户端等都受到了用户的青睐。"今日头条"成为用户平均每日所打开的时间最长的新闻客户端。新闻客户端深受大家喜爱的原因就在于它有着绝对的技术优势，可以在信息碎片化的今天突破时间、空间的限制，使受众随时随地都能阅读新闻，了解国内外的重大事件以及自己感兴趣的内容。同时，WiFi 技术的发展给移动终端提供了良好的传播环境，加之其自身的便携性特点，使其成为人们最常使用的新闻传输渠道。与新闻客户端并驾齐驱的另一传播渠道就是"平板报纸"。即专门为 iPad 之类的平板电脑终端设计并以此为首发载体的新闻媒介。加拿大的平板报纸《新闻报 +》的理念目标就是"重新定义告知您消息的方式。"《新闻报 +》拥有自己的编辑团队，依靠惠普有关技术，既可以对设计出的主题剪辑效果进行测试，又可以自动校对之前生产的一系列内容，从而保证编辑部每日的数字化生产工作。对于受众而言，平板报纸能够定时为读者提供最新的内容，供读者在线阅读或者自动下载到 iPad 上面进行离线阅读，这就给读者提供了移动化的，较为直观的阅读体验。同时，由于平板报纸更注重于读者的选择性和互动性，使得用户与其建立了良好的沟通交流关系。促使平板报纸的市场潜力在不断扩大，有调查表明在部分国家平板报纸的阅读竟超过了智能手机的新闻客户端。

8.4.3 社交媒体平台传输

在发布新闻和提高受众参与度方面，微博、微信、BBS 网络论坛等社交媒体开始扮演着越来越重要的角色。它们作为一种迅速崛起的新生力量，给用户提供随时随地、方便快捷地发布、分享、搜索、评论新闻信息的交流沟通平台，有媒体人士形象地将这些社交媒体称之为"永不闭幕的新闻发布会"。彭兰教授认为："微博的微小降低了个体参与新闻传播的门槛，提高了新闻传播的频率；与手机等移动平台的对接则使得信息传播的空间方面限制减小，时效性进一步提升；转发的便捷使得新闻可以轻易实现'病毒式传播'；而开放性则更容易持续刺激人们处于兴奋状态，促进更多的人参与新闻传播。"以我国目前使用人数最多，影响力最大的新浪微博作为社交媒体中的一个信息发布平台为研究对象，对 2015 年 8 月 12 日"天津滨海爆炸案"的信息发布情况进行分析，探讨社交网络平台这一传播渠道的影响力。8 月 12 日 23 时 26 分，也就是天津滨海爆炸案发生之后的第一时间，微博名为"小宝最爱旻旻"的天津网友最早利用秒拍视频软件，在自己的微博上发布天津滨海新区爆炸的相关视频。这就吸引了大众的注意力，由于其几何式的裂变传播方式，通过转发路径和粉丝路径，使此事件瞬间成为人人皆知个个关注的焦点事件。无论是政府还是媒体，不管是专家还是网友，都通过各种渠道发布着大量的事件信息。一时间，有关天津滨海爆炸案的声明、线索、猜测、质疑弥漫在微博话题中。随着事件的持续发酵，一个个新闻话题随之爆出，由人民日报官方微博主持的 #天津港爆炸事故# 阅读量达到了 17.7亿，参与讨论人数为 310.7 万，联众移动游戏主持的 #天津滨海爆炸# 这一话题阅读量达到了 13.1 亿，参与讨论人数为 134.1 万。除了这些话题之外，天津港 8·12 爆炸 #，天津塘沽大爆炸 # 等话题也相继出现。其中人民日报于 2015 年 8 月 18 日发布的有关氰化物的真相这一微博，达到了 9746 次地转发。关于事故爆发后的死伤人员数量的微博也达到了30000 次的转发量。从以上数据可以发现微博、微信等社交媒体作为高普及性的媒介工具，在信息的传递方面成了公众使用最广泛的传输渠道。

※　8.5　新闻生产技术：由人工采写到数字化生产

众所周知，在新闻传播学界，麦克卢汉和他的老师伊尼斯一致推崇"技术决定论"（technological determinism），认为"技术是唯一决定社会文化、社会结构甚至社会发展的关键因素"，他们的观点虽然夸大了技术的作用，带有片面性，但不可否认的是媒介技术的革新与发展造就了人的感受、思考、信仰、行动等方面的相互作用与变化，也带来了新闻生产方式的发展与变化。在新技术以光速更迭发展的当代，新闻生产早已从人工采写转变为数字化生产。无论是具有广泛嵌入性、自动化、规模化处理信息能力的大数据技术，还是人工智能、无人机采写新闻技术、以及最近被广泛关注的虚拟现实技术等等，这些技术的出现与应用都给新闻生产方式带来了翻天覆地的变化。

8.5.1 大数据的广泛使用

我们已迈进"大数据时代"，"大数据"以其自身的海量信息呈现、高速处理传输功能、多样化的来源和格式和无处不在的价值等特点成为当下社会提及最多，利用最广的技术应用。通过数据筛选工具对海量数据进行挖掘、筛选，分析用户的行为，洞察和预测将来的发展趋势成为各行各业的必备技能。新华社新媒体中心总经理李俊曾说：得数据者得天下，得数据者赢未来。数据不再对昨天的总结，而是对明天的预测；不是对数的累加，而是对人的洞察。大数据作为一种新的技术浪潮，正逐步形成一种历史现象，通过数据的开放、整合和分析，人们能够发现新的知识，创造新的价值。对于新闻生产来说，数据更是一种宝贵的资源。从信息的采集加工到传播反馈，都需要对一系列庞大的数据进行分析整理，以进一步提高新闻传播的效果。在大数据技术的推动下，传统新闻生产模式发生了变化，数据新闻就应运而生。它利用分析工具，从大数据中发现、挖掘出有价值的信息，再通过可视化技术将复杂的新闻描述成通俗易懂的故事呈献给受众。如美国的《拉斯维加斯太阳报》就曾通过数据新闻报道了关于"医院治疗拒绝伤害"的系列新闻。该报社组织人员利用大数据技术对当地医院将近 30 万条账单记录进行分析，并从中挖掘出 3600 多例可避免的医疗事故，通过各种互动图表和时间轴地图等元素为读者展现医院治疗的情况。此报道引起了内华达州立法会的重视，专门针对此类医疗事故案件颁布了法规。所以充分利用大数据技术可以更清晰地展现调查性新闻、预测性新闻和深度报道，帮助媒体提高对整个社会现象的把握能力，有利于媒体把关注点转向更深层次的社会现实。

8.5.2 人与人工智能结合写作

在数据新闻正成为媒体报道新闻的一种重要形式的时候，技术的力量又往前迈出了一大步——人工智能新闻采写技术开始在新闻传播界崭露头角。"机器人写作"和"粒子化写作"以及"无人机拍摄"等技术影响并改变着新闻生产。从 2011 年美国的 Narrative 公司运用 Narrative Science 算法，以每 30 秒撰写出一篇新闻报道；到 2014 年 7 月，美联社采用机器人（Wordsmith）专门负责采写关于公司业绩财报的财经新闻；以及 2015 年 9 月，腾讯财经自主研制开发出的自动化新闻写作机器人 Dreamwriter，还有 2015 年 11 月 7 日，新华社推出新闻写作机器人"快笔小新"。机器人写作已经由人们的想象演变为行动的现实。通常情况下，机器人写作分为四个步骤：采集数据、分析整理数据、自动写稿、进行编辑签发。整个流程用时短、新闻准确性高，并且写作风格正在向个性化、定制化方向发展。还有一种与"机器人写作"相似的是被称为"粒子化写作"的智能新闻生产技术。是由《纽约时报》旗下 R&D 实验室正在尝试的也被称为"积木式"的新闻写作模式。它的原理就是对文章中可能多次被利用的信息知识点进行自动化的"编码"标注，成为一个单独的"粒子"，这些"粒子"在之后的新闻生产中很容易被找到并再次被利用。经过如"积木"般的多次叠加提取之后，可以在动态事件的新闻报道中形成一个时间轴。在一些解释性的报道中，那些"编码"可以自动生成"知识链"，给读者提供相关事件的背景信息，以便更好地帮助读者理解事件。这样的新闻生产模式，有利于实现信息的积累与升级。除此之外，作为一家尊重技术、认可技术驱动的互联网公司，搜狐于去年 6 月底建立了国内第一个无人机频道，并且举办了"中国首届无人机摄影大赛"，从而为建立飞手数据库，搭建新闻内容平台提供了全方位的支持。这些无人机拍摄借助于先进的无人驾驶飞行器技术、遥感传感器技术、GPS 差分定位技术和遥感应用技术等，既可以帮助政府机构获取国土资源、自然环境等的空间遥感信息，也可以协助新闻机构拍摄一些类似于地震灾区等突发灾难性事件，并且能够快速完成遥感数据处理、建模和应用分析的应用技术。这对于新闻生产的技术性环节来说，无疑迈进了一大步。我国大多数一线媒体，都使用了这项技术。如 2015 年 4 月 25 日，尼泊尔发生地震，搜狐的一名记者得知消息之后，立刻在第一时间联系了一位"飞手"，派无人机进行拍摄并发回航拍报道，成为中国新闻业第一个影响较大的无人机新闻产品。随后，在"8·12"天津爆炸事故的航拍报道中，除了搜狐新闻中心之外，南都、法晚、新京、澎湃、无界等新闻媒体，也都派出无人机进行现场情况的拍摄。正如清华大学新闻与传播学院彭兰教授所说的，未来的新闻生产将更多的是将人与智能结合起来进行工作。

8.5.3 虚拟现实技术的应用

从四大传统媒体到移动智能手机的新闻客户端和新闻微博微信的公众号订阅推送，新闻产品不断创新，新闻生产技术也在一步步发生着变革。美联社于今年 3 月份发布了一则新闻，称将与图形和计算解决方案供应商 AMD 合作，打造完全自主的虚拟现实和 360 度视频门户频道，大力发展沉浸式新闻报道，以满足全球市场上不断增加的虚拟现实设备对于高质量内容的需求。

虚拟现实技术无疑成为改变新闻生产方式的又一重大高端技术。它通过利用计算机生成一种实体仿真的模拟环境，呈现出三维的交互式动态视觉景象，用户可以通过一些设备沉浸在虚拟场景中，充分体验感受。虚拟现实技术不仅被广泛应用在医学、教育、娱乐中，在近年来的新闻生产中也得到了学界与媒体的关注和应用。美国广播公司于 2015 年 9 月推出了可以带给读者"身临其境"体验的"ABC News VR"，报道了关于"叙利亚战争"、"大马士革古迹"等一系列虚拟现实新闻。只要用户带上虚拟现实头盔设备，就可以跟随记者在仿真的新闻现场中自由行动，了解当中发生的情景，感受周围人们的情绪与氛围。除了美国广播公司外，《今日美国报》、《纽约时报》等媒体也都开始发挥 VR 技术，制作大量的高品质新闻报道专题。将 VR 技术应用在报道滑雪锦标赛、抗议游行或者大型的选举活动，甚至是美国家庭农场的丰收报道中。《纽约时报》还专门在苹果手机上添加了一款名为"NYT VR"的虚拟现实 APP，并且赠送出一部分"谷歌纸板"（Google Cardboard）给那些《纽约时报》的忠实读者。随着虚拟现实技术逐渐走向成熟，借"VR"之眼呈现新闻事件的报道将越来越多地被各大媒体所使用。新闻生产方式也将开启新一轮的变革。

对于互联网而言，技术是第一驱动力，虽然没有办法去预测哪项技术一定会火，像微信或是新闻客户端这样成为现象级的应用。但是在未来，技术的发展一定会被越来越广泛地应用到新闻生产中，提高新闻采写、编辑质量与效率，给受众带去更好的用户体验。

第9章 全媒体愿景下的中国媒介生产融合发展路径分析

※ 9.1 全媒体构想下中国媒介全景化生产格局分析

尼古拉斯·尼葛洛庞帝在 1997 年出版的《数字化生存》中就已做出了预判在以比特为基础的数字化空间里，信息可以以极快的速度进行无限距离的传播，在传播时，时空障碍完全消失，这些都是现实社会中那些采取"模拟"形式传播的信息所无法做到的。因而，在数字化空间，人类可以随时随地，完全按自己所需获取更加大量、更加清晰的信息，而不再受现实社会中信息传播的时间、地点的困扰。

新技术的高速发展，使得传统媒体和新媒体之间的分界线越来越模糊，无论是纸媒、广电媒体还是新兴的网络、手机等媒体，都游走在你中有我，我中有你的境地，尽情发挥各自的优势，争取更即时、客观、准确、公正的报道新闻事实。"全媒体"就是在这样一个传媒环境中形成的一个广为人知的概念。在传媒界，这种新技术一日千里所带来的学术滞后已经不足为奇。"全媒体"展示了媒介生产融合，互联网、广电网和通信网三网合一，集电脑、电视和手机三屏合一的图景，也将报刊出版归并进来，实现媒体大融合。

9.1.1 中国媒介生产的全媒体化运作

在全媒体的实践中，无论是媒体还是记者，实现了多向进入。例如，传统电视很便利地进入了移动、网络、户外媒体的市场，报纸可以同时为电脑、电视、手机、手持阅读器提供内容或深度报道。为人熟知的鲁伯特默克创建的新闻集团，在五十多年的时间将一个普通地方报业公司变成当今世界上规模最大、国际化程度最高的综合性传媒公司之一，同时拥有书籍、报纸、杂志、电视、网络、手机所有媒体形态。今天的《纽约时报》，除了是报纸外，还是网站、电视台、广播电台，《纽约时报》拥有文字，图片，动画，声音，视频，网站，数据库和互动社区，在报纸、电视、广播、网路、手机等新旧不同媒介的不断融合下，已经脱胎换骨，变身为全媒体平台，以多种方式，多种层次的传播，最大化地满足受众的个性化需求，为传统媒体走向全媒体做出最好的诠释。

媒体形态的变化催生了新的新闻生产业态和流程，美国的"坦帕新闻中心"，将传统的报纸、电台、电视台和网站整合在一起，形成一体的编辑部，采用开放式的、圆桌式的办公空间，所有媒体的工作人员在这个圆桌上进行统一的报道部署。在英国，BBC 已经将其电台、电视台及网站的编辑部整合成一个统一的新闻编辑部，开始探索全平台的 360 度采编。以前我们只能通过电视机来看凤凰卫视，现在我们可以通过手机、移动设备看即时的凤凰卫视中文台、资讯台，凤凰卫视已经在全媒体领地捷足先登。在国内最引人注目的是地市级报纸的全媒体实验，比如成立全媒体新闻部，全媒体领域的发展走在全国前列的宁波日报报业集团，通过搭建数字技术平台进行媒体融合生产的烟台日报集团，通过流程再造、虚拟组织的运作进行全媒体拓展的解放日报集团，及在主报专设滚动新闻部进行多媒体拓展的广州日报集团等等。全媒体环境的传播形态应该具备以下特点："一是发布内容"全"，能够有效整合、发布、表现每天发生的新闻事件；二是发布手段"全"，全媒体应该是一个新闻发布手段的集大成者，不仅可以通过报纸、广播、电视等手段发布新闻，还可以利用网站、网络电视台、手机报、手机电视、手机广播，甚至是户外媒体等手段发布新闻；三是表现方式"全"，文字、图片、音频、视频、动漫等各种表现形式都将为全媒体使用；四是受众覆盖"全"，能比现在任何一种媒体更多地覆盖受众。"

约翰 .V. 帕夫利克指出"在新旧世纪交替之际，一种新的新闻业正在出现，它的显著特征包括新闻无处不在，在全球各地都可以得到信息，报道迅捷，多媒体形式的内容和完全按受众的个性化需求提供内容服务。"一种新的新闻形式正在出现，或许更好的描述是将其称为'全景化报道"。由此，目前国内的报纸、广播和电视等传统媒体正积极推动的全媒体营运模式改革，通过整合文字、图像、声音、视频等多种不同传播方式进行全方位、立体式的传播，无疑要将我们带入到一个"事实的三维时代"，传媒的所有努力都为通过立体的生产，构造一个三维的事实，让受众获取全方位的感知和感受，以便实现在任何时候，任何情况下，任何时间和地点获取任何想要的接近真实的信息，这种全媒体实践和理想无疑实现的是一种全景化的传播格局。

9.1.2 中国媒介的全景化生产格局分析

9.1.2.1 媒介生产形态的多样化

在数字技术和网络技术迅速发展的今天，受众能够接触到的媒介日益丰富，任何一个单一媒介想通过任何单一形式来传播信息，已经显得陈旧且不合时宜，更会流失掉最后的受众群。中国互联网络信息中心发布的《第 27 次中国互联网络发展状况统计报告》显示，截至 2010 年 12 月底，中国网民规模达到 4.57 亿，互联网普及率上升至 34.3%。手机网民规模更达 3.03 亿，成为拉动中国总体网民规模攀升的显著动力。数据显示，受众接触媒体的机会和频率都在不断攀升。中国的传媒业正面临着以数字信息技术为核心的集互联网、电视、手机等全时辰、全方位、多媒体、互动性传播技术的挑战。

　　自 20 世纪 70 年代起，媒体联动已经出现，继报纸跟电子媒体的联动，随之而来的是报纸、电视、网络与手机等新媒体的联动。2005 年 3 月，人民网率先推出手机 WAP 网站，2007 年 2 月 28 日起人民日报手机报面向全国正式发行；新华手机报在 2006 年 11 月推出 WAP 版，2007 年 6 月彩信版亮相；2008 年 2 月，中国日报手机报彩信版上线；2008 年 5 月，全国首家英文手机杂志《北京周报》问世。2009 年，美国的《西雅图邮报》经营网络版，成为美国首家只有网络版的大报。总部位于美国波士顿的《基督教科学箴言报》从 2009 年 4 月起取消纸媒印刷，改为网络版报纸。我国于 21 世纪初的媒介集团的纷纷成立，正是基于多媒体生产这样一种设想。随着 1996 年广州日报报业集团的成立，众多报业集团、广电集团及出版集团的相继问世。尤其以纸质媒体为主的报业集团，已经跨出了向多种媒体发展的步伐：建立的自己的网站，办起了手机报，有的借助网络发展了视频和音频传播。如果说，以上集团的业态还较为单一的话，后继出现的原上海文广新闻传媒集团、佛山传媒集团和成都传媒集团等，则开始了综合性媒体集团运作的新尝试。它们拥有报纸、广播、电视、期刊、网站、出版社等媒体形态，初步形成立体的传播结构，媒体间的界限也逐渐模糊，促进了媒体间的融合，正在朝着大媒体的方向迈进。以原上海文广新闻集团为例，2009 年 8 月 19 日，国家广电总局正式批复了上海广播电视制播分离改革方案，原上海文广新闻传媒集团更名为上海广播电视台，并出资组建上海东方传媒集团有限公司。上海东方传媒集团有限公司是集广播电视节目制作、报刊发行、网络媒体以及娱乐相关业务于一体的多媒体集团，明确提出两个战略方针：一是由为播出而制作转变为市场而制作；二是从地方播出机构转变为面向全国乃至全球华语世界的内容提供商和发行商。并和《北京青年报》、广州日报报业集团等媒体联合创办《第一财经日报》、《第一财经报道》、《第一财经网》，一起进入平面媒体和宽频网络电视、手机电视、数字多媒体电视等新媒体领域，初步形成了跨地域、跨行业的综合性传媒集团。

　　媒介生产形态的多样化使得传媒主体得到回归，传播流程也发生了改变。在以往的传播链条中，记者信息采集完成之后，报纸、广电传媒作为传统媒体常常是第一个发布新闻的媒体，而后是原创性内容贫缺的网络，最后是手机报等新媒体。网络和手机在内容原创性生产层面及媒体的主体性上始终处于劣势。随着数字技术的发展和传播实践的不断进步，网络、手机报即时传播特性不断凸显，新的传播格局出现按照传播速度的快慢，通过手机、网络、纸媒和广电传媒逐级发布、传播，满足不同受众的多元信息要求。比如集团记者在新闻现场，第一步是借助移动通信工具发送简要的短信新闻，或是发送几百字的彩信、照片，先在手机媒体上即时发布新闻。第二步记者向网站发稿，包括文字、图片、音视频。最后为报纸发稿，即有文字也有视频。第四步向电视输送视频。最后如果内容丰富可以向杂志供稿，可以出书或者制作专题片。当然这里要求记者掌握多种采访手段和传播技能。集团在一次开发，多次生成，通过多次售卖，获取增值收益。新闻在一次采集后，多次升值，形成多媒体内容，通过不同的渠道，到达不同要求的受众。

　　媒介生产形态的多样化改变了新闻的定义及其内涵。比如神舟七号的发射，"神州升空"

这样的快讯和过去经典的新闻的理论要求新闻导引里头有五个，已经发生了改变。现在新闻定义完全可以改写成新闻是正在发生或是新近发生的事。《华尔街》杂志的前言总结专栏—《什么是新闻》中指出了忙碌的商业人士的需求。巴西的编辑经理。指出新闻的概念已经改变，正变得"更加私人化、更加面向服务，不再单调。"`以前受印刷和广播媒介的时空限制已经删减化的新闻，使新闻编辑室形成了这样的文化新闻应以简短的形式报道，从一个角度出发来报道新闻，为受众提供大意即真理的新闻。今天，新媒体逐渐显示出其传播主体性，新闻事实在多种媒体的共同呈现下，不再局限在简短、单一角度和提供大意。

9.1.2.2 媒体生产效果的立体化

媒介生产效果立体化的浅层次含义是指借助先进技术，在信息呈现上模拟三维空间效果。比如 2010 年发生的诸多"3D 事件"，杭州日报报业集团旗下的每日商报社出版发行了浙江省内第一份 3D 日报，读者可戴上随报赠送的 3D 眼镜，欣赏印刷在报纸上的具有立体感的 3D 照片，获得新的阅读体验。号称"全球首部立体电视剧"《吴承恩与西游记》在齐鲁电视台的首播引发强烈反响。前不久"央视 3D 转播世界杯"再次燃起国内 3D 产业上下游厂商的热情，3D 市场的巨大想象空间吸引内容、渠道和终端的厂商前来分一杯羹。目前，国内 3D 市场处在爆发的前夕，吸引了上下游产商的倾力投入，一个成熟的 3D 产业链也呼之欲出：内容商制作 3D 片源，通过中间渠道播出，最后到达家庭用户的显示终端。上下游厂商跨领域的合力，将加速推动中国家庭娱乐进入 3D 立体时代。哥伦毕业大学计算机科学教授 Sheer Nayer 发明了一种具有超大取景框的相机，可以进行"3600 的取景拍摄，一改卢米埃尔兄弟以来应用于新闻报道的有限取景理念，必将重新建构图像、视频讲述新闻和娱乐的基本结构。

深层次的媒介生产效果的立体化，主要指新旧媒体各自发挥传播优势，在对同一事件的报道中共同建构一个立体的新闻信息环境，让接受者有全方位的感受和体验。这得益于数字技术的迅猛发展和新媒体的不断实践。网络和手机从被名为第四第五媒体，到真正发挥了媒体的传播特性和作用，经历了数十年的时间，对于日新月异的技术发展来说，十年多的时间以网络和手机作为新媒体有足够的理由迅速成熟起来。2008 年发生的西藏 3.14 打砸抢烧事件、境外奥运圣火传递受阻事件、安徽阜阳 EV71 病毒疫情事件、震惊世界的汉川大地震灾难、北京奥运会盛典以及河南三鹿奶粉引发三聚氰胺事件一次又一次考验着媒体的智慧、勇气和担当；胡锦涛与网民在线聊天，国际足联（FIFA）首次向全球新媒体开放南非世界杯的全程直播权等事件充分说明，新媒体的主流化进程呈加速趋势。刚刚结束的南非世界杯对于传媒来说：看点一是央视利用 3D 技术进行转播，其二是中国网络电视台（CNTV）作为新媒体享有直播权。此外，新浪网由名嘴黄健翔和李承鹏担任主持人的《黄加李泡世界杯》，与 150 余家广播和地方卫视台合作播出该档节目。改变了以往由电视媒体向互联网输出内容的赛事报道模式。优酷网与 CNTV、安徽卫视联合主办的全国牛人大赛及世界杯视频节目的赞助与植入等形式。新媒体的内容原创生产能力比以往有了很大的提高。刚刚结束的上海影视节目展上，新媒体与影视制作的联系更加密切，除原有的购买、发行的合作模式外，二者在创意、剧本创作、播出方式上有了更深接触，是本届展会上非常令人瞩目的新动向。随着媒介大融合，传统媒体的开放性越来越强，比如在5月12日四川汉川地震报道中，从中央媒体到地方媒体、从传统媒体到新媒体都派出强有力的队伍集结地震现场，100多家境外媒体的300多名记者进入灾区，不断发出灾情及抗灾救灾的信息。中央电视台24小时播放，各网站的网络新闻不断滚动翻新。报道的横纵向结合，使新闻报道立体化，受众得以通过专业媒介组织的分析评论全方位感受和理解新闻事件。从未有过的多媒体联合作战显现多视觉、立体式的报道。新媒体意见与传统媒体意见经历了从各自为政到协调发展和互为补充的阶段。

新媒体的发力使得媒介环境形成了良好的合竞局面，传统媒介强大的内容生产能力，良好的品牌优势，结合网络媒体即时性、大容量、互动性、多样化、个性化，及手机媒体的便携性，共同营造了一个全天候、全方位覆盖的媒介生态环境，在这个环境中，既有文本的摘要、解读和深度分析，图表的横纵对比，又有音频、视频的场景再现，必要时还有对专家、当事人的采访。这种新的样式为受众提供新闻报道和时间的综合视角，这比任何单一视角都复杂得多。无论是单一媒体的过去还是多媒体呈现的现在，媒体都尽可能地在允许的范围内用尽可能多的传播手段对新闻事件做最全面的阐释，以使报道相对真实客观。只提供一个必要视角那仅仅是提供了发生事实的一个有限的角度。客观和真实能在将结构和全景置于网络、多媒体和互动环境的媒体中得到最好的保障。对于同一个新闻事件，人们置身各种媒介的包围之中，立体化的媒介环境使得置身其中的人可以从各种各样的媒介渠道获得讯息，感知外部世界的过程具有立体感，眼睛、耳朵和中枢神经等感觉器官同时深度调用。受众也可以根据自己的兴趣选择接收的媒体，及观赏的传播形式：文本、图像、图表或是音视频。聪明的读者会得出他们自己关于事实的结论。

9.1.2.3 媒介生产过程的持续化

盖伊·塔奇曼在《做新闻》中曾经给我们展示了日常发生的事情是怎样被变成了新闻这种具有现实时空的报道的。在空间上，新闻生产是一张网，一方面它永远不可能事无巨细；另一方面，如何结网、网结位置、网眼大小和网洒向何方等等，也大有讲究。在时间上，新闻生产借助于典型化完成。"借助典型化，使得本来在时间上无序的潜在新闻事件，有了一个大致可行的生产调度图，并与每天工作节奏保持呼应。本来具有个性特点充满偶然性的事件，转化为可以常规加工和传播的原料，使新闻生产的按部就班与自然事件的发生尽可能协调，即便做不到同步。"传统媒介生产有一个固定的生产调度图，比如晨报报社一般大部分记者9点到11点上班，下午6点到7点下班。在传统报纸里，一般会在上午10点与下午三、四点左右开编前会，决定一天的工作与第二天的版面安排。

但是在新媒体出现之后，即时性的要求下，新闻播报的速度呈无极趋势，任何时刻都会有新闻产生，有学者称之为：24/7新闻报道模式，亦即滚动式新闻报道。这种报道方式，对于网络媒体等新媒体而言，并不鲜见，新媒体从诞生之日起就借技术优势进行着新闻滚动式报道。所以常有感慨：一天没有关注网络，世界就有了变动。新媒体的新闻生产最重要的特点就是即时性，记者在呈现新闻时，不受特定截稿时间的限制，他们所面临的是持续的截稿时间，一切都由自己掌握和控制。尤其是在遇到突发事件时，记者更是与时间赛跑。

新媒体带来的这种快速生产，改变了新闻生产的流程，也改变了新闻生产的理念。英国电讯传媒集团《每日电讯报》数字部主任罗塞尔这样描述一个新闻事件的发布：第一时间用短信、电子邮件等方式快速传播；10 分钟后在网上发布 150 字左右的消息并请求读者帮助提供视频或图像；一个小时内刷新，并写成 450 字左右的文稿，加入图像与视频；最后寻求深入的分析，并以多媒体的视角和形式加工成主题式报道。相应地，报纸也会有所选择地决定第二天刊登的内容。在传统的单一的媒介生产中，因为有固定的截稿日期，所以最终面向受众的是经过记者和编辑把关论证的较为成熟的新闻产品。而新媒介环境下，因为需要在第一时间及时报道新闻，所以新闻是在持续的报道中建构的。电讯传媒集团的记者第一时间用短信、电子邮件等方式快速传播新闻，因为没有时间对新闻源及新闻本身进行深入考察和判断，接下来的工作中，记者要根据媒介不同的传播特性在不同媒体上持续发布新闻的过程中，找到最后一个新闻源以核查重要事实，最终确保报道准确。新闻正是在这种不断地持续的报道中逐渐被建构，被证实是否真实且客观。作为新媒介环境下的受众应该学会适应这样的新闻生产：对于网络媒体上眨眼即新的新闻，不妨拭目以待，以期在持续的报道中见证新闻的本来面貌。新闻生产速度的加快，要求新闻工作者要有极其敏锐的新闻嗅觉，而作为受众需要付出的是更好的思考能力和判断能力。

9.1.2.4 媒介生产主体的多元化

传统媒体结合新媒体例如手机电视、手机报纸、网络博客、网络视频、网络广播、网络电视、车载电视、楼宇电视等共同创造了一个多元立体的传媒环境。在这种环境中，无论是传统媒体还是新媒体，都可以利用文本、图形、图像、音频、视频等媒介形式通过不同的平台进行传播，作为媒介生产者，选择哪种媒介形式或平台适合讲哪种或哪个述新闻的方法并不容易，因为这要求生产者熟知各种媒介的特性。一个合格的媒介生产者，能够在生产中择优选择媒体群，生产丰富特色的新闻产品，到达分众化的受众，产生立体效果。

与此同时，数字技术、网络技术带来了双向传播的可能，在新的传播模式中，比如互联网上，每个人既可以是传播者，也可以是发布者。以往新闻传播过程中"传播者"和"受众"的界限，在这里已经变得模糊，甚至可以说已经合二为一了，因此，需要重新考虑受众在媒介生产中的地位和作用。纽约城市大学教授杰夫贾维斯（Jeff Jarvis）认为"媒体不仅仅靠自己提供信息，还要将读者和受众参与进来。新闻工作者必须成为消息的汇集者、组织者和教育者。"目前，纽约时报正在试验发动受众创建内容，发展线人或特约记者。《洛杉矶时报》的主编史坦顿透露，洛杉矶时报 10% 的内容不是由自己记者撰写。

中国第一台由网民决定导演、主持人、演员和节目创意的"网络春晚"由北京电视台、新浪网、中国移动通信集团北京有限公司联合主办，并在 2010 年春节初一到初七播出。晚会完全由网民做主，全程公开。无论是晚会的导演、主持人、演员，还是节目创意，都来自于网民的推选，主办方还在网上全程公开"网络春晚"筹备过程，随时接受网民的建议和监督。"网络春晚"融合了"电视"与"网络"、"3G"的三重特性，充分利用北京电视台、新浪网与中国移动 3G 平台的影响力，融合电视的视听、网络的互动、手机的便捷，在大年初一，把现有的电视春晚播出的节目，实行实时的网络直播，并提供点播、搜索、下载、互动评论等服务，力推新人新作及原创，打造了一个风格迥异、独具魅力的三屏合一的"网络春晚"。

技术高速发展，使得媒介的姿态越来越低，人人都可以使用手中的网络媒体传送信息，受众在一定程度上参与了传统意义上的新闻生产。如果一个网友发一个帖子说某某公司要破产了，第二天这个公司就必须发表声明说公司还挺得住。有人说央视的某某主持人抑郁了，某某主持人就得出来呼应。新浪已经将新浪微博定位为"独家信息的发布和生产平台"。2009 年 9 月 8 日，《都是快报》报道了关于桑兰抱怨保姆的事件，其新闻源就是新浪微博上前一天发表的内容。受众已经从传统媒体传播时期的被动接收，发展到主动要求参与到媒体生产。

专业记者在生产新闻时，应该考虑全球性的受众不仅阅读，还可能评论他们所写的报道，而且受众接触的信息量越来越大，他们还能对日益全球化的社会的复杂性提供新视角和新见解。乔纳森.卡茨报道 25 岁的"帮派"说唱歌手图帕克.沙克尔叩在内华达州的拉斯维加斯被子弹射死是一个典型的受众影响新闻生产的例子，这个报道距今虽然久远，但是新媒体互动性彰显的雏形。受众不断与卡茨邮件互动，卡茨不断调整关于沙克尔的报道，直到报道更接近客观真实。在新媒体发达的今天，受众在没有任何技术障碍的情况下可以使用各种新的媒体平台发表言论，形成意见，影响新闻生产。"在参与式新闻所构建的新型媒介环境中，已从传统媒体发动公众讨论、寻求公共议题的解决方案，进入到公众不再单纯依赖传统媒体，而是竭力自由传播信息、陈述意见、形成舆论进而为传统媒体设置议程、影响公共事务决策的新阶段。"

诸如以当当网、淘宝网为代表的购物网站更是充分利用了受众意见，在网页上设置购买评论，让消费者参与对购买物品的评论，使得网站卖品与消费者的意见捆绑销售。这种草根式的或是平民式的营销方式节省了广告的成本，又因为评价不是来自于官方，对于其他消费者更具说服力和亲和力，从而达成卖家和买家的内容共建。全球最大的百科全书维基百科在 Web2.0 基础上，通过遍布全球的义务工作者协同工作，使得全世界不同国籍、不同阶层、不同年龄和身份人参与生产。目前，维基百科涵盖了 125 个语言版本，总辞条数高达 330 万，其辞条总量和增长速度让"大英百科全书"相形见绌。维基百科反精英式的编撰方式，真正实现了受众自主自觉创建内容，践行了 Web2.0 的草根理想。

9.1.2.5 媒介生产内容的丰富化

媒介生产内容的丰富化首先源于媒介之间的竞争。面对一个新闻事件，众多新旧媒体等待报道，媒介之间的竞争空前激烈。现在没有独家新闻，只有谁的报道更快些，谁的报道更精彩更能吸引人。比如，2008 年 8 月的北京奥运会点燃了全世界媒体的热情，上演了一场壮观的全球"媒体大战"。世界三大通讯社之一的路透社派出约三百人的记者团报道北京奥运。拥有北京奥运会美国地区独家电视转播权的 NBC（美国全国广播公司）、欧洲广播联盟、日本的共同社、意大利的安莎社和俄罗斯的俄通社—塔斯社等有影响的通讯社也都派出数量众多的记者。来自 200 多个国家和地区的 21600 名注册记者、5000 多名非注册记者以及无数驻扎在世界各地的报纸、电视、广播、网站媒体人都将参与到这场由北京奥运会引发的媒体大战中。再加上我们国内的以央视为首的由中央到省地市各级众多新旧媒体，媒体阵容达到空前壮观。十几天的时间里，如何生产出不同视角的作品，各大媒体使出了浑身解数。激烈的竞争环境下，避免了新闻作品的同质化，使得对于同一事件呈现出不同的视角和观点。所以在前不久的南非世界杯的直播中，我们会发现无论是电视屏幕还是网络视频中，除了精彩的画面之外，边角处总有不断出现的数字，用来说明球队及球员的过去、现在和未来的进球数，或身高、体重等等，信息量无限增长。更不用提央视采用新技术进行 3D 的转播，带给人们更加不同的感受。

而且随着受众被吊起的胃口，或是媒介为了另辟蹊径，媒介生产的新闻故事比以前复杂。比如说某飞机失事的报道，现在的记者不能坐下来写一个很简单的故事说飞机失事了，其中遇难者人数、身份、有无幸存者、原因等等都要有，还有可能牵扯到很多的事情，比如受众希望能够得到很多相关的信息，包括航空公司的过去、现在、未来，失事航班的有关资料、甚至法律诉讼等等。不同受众利益点不一样，关注点也就不一样。以网络媒体为代表的新媒体在创建一种新的新闻表达时显得从容不迫。网络媒体其即时性、互动性、多媒体性和超链接性生产出一种新型的新闻，在网页上不仅可以点击新闻，可以通过评论新闻从而对新闻本身产生影响。还可以通过超链接点击查看无限量的关于事件的背景、前因后果，相关机型和机构的情况，甚至曾经在历史上与飞机失事有关的所有事件。它将新闻事件置于更丰富的历史、政治、经济和文化的背景中。

另一方面，媒体生产主体的多元化，全社会共同创造所带来的丰富化。传统媒体充分利用新的传播技术，主动与新媒体链接，谋求多媒体生产。新媒体充分利用自身在传播渠道上的优势，发挥多媒体性、即时性、便携性、互动性等优势的同时获得在内容生产上的突破。此外，目前全国有 4 亿多个手机用户一年通过拇指发布了数亿条信息：越来越多的人习惯于在各种论坛里"发贴灌水"，交换信息，发表时评热衷于自己报道社会、评论世事与人生依靠 QQ、MSN 等即时通信工具传递信息、、分享观点、交流沟通。所以有人预言数年后将有 50% 的新闻来自论坛、博客、播客等新媒体形式。

当然我们也不无担忧地发现信息过于丰富带来了信息过剩，以及引发的受众的注意力的短缺，人们过多的精力消耗在对信息的筛选和判断真假上，这就要求媒体生产者要秉承专业精神，制作出真实、客观、准确的产品，树立品牌，保证信息环境中高质量的信息生产。

9.1.2.6 媒介生产市场的分众化

技术飞速发展，媒介环境变换一日千里，快节奏的生活带来消费者时间和空间碎片，单一的媒体不能满足受众需求。受众在媒体社会化的情境下显示了从未有过的自主性和主动性，每个受众都想从一个新闻信息中得到为自己量身定做的个性化的内容。传统媒体中一个节目收视率低，并不一定是节目质量差吸引力低，而有可能是到达率低，因为传统媒体节目编排有一个固定的时间调度图，节目在某一时间播出，有可能限制了受众的接触。新媒体的出现，打破了节目播出的时空限制，技术的发展使"三屏合一"甚至"N屏合一"成为可能，媒体内容在相同时间可以分别在电视终端、电脑终端以及手机终端同时收看，甚至点播节目可以在三个终端间进行切换，任何人在任何时候都可以通过任何渠道看到任何节目。这在一定程度上督促不同的媒体集中精力做好不同的分众市场。于是，江苏卫视坚持以"爱"为主题，以"情感"为内核；湖南卫视湖南依然高喊"快乐无敌"；安徽卫视继续打造文化品牌；凤凰卫视主张"凤凰大视野"、中央人民广播电台定位"中国之声"。

传统意义上的期刊也因为数字化得以解决了面临的重要问题：不知道自己的读者到底在哪里。即使是一个曾经发行数百万的知名刊物，其客户名单也相对网如，很难拥有读者的资料和反馈数据。2005年底，龙源期刊网向社会发布了在线期刊点击阅读排行前100名期刊的数据分析报告，到目前为止，龙源期刊网与3000多家刊社签订了合作协议，在全世界范围内推广数字期刊，期刊通过网络、手机、阅读器面对受众群。龙源通过"按篇计费"的方式来解决盈利模式，一方面读者不用为不需要的内容买单，另一方面充分保护了著作者的利益。试想如果读者需要一篇文章，没有理由让他为正本杂志的所有文章付费，因此可以说，期刊的网络化聚合真正实现了期刊的分众化，因为是单片文章的面向，因此是更加细分化的受众。

分众传媒的CEO江南春曾经说"分众就是区分受众，分众传媒就是要面对一个特定的受众族群，而这个族群能够被清晰地描述和定义，这个族群恰好是某些商品或品牌的领先消费群或重度消费群"。对传媒来说，分众化面对的是精准的受众群，是最大的最有可能的消费；对于受众来说，分众化体现了对于受众的尊重。按照受众的个性量身定做的产品，充分重视了人群与人群，人与人之间的差异。中搜推出了一套立体资讯平台，集内容管理和建站管理于一体，创新性的融入了中搜搜索引擎和微件建站技术，是一个三网融合的全媒体运营平台。编辑记者可以简单地拖拽模块化的组件构建网页，能为受众提供主动导读模式，而不是简单地把内容摊在网页上。它能一次生成不同终端的相同内容制作，满足媒体多终端发布的需求。这样不仅能够最终准确为不同读者和网民提供个性主动导读模式，更能使媒体回归到熟悉的内容的竞争模式上来。

随着新技术的兴起和应用，我国传媒产业的发展已经进入了跨步前进的"快车道"。

21 世纪初我国媒体在政府力量的引导下基本完成了集团化改革，传媒发展逐步从单兵作战走向联合作战的道路。在这个过程中，从物理层面上的媒介整合阶段到市场意志控制的媒介融合初显阶段，经历了一个艰辛的不断探索过程。在政府力量推动下，伴随着三网融合的不断推进，我国的传媒产业融合在不断深入，国内的报纸、广播和电视等传统媒体不断推动全媒体营运模式改革。全媒体时代背景下，浸入到由文字、图像、声音、视频等多种不同传播方式带来的全方位、立体式的全景化传播情形之中，我们必将更近距离接触新闻事件，进入了一个"新闻事实的三维时代"。

※　9.2　全媒体构想下中国传统媒体生产的路径选择

在以数字技术、网络技术为代表的新技术飞速发展的今天，"全媒体"是一个不断发展的、复杂的概念，不同的国家、地域，不同的文化下，有多少传媒在实践融合、就有多少种关于全媒体的定义。但是我们可以描述的传播景象是：传播内容的多样化，内容无所不包，涵盖了视、听、形象、触觉等受众的所有感官；传输渠道的多样化，包括了传统的纸质、频率、有线电视网、国际互联网、移动互联网、WIFI、卫星通信等等；传播载体的多样化，传统媒体与新媒体遍及生活的角角落落，报纸、杂志、广播、电视、电脑、手机、IPTV、iPad 等都无处不在。今天，我国的传媒发展已经进入一个由传统媒体和新媒体的相互融合的全新阶段一"全媒体时代"。

9.2.1 中国传统媒体全媒体生产的路径选择

9.2.1.1 传统媒体生产流程再造模式

"再造"不同于"改造"，"改造"是保留原来根基的基础上进行完善，"再造"是丰富的想象力、切合实际的思考力和决策力、强有力的执行力及强大的凝聚力共同作用的结果。"再造"需要勇气，一种打倒自己，重新来过的魄力。"再造"更需要条件，大型的传媒不具备短时间再造的可能性。因此"再造"在沿海及发达的地市级传媒集团中呈现强劲之势。以烟台日报传媒集团、宁波日报报业集团、佛山传媒集团为典型代表。

1."报道社"定位下的全媒体生产实践

烟台日报传媒集团成立于 2005 年 9 月 17 日，2009 年 12 月，集团以股权出资组建华夏传媒集团公司，剥离改企。至今，集团的媒体规模不断扩大，现在拥有十报两刊五网一社。烟台日报传媒集团在发展之初将战略发展目标准确进行定位：一是新闻纸不只是纸，而是一种显示终端和存储介质；二是报业不是报纸产业而是内容产业；三是报社不是报纸社，而是"报道社"。在对自身重新定位后，集团的产业发展形成以新闻出版为主业，核心业务、成长业务、新兴业务梯次配置。三个层次目标分别是：首先努力做强烟台日报、烟台晚报和今晨点三大报业以主的核心业务，通过内容和服务创新增值，实现利润增长，最大程度挖掘本地市场份额。其次，加快发展以华夏传媒集团公司、华夏酒报、370女人／优格、黄海数字出版社、光速影视公司、创意策划、今日系列社区报为主的成长业务，进一步扩大市场份额，达成与核心业务并驾齐驱。第三，重视未来新媒体业务，积极探索网站、数字报刊、电子纸读物、手机报、集团官方微博等新兴业务，为集团寻找新的增长点，打造全媒体的运营框架。

烟台日报传媒集团的生产流程再造被业界广泛学习借鉴，建立在自主开发的"全媒体数字复合出版系统"上的新闻生产充分发挥了整合资源的优势，以全媒体数字复合出版系统为载体，集团组建了相当于集团内部"通讯社"式的全媒体新闻中心，将所有的记者整合下，统一新闻采集。集团整合新旧媒体形成一个统一的全媒体内容生产链，在集团层面实现从"第一时间采写"向"第一时间发布、即时滚动播报"转变。并实现体制机制转型，从人事管理变革为人力资源管理，取消原有的行政级别，实行岗位、绩效、薪酬的3P管理，从行政级别管理，转变为岗位职级管理。烟台日报传媒集团的全媒体改革真正实现了生产环节的再造，节约成本，按照媒体规律实现资源利用的最大化。

2. "数字报业"战略下的全媒体生产实践

2002年，国家新闻出版总署于正式发文批准组建宁波日报报业集团。在长期的发展中，宁波日报报业集团以"数字报业"为全媒体战略发展目标。所谓数字报业不是简单将传统报业的产品进行数字化再造，而是顺应以数字化技术为代表的新技术发展的要求，产生与之适应的传播形态和媒介形态，实现报业根本形态的战略转型，发展数字报业，不只是开发新的媒介产品，不是媒介生产力量的简单拼加，"而是需要从体制和机制上为数字化生产、传播、营销、投资和管理搭建统一平台和战略架构，实现媒介产品的多平台、多介质、多层次、多次的销售，根据受众不同的需求细分市场，最大限度地开发媒介产品价值，拉长产品价值链，提升经营效益。"

集团新世纪初创办中国宁波网，现在已成为宁波主流新闻媒体之一。2005年，在国内首批推出"宁波手机报"，次年相继推出全国首家多媒体互动报纸"宁波播报"。集团在全国率先推出电子纸报纸，受到全国传媒界的高度关注。2007年，宁报日报报业集团在国内首次启用报刊跨媒体平台，全线推出"宁报动码"，同年年底推出户外电子屏报，形成集团"四报一码"新型媒体格局。集团从组织结构上进行深度调整，2009年，宁波集团组建全国首支专业视频全媒体记者队伍，成立全媒体滚动新闻部。紧接着，集团设立基于手机报纸和手机电视的3G事业部，实现多媒体、即时、互动的移动新闻播报，2009年6月，集团自主研发的全媒体数字技术平台接受新闻出版总署的评审和验收。全媒体数字技术平台的结构可以归纳为"两网"、"三库"和"五平台"。"两网"是内网和外网，"三库"即多媒体内容库、业务运营库和管理库，"五平台"即内容生产平台、业务运行平台、客户服务平台、决策管理平台和网络支撑平台。其中，在内容生产平台上要实现对信息全媒体的采访、编辑、制作、发布和管理业务平台上目前做的主要是广告发行和网络营销；客户服务平台收集读者的资料和各种信息，进而提供客户服务，实现服务对象由读者到客户的转变决策管理平台主要提供报业集团整个业务运行的监控和决策分析，也包括人力资源管理和财务管理网络支撑平台，是上述四个平台的技术基础。

在发展中，宁波日报报业集团"数字报业"整体规划的框架结构调整为一个中心两个基础三个阶段四个产品十个计划。一个中心是以客户为中心，充分了解客户需求，建立相应的客户数据库。两个基础是报纸和数字技术平台两手抓。二个阶段是：2007年作为起步阶段，主要任务是开发数字产业平台；2008作为成长阶段，建立的数字技术平台将在奥运会的报道中发挥重要作用；2010年之后是发展阶段。四个产品即互动多媒体报、手机报、电子纸报和户外电子屏报，这些产品都要和二维码技术相结合。十个计划即组织结构、新介质体验计划、平台建设、人才培养、客户数据库、研发、市场营销、投资融资、培训、数字技术的合作等工作。

3. "大传媒"概念的全媒体生产实践

一个城市的经济繁荣决定了传媒的发展，2002年年底，大佛山形成"一市五区"的城市格局，随着经济的高速发展，广东各家媒体纷纷入驻佛山，传媒界的竞争的日趋激烈，佛山开始了探索联合发展之路：2003年12月，佛山日报传媒集团应运而生，集团整合本土传媒，以《佛山日报》为龙头，将《顺德报》、《南海日报》并入集团，旗下还包括《侨报》、《打工族》、《广电周报》和《佛山年鉴》等多家媒体，平面媒体得以整合。2005年，佛山传媒进行跨媒体整合，将佛山电台、佛山电视台和网络公司并入佛山日报传媒集团，共同出资在新城区建成新闻中心，实现新闻共享，大大提高了佛山传媒的竞争力，建立起平面媒体与广播电视媒体一体化的传媒平台。新成立的佛山传媒集团把电影、粤剧团、音像出版等经营性较强的文化产业整合在一起，成为全国第一个多媒体融合的传媒文化集团。如今的佛山传媒集团，已经发展成为拥有全市6张报纸、6个电视频道、6个广播频率、2本杂志、2个演出剧团、1个音像出版社、1个剧院以及1个实力雄厚的电视网络公司，总资产达21亿元的跨媒体联合舰队。

2008年的佛山传媒集团的美国大选报道成为国内媒介融合报道的范本，引起业界和学界关于媒介生产融合的热议与探讨。2008年10月，佛山传媒集团派6名记者赴美采访美国总统大选。赴美的记者分别来自集团不同的媒体：佛山广播电台、佛山电视台、《佛山日报》、《珠江时报》和一家期刊。在这次联合采访中每个记者互相合作，一人兼数职，将"采集"的稿件、视频、音频内容放在一个统一平台上，供给后方媒体编辑使用，做到了资源整合，是国内地市级传媒中全能记者进行跨区域融合新闻报道的首次尝试。

9.2.1.2 传统媒体全媒体集群构想模式

如果你不认识默多克，那你一定看过他的报纸；如果你没有看过他的报纸，那你一定看过他的电视；如果你没看过他的电视，那你一定看过他的电影；如果你没看过他的电影，那你一定看过他的图书……被称作传媒业"拿破仑"的鲁伯特·默多克最伟大之处不是他令人炫目的财富，而是除非你逃离这个世界，否则你很难逃离这个79岁的老头。默多克的新闻集团或多或少地给了国内传媒集团某些启发，以在上海和广东两地极具影响力的SMG和南方报业传媒集团为代表的全媒体集群正在构建中。

1990年迈克·波特在《国家竞争优势》一书中首先提出产业集群的思想，主要用来对工业化国家产业集群现象的进行分析。传媒产业集群，即与传媒产业密切相关的，如传媒生产、传媒产品传输渠道、传媒营销、传媒产品输出终端等的各个环节，聚集起来形成完整的产业链。

1. SMG 集群的多品牌战略

上海东方传媒集团有限公司（SMG，原上海文广新闻传媒集团）多品牌战略包括三个层次：集团品牌、媒体品牌及产品品牌。集团品牌就是上海东方传媒集团有限公司（SMG），它的影响空间跨越传媒业定位在整个资本市场；媒体品牌是包括第一财经、东方卫视、哈哈少儿等在内的媒体；产品品牌包括名栏目、名主持人等。SMG的战略部署实在"两个转变"的指导框架下开始的：一是实现从为播出而制作逐步转变为市场而制作。实现从一个地方广播电视播出机构转变为一个面向全国乃至海外的内容提供商、发行商和服务运营商。SMG总裁黎瑞借鉴通用原总裁杰克·韦尔奇的"数一数二"战略，努力使SMG的下属事业部都要做到全国排名前列，创出品牌产品。

目前，上海广播电视台拥有15套电视频道、1套同播高清频道及11套广播频率。在上海市场拥有超过70%的电视市场份额及超过90%的广播市场份额。2009年上海东方传媒集团有限公司（SMG）由上海广播电视台发起出资成立，是台属、台控、台管的控股企业集团公司。SMG是我国传统媒体中较早涉及新媒体业务的探索者，IPTV占有90%的市场份额。目前集团集广播电视制作、报刊发行、网络新媒体、手机新媒体及娱乐产业于一体，积极推进"新闻与娱乐并重，内容与网络并举"的全媒体生产战略。上海东方传媒集团有限公司本部包括东方卫视、艺术人文频道、ICS、广告经营中心、节目资料中心、版权中心及相关职能部门。下属子公司业务板块涵盖影视剧、少儿动漫、综艺娱乐、体育赛事、生活时尚、专业财经资讯、纪录片、电视购物、新媒体、大型活动等内容制作、投资、运营领域，并积极进行跨媒体、跨地域拓展，构建完整产业链，最终形成各具资源特色和产业发展潜力的"小巨人"。

2. 南都集群的平台战略

《南方日报》创刊半个多世纪以来，以其不可替代的公信力、权威性和高品质新闻报道,确立了在华南地区政经媒体主流地位。1998 年南方日报组建南方日报报业集团并挂牌运作。2005 年南方日报报业集团正式更名为南方报业传媒集团。在"媒体多品牌战略"的大框架下,南方报业在发展中逐步确立了主报《南方日报》的品牌优势地位,并由此带动起三个子报品牌系列南方周末报系、南方都市报报系、21 世纪报系。南方报业传媒集团正在致力于高效整合配置资源,实现集团整体效益的最大化。集团现在拥有十报、六刊、四个网站和一个出版社。2003 年南方报业与光明日报报业集团联手打造的《新京报》成为我国传媒跨地域运营的经典个案。

2009 年,南方报业传媒集团社长杨兴锋提出在媒介融合趋势下,南方报业传媒集团要想真正做强做大做优,从单一媒体、单一品种的运作转为多媒体、全媒体运作,就必须建立全媒体的生产能力,形成全介质的传播能力和提高全方位的运营能力,想全媒体集团转型。同年,南方都市报提出构建"南都全媒体集群",希望从内容、形态、渠道和影响等方面达到全覆盖,这种集群建构贯彻了集团整体战略思路并作为集团全媒体试点在步步推进。将真正实现全介质传播、实现对城市的信息全覆盖,满足用户对信息的规模化需求、即时即地需求、多样化和个性化需求,同时满足个人表达的互动性需求。南方都市报的全媒体战略实现路径是平台战略,通过中间内容平台的做强做大,集聚各个层面平台资源,形成良好的平台生态群,从而建立基于传统媒体与新媒体的高品质的产品价值网络。在这一战略目标下,南都以下九个方面加强建设:内容平台和数据库建设;传统媒体与奥一网的深度融合;南方都市报报纸的数字化;全媒体采编经营理念再造;全媒体流程再造;全媒体组织再造;全媒体人才再造;全媒体考核再造;全媒体产品再造。

为了实现"平台战略",南都于 2009 年成立全媒体运营委员会,整合奥一网南都网,整合后的奥一网南都网作为南都官网、移动终端、无线业务等的主平台。并提出未来发展的三大战略,分别是跨区域的基础战略、跨媒体的核心战略和升跨行的业级战略。跨区域以实现对大珠三角及全国主要城市全覆盖。跨媒体以实现从报纸内容到广电内容整体合作,建立与珠三角日报群呼应的广播联播网络。通过跨媒体加强网络建设,构建以奥一网南都网为枢纽的联通广电、网络、移动、户外的文字等的数字业务主平台,并陆续开发了iphone、ipad 等多款移动终端的客户端。跨行业,以实现价值链的增值,实现从单一版面销售模式到整合复合式销售模式,由劳动密集型模式到智力型的销售模式的升级换代。实现了从报纸广告经营到广电、户外、网站广告经营的跨越,合资成立广东益民旅游休闲服务有限公司,2009 年成立南都传播研究院及成立汽车、房地产、视觉、经济等行业的分院,实现由代理经营的深度介入而带来整体层面的合作。报、网、刊娱乐资源进行整合营销,并孵化出电子商务、演出、咨询、数据库营销等新业务。

由此,南都在大珠三角区域及全国性重点城市形成深度覆盖,由城市日报群、周报周刊、广播电视、户外 LED 联播网、网站、手机、手持阅读器终端等构成了一张巨型的、立体的、跨越不同时空的信息终端网络,能够随时随地如愿满足受众的信自、需求,保证用户良好的信息服务体验。

9.2.1.3 传统媒体的价值延伸和扩张模式

1. 作为"全媒体内容提供商"的新华社

新华社以"全媒体内容提供商"为定位，加速建设成为现代全媒体集团。目前，新华社不仅拥有文字、图片等传统报道形式，还有音视频、互动、社区等新媒体报道形式。新华社拥有包括传统通讯社、报刊、电视台、网络、手机、网络及大屏幕等新媒体，还有经济信息服务、数据库和搜索服务等平台。逐步构建起三大媒体群：以新华网为龙头的网络媒体群；以新华手机报和手机电视为代表的手机新媒体群；及移动电视、户外电视等电视新媒体群。

为适应全媒体报道的需要，2009年新华社组建多媒体中心，中心的记者、编辑分别编发制作不同形态类型的稿件，生产多媒体产品形态，从局部开始构建全媒体新闻信息数字生产加工平台。在2009年汉川地震一周年新闻报道中，新华社进行了12小时大型电视、网络、手机直播，首次实现文字、图片、视频稿件在同一平台上编辑和发送。同时，多媒体中心加快由"多媒体形态"向"多媒体业态"的拓展，形成由投资、生产、运营和市场、客户组成的产业链。

2009年，新华社网络电视台、新华社手机电视台开播，并向海外市场拓展。2010年1月1日中国新华新闻电视网中文电视台上星向亚太地区和欧洲部分地区播出，随后，中国新华新闻电视网（CNC）英语电视台开播。新华社社长李从军指出：CNC内容将突出国际视野、中国观察、即时传播、客观表达，为国际受众提供一种新的信息源。并进一步谈到："媒体产业正在经历巨变，传统媒体正面临来自新媒体巨大的挑战。面对这一形势，新华社采取战略性调整，而发展电视事业就是这一战略性调整的重要组成部分。"

新华社集电文、报刊、音视频、网络、手机于一体，文字、图片、音视频三位一体的全媒体报道格局基本形成，在力拓国内市场，拓展国际生存空间，以期从传统的国家通讯社向"跨媒体的大型新闻信息集团"。

2. 作为"党报媒介融合旗帜"的人民日报

作为我国的第一大报，"人民"的媒体，在全媒体布局发展方面，人民日报最明显的特点是以人民网为新媒体的孵化器，全面拓展进入平面媒体之外的领域。目前，人民日报的核心媒体包括三个：《人民日报》、《人民日报海外版》和人民网，并拥有中国最大的报刊集群。1997年，人民网在国内率先接入互联网。经过多年的发展，人民网正在着力打造Web2.0多媒体原创互动体系，迈进"多语种、全媒体、全球化、全覆盖"的国际知名网站行列。目前随着3G时代的到来，拓展以手机为终端的无线领域已经成为人民网的发展战略之一。面对传媒变革，人民日报在坚持建设国际一流媒体总体目标下，努力构建两大系统：一是形成舆论引导新格局；二是建设现代传播体系。并提出传统媒体与新媒体并举、建设全媒体传播格局的构想。

自 1999 年开始人民网以独立媒体身份，参加了澳门回归等重大活动的报道。2005 年人民网在报道"两会"期间开通了手机人民网，同年底，人民网作为重点新闻网站全面进入移动通信领域，联合其他网站创办"掌上天下"手机网站。2007 年后人民网相继推出人民宽频频道和人民播客。为了加强人民网的原创生产能力，2009 年开始投入使用卫星直播车，并新建成大型广播级演播厅、高水平远程视频访谈室和专业水准的非线性编辑室，从而实现全媒体采、编、播统一编发。2009 年 6 月 20 日，作为国内第一家拥有手机电视传媒的非广电机构，人民网手机电视正式上线。次年，人民网推出手机电视新版"人民视讯"。2010 年 3 月，人民网网络电视台——"人民电视"正式试播。同年 6 月 20 日，"人民搜索"测试版的正式上线，将为用户提供全面快捷的新闻信息搜索服务。人民网已经成为党中央了解民意的重要渠道，作为党中央机关报，人民日报堪为党报媒介融合的旗帜，全媒体实践的先锋。

如今的《人民日报》和人民网已经融合为一体，人民日报的记者正在向"多栖"方向发展，采访配备齐全，采访稿在传统媒体和新媒体上以整体策划的方式，以不同的形式面向大众。各子媒体共同策划和制作的融合新闻产品成为人民日报的新闻生产常态。

3. "台网捆绑"发展的中央电视台

坚持"新闻立台"的中央电视台顺应传媒变革潮流，推出央视网，积极拓展新媒体市场。迄今为止，央视拥有数字电视、网络电视、工、手机电视、车载电视等播出平台，已经成为中国各类重大活动的最大的全媒体传播平台，并实现了在"十七大"、历届"两会"、"神七"等大型活动和事件报道中，多终端、立体化的传播格局。为抓住全球媒介变革中媒介融合带来的发展机遇，中央电视台提出要"像打造电视品牌一样打造网络品牌"，从而确立了台网捆绑式的新媒体发展战略。

2006 年 4 月 28 日，中央电视台央视国际网络有限公司正式成立，多年来，央视网着力打造以图文为基础，以视频为核心，以互动为特色的国家重点新闻网站。借北京奥运会的契机，央视网的网络视频传播能力得到很大提升。2009 年 12 月 28 日中国网络电视台正式开播，网络电视台主要以央视节目资源为依托，不断开创网络原创节目。除了央视的原版节目，网络电视台建设"全国网络视频联盟"，与全国地方电视台、视听节目制作机构形成合作共赢的长效机制，从而进一步拓展台网捆绑的范围和规模。笔者调查中获知国家网络电视台的战略目标主要在于抢占包括视频资源、网络媒体及手机电视等各类新媒体的制高点，以期在"三网合一"中取得主动地位。

除了全国性的中央级媒体，一些区域性媒体在品牌延伸和拓展上也有不俗表现。例如，湖南广电集团依托湖南卫视核心品牌，专注于娱乐节目生产，无论是在品牌、体制机制、资源整合，还是资本运作上都锐意进取，在中国省级电视媒体中脱颖而出。凤凰卫视全面推动台网融合，推行互联网、移动通信网和电视网三网合一，成为三屏合一的先行者，实现凤凰品牌的全面落地。诸如湖南广电集团、凤凰卫视等传媒，以其不泯的创新能力、独特的战略定位，高品质的节目供给，强大的品牌影响力，形成中国传统媒体发展中的个案和典型。而这也正是带动中国整个传媒业向前发展的主要精神力量。传统媒体在不同的历史层面上，根据自身发展的实际情况，开展全媒体生产实践。传媒生产本身异常复杂，政治、经济、文化等都是构成传媒发展变革的主要因素。正如陆地畅言"天气无常晴，流水无常型，市场无常态，竞争无常胜。'阵营'并非铁打，'类型'亦非定型，等级之间更无鸿沟。一切都在变化之中，一切变化皆有规律，一切规律皆有例外。"

9.2.2 全媒体构想下中国传媒业的合力变奏

传统媒介与新媒体的生产融合涉及三大环节的转型，分别是人、技术、生产模式。因此带来媒介生产融合要素的多元化，广泛涉及体制转型、机制完善、观念融合、专业技能融合、利益融合、技术融合、生产流程融合等诸多方面。而以上诸多环节的实现，是一个集想象力、思考力、决策力、执行力、凝聚力五力合力变奏的过程，这种合力构成了媒介的融合力，是传媒生产力能否提高的关键。其中，想象力构想传媒发展的大方向，及全媒体的图景；思考力借助严密的逻辑分析确定在大方向的指引下，需要做的改革有哪些；决策力是结合传媒自身的发展现状，理性的制定切实可行的改革方案和发展战略；执行力是实现变革的关键；凝聚力是变革成功的根本保证。

9.2.2.1 媒介生产融合的想象力

信息传播与传媒发展历史本身，就是一个充分展示想象力，力图跨越地域限制走向全面沟通的历史。因而，我们也必须以新的眼光、新的思维方式看待传媒与传媒业的发展。媒介生产融合的想象力，建立在传统媒体对传媒发展现实清楚认识的基础上，既要清醒地看到传统媒体的危机、新媒体的旺盛生命、受众的变化，又要明白什么是时代的真正需求。英国BBC于2005年推出的"创意未来"调研项目，重点研究2012年的世界的变化，受众的真正需要什么，BBC可以对此做些什么，如何作何媒介融合等等，极具前瞻性、注重实际的研究成果至今仍引导、影响着事业发展的各个方面。从蔡雯介绍美国新闻传播变化的文章中首次提到"媒介融合"到现在，中国业界已经发生了翻天覆地的变化。如果说2008年之前的中国传媒经历了数字化转型的高峰，那么，2008年之后，中国传媒已经开始踏上"媒介融合"的征程，探索出"全媒体"实践的中国特色传媒改革之路。

实现"全媒体"的生产路径有很多，要如何选择？是步人后尘，还是根据自己的实际情况开拓一条适合自己的发展之路，需要传媒有足够的想象力。已经出现的报网融合、视网融合、三网融合、新闻生产流程再造是大势所趋，但是路径不是唯一。可以是网站主导模式如浙江日报报业集团：发挥主流媒体的影响力，拓展全媒体运作空间；可以是纵向延伸模式如南方报业传媒集团：以强势内容带动集团发展，形成媒体集群；可以是技术先行模式如烟台日报传媒集团：通过搭建系统平台，全媒体流程再造；也可以是跨界整合模式如上海文新报业集团：整合传媒核心资源，多维一体加速扩张。还也可以有各种各样不同的发展模式，传媒业应该站在高处拥有更多的想象力。

　　媒介生产融合的想象力首先是理念上的更新，模式的突破。理念决定行动，思路决定出路。先进的理念是与时俱进的先进思想，是符合变化的客观现实的切实可行的奇思妙想，落到实处是解决新问题的新思路。比如传统媒体充满智慧的"借壳"实践，先有"借壳上市"，后又"借壳上卫"，只有想不到的新思路，没实现不了的传媒理想。有了先进的理念，才能锐意创新，抢得先机，赢得市场。目前传统媒体做网站，盈利者很少，尚且找不到切实可行的商业模式和发展路径。但是，新浪、百度、腾讯、网易等新兴的网络公司却在不断的盈利中向前发展，技术优势并不是制胜首要因素，技术只不过是工具，充分发挥工具的优势，则需要有创新的理念。以新浪为代表的诸媒体用开放的无疆界的新媒体思想走了一条不同于传统媒体的运作之路。新浪通过大量高端受众人群和名人博客，为精英和草根搭建互动交流平台。腾讯 QQ 的即时聊天同时在线人数已经突破一亿，其商业模式的市场竞争力不可低估。另外，网易的邮箱、相册、在线游戏等优势内容，百度搜索引擎的独特优势，在媒体中均具有难以匹敌的竞争力。谷歌公司在诞生时，如果不是用颠覆性的创新思维重新定义"什么才是最好的搜索结果排序方式"，而是满足于实现一个足够好的搜索引擎，那今天的谷歌也许只是一家为某些网站提供搜索服务的小公司。如今搜索引擎、社区、分享视频、博客已经成为发生，接下来还会出现什么，还要发生什么……中国传媒大学周鸿铎教授认为，我们对于新媒体的研究往往局限于新媒介本身的范畴，并没有真正地从更广阔的角度去考察，这也就导致了新媒体的作用不能得到充分发挥。正像埃弗雷特·罗杰斯在《创新的扩散》中提到，一项新的、先进的技术或方法不能指望于潜在的消费者能够广泛地认识到它所谓的显而易见的利益，它是一个社会过程，涉及人的价值观、消费习惯、生活经验甚至是人际关系影响，它是整个社会系统的结构和功能发生变化的过程。因此，新媒体的发展应该重塑甚至颠覆传统媒体的运营思路。例如中国的数字电视推广业务，自 2003 年以来，国家广电总局选择试点进行整体转换，先后出现了多种转换模式，其中以杭州模式最具想象力，成为国家重点部署三网融合的借鉴性范例。运作有线数字电视的杭州数字电视有限公司由杭州广电局有线电视网络中心、西湖电子集团、杭州日报社、杭州网通信息港有限公司、杭州国芯科技公司共同出资 1.5 亿元组建，广电局绝对控股，从而在资本层面上将技术提供商、内容集成商、终端制造商等融合在一起。杭州市数字电视网目前是有线电视传输网和宽带网双网合一，在系统、网络、终端上已经全面实现了双向交互传输功能，为发展交互式数字电视提供了物质技术基础。

　　传统媒体借助形象力的翅膀，在激烈的竞争中突围，需要超越自己，站在高处重新规划布局。上海 SMG 的传媒改革可圈可点，其新媒体业务的发展一直走在全国前沿，无论是网络、IPTV 还是手机电视，新媒体以受众为中心的核心思想得到彻底贯彻。集团的发展旨在突出特色，以局部带动全局，在内容生产上部署"在播、在线、在场"的发展理念，在国内外具有较强的影响力。"所以任何一个 CEO 的职责有两点，第一是管理，之前市面形成的资产，之后是想象，我们已经开始想象，所以所有的传媒要转型，我们要转型，问题是我们要向哪里转。"

9.2.2.2 媒介生产融合的思考力

美国学者托夫勒在他的《第三次浪潮》中指出，"第二次浪潮中的大众传播媒介不断向人们的头脑中输入统一的形象，结果产生了大众媒介和`群体化的思想'。而第三次浪潮带来了一个'非群体化传播工具'时代，一个新的信息世界与新的传播科技一起出现了。而且这种变化将影响我们对世界的看法，也改变了我们了解世界的能力。"托夫勒所预言的"非群体化传播工具"时代里，我们应该学会网络的思维方式。不仅要有垂直思维能力还需要有水平思维能力。

思考力之于中国传媒，要考察更广阔的社会政治、经济、文化背景，在以往传媒业整体上分业管理，垂直监管的模式情况下，我们的传媒习惯自上而下式的垂直思考方式，使得水平思考力相对网如。但随着我国文化体制改革的深入，市场的开放，传媒业呈现出蓬勃生命力。据广州日报报业集团副总编顾涧清介绍，在奥运会期间，广州日报报业集团组建了"8报2网及手机等媒介的联合舰队，实现了跨区域、跨媒体和跨部门的资源整合，在媒体的融合报道上进行了大胆的探索。"其主要做法是"编辑部和直播室前移"，即从新闻策划、采写、编辑、美编、评论、检校到传版等各个环节，在这里均可一站式进行全流程运作。"最终"真正实现了做一份小时不间断出版的报纸"的理念。目前，越来越多的传媒集团打破办公室隔墙，建立新闻中心，实行"3600"生产，更多的"虚拟编辑部"、"滚动编辑部"破除了楼层之隔，加强了团队的整合力量。原来自上而下，只考虑怎么做好"安全生产"的思考方式，正被水平的网状的各个环节创意迸出的水平思考方式所取代。托马斯弗里德曼在《世界是平的》谈到："水平型的思考适用于从企业到教育到军事计划等的一切过程，从垂直性思考到水平性思考的转换是需要调整的，正如所做的那样，它将下属公司所有的员工看作一个巨大的个人专家库，根据项目的具体需求将他们水平组合成合作团队，这个团队可以成为拥有自己名称的事实上的新公司。"他进一步阐释垂直思维和水平思维的差异："垂直性思考经常要求你从问谁控制着什么系统开始的，而不是你想创造什么样的产出或者效应开始。"

9.2.2.3 媒介生产融合的决策力

媒介生产的决策力需要传媒的高层具有用于探索的勇气和敢于面对成败的魄力。更重要的是要结合传媒实际，准确的判断实践中的发展大方向，根据传媒内外部环境制定相应的媒体发展战略。媒体战略指的是媒体组织根据外部环境和内部条件确定媒体生存和发展的战略目标，并对实现目标的途径和手段进行总体谋划和具体实施以及进行控制的动态管理过程。战略决策，是传媒组织的权利流向、信息流向、资源流向以及资金流向的重新调整，而这个调整，正是未来组织发展变革的逻辑起点。战略思路正确，即时走了弯路，面前必将一片光明，战略失误，战术再精悍，最终导向失败。日本富士的失败是一个极其深刻的例子，在 20 世纪当数码技术兴起的时候，富士老总把 70% 的宝压在中国，认为中国发展慢，不可能一下子就能数字化，结果一夜之间，中国飞速发展，富士一败涂地。富士只看到了中国人在上世纪末出差美国，背着 30 个胶卷的壮观和自豪，却不曾判断到十年之后的中国人竟然怀揣着折叠后放入口袋的笔记本电脑生活。技术在飞速发展，而观念、市场……都在靠惯性缓慢向前推动着，面对一个暂时不真实的市场，暂时滞后的观念，对于发展形式的判断尤其重要。纵观国内成功转型的传媒无不都是具有鲜明、先进和可操作强的媒体战略目标。比如中央电视台全媒体发展战略中的"两个转变"：一是由重视国内向国际国内并重发展转变；二是由重视传统媒体向传统媒体与新兴媒体融合发展转变，并在政策、资金、人才等各方面资源的调配上予以倾斜，全面加快多语种国际频道建设、全球采编网络建设、国际网络电视台建设和全球卫星覆盖网络建设等等。"两个转变"突出了中央电视台面对竞争市场的准确定位，表明了其撼守自身传媒影响力的决心。面对激烈的市场竞争，新媒体的崛起，传统电视台的生存压力与日俱增。上海广播电视台特殊的地理位置决定了上海广播电视台必定在传统媒体的转型中眼光犀利，视野开阔，其发展中的"两个转变"媒体战略分别是：一是实现从为播出而制作逐步转变为市场而制作。二是实现从一个地方广播电视播出机构转变为一个面向全国乃至海外的内容提供商、发行商和服务运营商。"两个转变"战略实施，给的传媒实践带来了巨大的挑战。在全媒体发展战略准确定位后，避开与央视的正面交锋，扬长避短，以"不数一即数二"发展智慧进行资源整合，机构和业务重组，打造优质品牌集群，坚持以用户为中心，一步步实现"在播、在线、在播"的生产理想。再比如，烟台日报传媒集团社长郑强在世纪初提出被业界称道的发展全媒体思路的三个否定：一是否定新闻纸指出新闻纸不只是单纯的"纸"，而是一种显示终端和存储介质，类似于电视，电脑等；二是否定报业指出报业不是报纸产业而是内容产业三是否定报社指出报社不是报纸社，而是"服道社"。正确的定位给集团发展带来全新的发展方向，一个全媒体实践的构想正在慢慢变为现实。

中国目前传媒界的全媒体实践没有即成的经验可以借鉴，大家都是在摸索中不断前进，如何清醒地认识自己更好的定位是最重要的。比如，当下都在说"全媒体"，以为什么都有就是"全媒体"。其实不然，打造全媒体不能理解为"大而全"，也绝不是"小而全"。"全"中要有"特"，要有自己的特色，要有自己的拳头产品。同时，"全"也不等于什么全都由自己来做，做自己熟悉的，不熟悉的利用别人的资源、技术来做，可能更快更有效。

9.2.2.4 媒介生产融合的执行力

媒介生产融合的路径选择，是形式上的，媒体战略的制定更倾向于理论，具体有效的战术部署及后续的执行力是真正决定传媒得失的关键。首先，在资源整合和调配中，集团领导需要"田忌赛马"的思维和智慧，将各个要素协调一致，密切配合尤其是大型的传媒集团，内部需要处理好大局和局部的关系，比如有时是共获利，有时是牺牲某局部利益带来大局的繁荣发展，更要在对外的竞争中具有灵活的应变能力。SMG 的不同时期制定不同发展重点的做法值得借鉴，员工识大体、顾大局的意识也为集团发展平添助力。更需要业务能力和判断力强、具有一定宏观视野、管理才能等中层人员去维护集团利益，执行集团的战略意图。比如在全媒体战略中很多传媒组建新闻中心部门，优秀的新闻中心负责人是集团新闻事业的枢纽，是整个新闻生产的头脑，这颗"头脑"需要有长期在一线的新闻实践经验和价值判断能力，需要了解内外部竞争环境和竞争态势，更要懂得管理并帮助记者提升新闻采编能力，拓宽报道思路，还要有一定的创新意识和策划能力。最重要的是要有一支灵活机智，能打善战的记者和编辑队伍。记者编辑作为新闻生产的一线员工，直接决定了传媒战略的实施和战术的是否有效。数字技术下，多媒体内容采集与生产的复杂程度要远远超出任何传统媒体，生产要素的增加，使得生产难度增大，因此对于媒体从业者素质与能力的要求也更高。在全媒体生产实践中，尤其是记者面临着"全能记者"的严峻挑战。如果习惯了传统的生产方式而不能适应新的发展要求，迅速提高自己，或者不能适应的新生存方式，个人必将遭到淘汰。尤其是在新闻中心的大编辑部里，如果不能彻底改变"各自为战"的生产方式和生产思路，不能脱离过去小范围的新闻生产模式，集团发展必然受到阻。

发展要有创新的设想，要有好的发展思路，但关键还在于有没有执行力，这是传媒整体发展力的表现。良好的执行力甚至可以超出媒体发展的战略预期。同时，改革也不能盲进，在改革的过程中要"大胆假设，小心求证"。传媒业不但关系到国有资产的安全、保值问题，同时也涉及新闻宣传事业发展、国家安全、意识形态影响以及社会主义核心价值观的塑造。广播电视改革具有牵一发而动全身的重要影响。

9.2.2.5 媒介生产融合的凝聚力

如果我们把思考力比喻为大脑，想象力就是振翅高飞的翅膀，决策力是把控方向掌握平衡的尾巴，执行力是健壮的身体，凝聚力则是经络和血脉。只有这样传媒这只雄鹰才可以凌空翱翔。

凝聚力需要文化融合，传统媒体与新媒体在文化上存在着巨大差异性，打通文化环节，重塑媒体新文化是媒介融合的关键。先后在《芝加哥论坛报》和《底特律新闻报》担任媒体融合部门负责人的希诺乔萨认为，媒体融合的关键不是具体运用什么样的媒体平台，而是传统媒体文化要向媒体融合文化转变。美国在线和时代华纳世纪之初高调结合，随后又垂头丧气分离的主要问题在于两家公司的文化差异太大。各自固守自己的信念，没有包容的心态，报纸认为网络只有技术没有原创力，网站认为报纸与时代不相宜即将被淘汰，影响自身的发展。面对变革，人的第一反应往往看对自己的利益有没有损害，接下来想应该怎么做自己才能安身立命，这无可厚非。而传媒界的变革性质非同昔日。这场由技术引发的社会革命将带来整个时代的巨变，如果仅仅是从保全自己的角度出发恐怕要被融合的时代所摒弃。应该做的是在融合的时代，重新给自己定位，学会在合竞中生存。对于集团来讲，塑造一体的文化及价值观增强整个团队的凝聚力显得尤为重要。如果作为传统媒体的报纸和广播电视从业人员纤困于"文化偏见"的冲突中，面对潮流般的媒介变革，这无疑在作茧自缚。

想象力、思考力、决策力、执行力、凝聚力即鹰的一体两翼，只有全部备齐，才能展翅高飞。这不由得让人想起那个传诵已久又被反复证伪的寓言故事"当老鹰活到岁时，它的爪子开始老化，无法有效地抓住猎物。它的咏变得又长又弯，几乎碰到胸膛。它的翅膀变得十分沉重，因为它的羽毛长得又浓又厚，使得飞翔十分吃力。它只有两种选择：等死，或经过一个十分痛苦的更新过程。"川在改革和转型中，我们必须做出困难的决定，必须需要的是自我改革的勇气与再生的决心，必须把旧的习惯，旧的传统抛弃，使我们可以重新飞翔。

这就是传统媒体的现实。只有增强媒介融合力，才能提高新闻生产力，只有提高新闻生产能力，才能重塑传媒影响力。

※　9.3　中国媒介生产融合导向下的多样化和专业化生产

在中国共产党第十六届中央委员会第五次全体会议中，通过了《中共中央关于制定国民经济和社会发展第十一个五年规划的建议》。为了促进文化产业和我国整个国民经济的发展，规划中对文化产业和文化事业做了如下阐述："繁荣新闻出版、广播影视、文化艺术，创造更多更好适应人民群众需求的优秀文化产品。完善文化产业政策，形成以公有制为主体、多种所有制共同发展的文化产业格局和以民族文化为主体、吸收外来有益文化的文化市场格局。""十一五规划"从整个产业结构调整的高度，为传媒业的发展提供了开阔的视野。

随着我国文化体制改革的深入和"三网融合"的推进，除时政类型的节目外，其他的内容生产向社会全面开放，在市场利润的诱导下，为了占领信息产业及文化产业的制高点，越来越到的企业参与到内容生产领域中来。另外，随着网络媒体的普及，"社会媒体"的出现，网上生产内容越来越多，成为当前信息海洋的主要贡献者，其影响力逐渐引起传统媒体的重视并加以利用。

9.3.1 中国媒介生产融合导向下的多样化生产

彭兰教授谈到媒介融合研究现状时讲到"融合是近年来愈来愈炙手可热的一个词，虽然媒介融合的实践还只是初露端倪，关于媒介融合的理论探讨却已经为数不少。但是，人们谈到媒介融合时，更多的是关注'汇聚'、'集中'、'整合''合'的方面，而对于融合后的'分散'、'分化'与'分工'等'分'的方面，却还没有做出足够的研究。"

她进一步指出："实际上，从多个角度来看，融合只是一个手段而不是目的，合时为了更好地分，通过融合达到更高层次的多样化，这才是媒介融合的终极目标。"从一定意义上来讲，媒介融合突出了产品异质的重要性，融合是优势的相互借鉴，但是内容却不会因此变得单一或缺少创意。在媒介融合导向下，多样化的生产主要来自两方面因素：一是生产主体的增多；二是产业链的重构造成生产分工的精细化。

9.3.1.1 生产主体的多样化

过去的传媒生产是单一的、直线型的生产，生产主体相对单一，缺少内部资源整合及外部合作。比如传统报纸的采编制作，电视台的节目采编制作，多数属于这种媒体内部自产自销的生产模式。目前，从事信息内容生产的主体主要有两大阵营：一是传统媒体、新媒体或者具备传媒属性的企业，二是用户的自发信息采集制作。在第一大阵营中以传统媒体和新媒体生产为主，电信企业、民营企业正在迅速地向传媒业渗透。

1. 第一阵营的生产力

首先是电信业向内容生产业务领域的延伸。中国传媒大学广告学院院长黄升民教授曾经指出《媒介》杂志发表的一组封面标题为通信业的"媒体野心"的文章，将通信业今年的媒体布局进行了解剖。黄升民教授提到："通信业一直在建立和完善他们的媒体布局。他们有自己的手机报、手机音乐、视频内容基地、工等，有他们的运营平台、服务支持和营销推广，既有移动网，也有针对家庭的固网，他们的实力、整体的布局都很完整。他们意识到内容是短板，所以近年来着力强化内容生产，尤其是中移动，在全国各地分别建了不同的内容生产基地，而且规模都不小。"2005 年 5 月，中国移动与国内第一个获得 IPTV 内容制作牌照的上海文广共同成立了东方龙移动信息公司，推出手机电视服务。2006 年，中国移动先后与华友飞乐唱片公司共同打造中国移动无限音乐平台；从新闻集团手中收购凤凰卫视 19.9% 股份，把控流媒体的核心资源；与新华社联合开通了"新华手机报"。2007 年，中国移动与《人民日报》合作开通了手机报业务。2007 年 8 月 16 日，中国电信综合信息服务的专业化经营管理机构—中国电信集团号百信息服务有限公司成立，旗下拥有"号码百事通"、"电信传媒"、"电子商务"几大业务板块。而电信传媒更是凭借户外、网络、语音、平面、移动 5 大类近 20 小类产品的媒体产品，以及由技术催生的手机数码终端多媒体，再加上与广电合作的 IPTV，已经成为目前国内覆盖面最广、综合能力最强的媒体提供商之一。特别是电信传媒凭借在传媒资源上的强大实力，倾力打造 LED 大屏、网络视频、手机视频"三屏联动"模式，更是超越了现有媒体当前的传播境界。

另外，随着我国传媒界"制播分离"的深入，越来越多的民营企业参与到内容生产中来。据调查显示，在 2009 年公映的电影中，民营影视公司广泛参与了影片的制作。无论是《花木兰》，还是《十月围城》，越来越多的优秀影片的身上也都有"民营"的烙印在国家广播电视总局 2008 年 12 月故事影片备案公示中显示，经核审同意拍摄的部影片的投资商中，除了 6 部影片是由中影集团、长影集团和山东电影制片厂等单位投资外，其余的 92 部电影全部由民营影视公司参与投资，在影片投资比例方面，民营公司占到了 75% 以上。

最重要的力量来自于新媒体的生产能力不断提高。国内新浪、网易、腾讯、搜狐四大商业门户网站高举反盗版旗帜，不断加强自身的生产能力。2007 年由国家广电总局核发《广播电视节目制作经营许可证》的机构就有 2442 家。尤其是在新形势下，新媒体从业者已经意识到新媒体仅靠渠道优势发展过于狭隘，提高其生产能力，进一步完善产品质量迫在眉睫。在 2008 年，央视网作为北京奥运会互联网移动平台官方转播机构，牵头组建了奥运史上规模最大的新媒体转播联盟，受众规模达 2.31 亿，覆盖了中国 90% 的网民。早在 1999 年人民网就参加了澳门回归、历年"两会"等重大活动的报道，在 2005 年"两会"期间，开通了手机人民网。同年联合其他网站创办了"掌上天下"手机网站，成为重点新闻网站在移动通信领域中的旗舰。2009 年人民网手机电视正式上线，成为国内第一家拥有手机电视传媒的非广电机构。同年人民网的卫星直播车投入使用，并新建成大型的广播级演播厅、高水平的远程视频访谈室和具有专业水准的非线性编辑室，真正实现全媒体采、编、播的统一集成，音视频生产能力不断提高。凤凰新媒体以制作《凤凰非常道》等大型网络访谈类节目为开端，创办独具特色的网络视听节目，综合了电视化的制作方式与网络的传播手段，更强调节目的品质与策划性，使得节目同时具备电视的深度与网络的尺度。

"技术创造了新媒体，也创造了媒体的新价值，融合成为现代媒体的大趋势。"各生产主体间相互协作，利用各自优势形成互补，单兵作战开发不了或内容价值偏小，可以联合起来形成媒体内容联盟，不仅能享受丰富的内容资源，还节约人力、财力，开辟新的利润增长点，从而节约成本、优化配置、开发新品、打造强势媒体、拓展生产链条、拓宽利润来源。内容生产主体的复杂化，使得主体之间的生产合作会出现各种可能的形式，并会出现中创意和生产模式。

2. 受众参与下的多样化生产

马克·波斯特在《第二媒介时代》中指出："在电影、广播和电视中为数不多的制作者将信息传送给为数甚众的消费者，播放模式有严格的技术限制。但随着信息高速公路的先期介入以及卫星技术与电视、电脑和电话的结合，一种替代模式将很有可能促成一种集制作者、销售者、消费者于一体的系统的产生，该系统将是对以往传播关系的一种全新构型，其中制作者、销售者和消费者这三个概念之间的界限将不再泾渭分明。大众媒介的第二个时代正跃入视野"。随着互联网的使用的门槛降低，信息传播的权利正下移，马克·波斯特所说的第二时代就在眼前。

王菲在《媒介大融合》中首次提出受众具有生产要素的意义，她认为："传统媒介产业链是由媒介内容生产到渠道传输到受众接收的一个上下游流程。在新的环境下，数字终端具有了交互性和网络型，使得受众使用媒介的用途发生变化成为可能，即受众不仅通过终端媒介接收信息，还通过终端媒介创造信息、传播信息、，每一个媒介终端都有可能成为内容生产的源头，并且通过连通的网络传递出去，由此，在媒介产业链的终端出现了逆向生产的功能。"在通常意义上，一般将消费者看作受众研究，或者作为产品的一部分研究，因为在这一循环中，受众既是传媒产品内容的消费者，也成为传媒产品的一部分，被广告主所消费。而数字技术、网络技术带来了双向传播的可能，在新的传播模式中，比如互联网上，每个人既可以是传播者，也可以是发布者。以往新闻传播过程中"传播者"和"受众"的界限，在这里已经变得模糊，甚至可以说已经是合二为一。

受众参与内容生产在数字媒体兴盛之前的传统媒体中已经存在，比如 2006 年《福州晚报》的《新闻你来拍》栏目，定位是普通读者拍摄的新鲜、感人、有趣的新闻照片，是福建新闻界第一个专门为读者设立的图片新闻专栏。创办 3 年来，已经刊发 600 多期，刊登读者照片 3000 多张。2007 年被评了"互动电视《新闻你来拍》摄影大赛"，大赛吸引了数千名市民参加，互动网站刊发市民参赛照片超过 1100 张。再比如，电视媒体利用信件、电话与受众的交流等等，都是受众参与生产的基本形式。但是因为可操作性差，受众参与的程度和规模在一定程度上受到影响，因此未能形成一定的气候。数字技术和网络技术的到来使得互动易如反掌，唾手可得，其所带来受众的逆向生产功能空前强大，比如博客、播客、微博、NSN、RSS 等的兴起，TouTube 社区的受热捧。"社会媒体"、"公民记者"的出现，"公民新闻"的成长，满足了纷杂的信息化社会中，平凡大众内心渴望交流、要求表达的欲望提供了专业记者能力所不及时空里所发生的大量内容资源。媒体的新闻源空前膨胀，传统媒体利用博客、微博可以完成一系列内容生产的策划、创意、实施、发布各个环节，调动了生产链条上的一切生产要素，使生产规模扩大化，生产模式多样化，生产效果优化。美国著名独立网上杂志《沙龙》谈到："我们已经很难找到一个还没有将博客纳入其内容创造和发展战略的传统媒体公司。诸如《纽约时报》已经超过 50 个关于时尚到科技的专题博客。"另外，随着 3G 技术的日臻成熟和智能手机的普及，诸如循环移动传播公司叩推出的 MoKo 等创新项目越来越受到青睐。用户在手机社区中不仅可以参与并建立自己的聊天室，更可以自由创作，生产内容。手机电视、手机网络的市场潜力巨大，未来的市场竞争将越来越激烈。有研究报告称，到 2010 年全美国发生重大事件中有可能普通公民个人首发新闻所占比例达到 70% 或者更多。也就是专业媒体第一时间发布新闻、表达新闻这方面已经不是绝对优势，它的市场份额逐渐被公民新闻运动的浪潮所挤压。

9.3.1.2 生产分工的精细化

作为在市场横纵蓬勃发展的传媒业，随着生产力的提高，其生产流程的精细化是必然趋势。以目前国内传统媒体新闻生产为例，其大编辑部下的新闻生产，重塑了一个多环节的生产链条，在这个生产线上，新闻的生产和发布更为复杂，生产层次和发布渠道的增加使得分工合作、协同作战必不可少。媒介融合时代的新闻报道会在更高层次上形成一个大的报道体系，报道不再是单落点的、单形态、单平台的，而是将在多平台上进行多落点、多形态的传播。报纸、广播、电视与网络是这个报道体系的共同组成部分。而要构建这样一个大的报道体系，生产流程的细化更是必要的。数字技术使得分工精细化成为可能。托马斯弗里德曼谈到："计算机变得越来越便宜，越来越普及，软件的发展也突飞猛进：电子邮件，像 Google 这样的搜索引擎，以及能够分解工作环节的专门软件，工作环节被分解后，就能将一部分发送给波士顿，一部分发送给班加罗尔，一部分发送给北京，远程开发变得更加得心应手。"他进一步指出"当所有的这些变革在 2000 年左右突然集中到一起时，奈利卡尼说他们创造了一个可以将知识工作和知识资本自由传送的平台，这一平台可以将各种工作任务分解、分配、生产合并最后组合到一起。"

媒介的融合并不意味着媒体要什么都做，目前传媒产品生产的产业流程非常复杂，其产品构成多变，生产中对于技术的依赖越来越强，因此在现实的生产中，媒体进一步细分，行业进一步细化，传媒生产的产业流程的专业分工更加精细化。媒体在业务融合的趋势过程中，其定位则进一步细化。融合不等于同质化，而是在于打破原有的报纸、广电、网络的限制，在于重新定位后的差异化业务拓展。

9.3.2 中国媒介生产融合导向下的专业化生产

生产的多样化和分工的精细化，有利于每一个环节的生产质量的提高。另外，在日趋复杂的多样化生产背后，是受众在"信息海洋"里对于适合自身的高品质多样态内容的选择，因此，传媒生产"内容为王"的传统不但未曾颠覆，反而注入了新的内涵。

9.3.2.1 专业化生产的驱动因素

1. 受众的个性化需求

受众的变化我们已经在第二章中做过阐述，其典型特征之一是受众的"碎化"，受众个性化的需求被各种互动式的新媒体彻底激发。于是，无论是传统媒体还新媒体都试图通过不同的渠道无缝覆盖尽可能多的受众，我们看到：诸如电视等传统媒体更加细分为手机电视、网络电、车载电视等等。为了满足受众更加个性化的需求，传媒更加深入研究自己的受众，更加重视产品的开发和新节目形态的研究。比如近几年随着流媒体和移动多媒体技术的发展，出现的专门为流媒体平台网络、手机、户外屏等制作的小型流媒体剧等等。

融合不等同于替代和取消，面对个性化需求旺盛而"挑剔"的受众，产品更加多样化和专业化。事实上，在索取丰富信息的意愿背后，人们日渐因意识形态、价值与生活风格的不同而分化，单个受众对于有效信息的需求实际上却是简单的，即获取"更多有效的异质信息"。融合使人们在需要新闻时以他们想要的形式得到新闻，而不是希望受众去消费网络和报纸制作者制作的内容。融合是传媒生产以受众为中心的导向变化。在报业数字化的进程中，新老媒介业务形态和产品内容的整合并不意味着产品类型的单一化通过聚合加工的产品能够更加方便地实现相互嵌入、重组，从而产生更多样的版本，满足受众多元化、个性化的需求。华尔街日报对"微内容"的打造，就很好地展示了报纸如何由单一的新闻提供商，转向信息供应商的经验路径。

2. 海量信息中的价值诉求

其实，我们在感言信息海量的同时，也在感慨自己在信息海洋里的惆怅和迷失，一是"海洋"里导航系统还不是很完善或者还没有达到尽人可用的程度，另一方面信息较之以前确实以指数级增长，但是大家同时也产生这样得到共识所需要的信息，或者更加专业的信息却如冰山一角。2007年，美联社组织了一次针对美国年轻人新闻消费习惯的调查显示："丰富的信息和随手可得的选择，并没有带来一个对新闻消费者更加优质的新闻环境，这是一个信息过剩的时代，年轻人表现出更多的新闻倦怠，他们迷失在信息海洋里被过剩的信息和不愉悦的信息拖得筋疲力尽。"波兹曼对于电子媒体出现后信息过剩的描述在今天更加放大化了。波兹曼认为越来越多的信息脱离社会环境和精神环境，从而与受众无关。他用柯勒律治关于"到处是水却没有一滴可以喝"的著名诗句来形象地描述这个"失去语境"的信息环境"在信息的海洋里，却找不到一点有用的信息。""现代技术彻底改变了人们对于信息的态度过去人们是为了解决生活中的问题而搜寻问题，现在是为了让无用的信息派上用场而制造问题。"网络等新媒体海量的信息内容只能满足受众浅层次的信息需求，这也凸显了高质量信息的供应不足，传统媒体在重新整合信息，挖掘深度，提供高质量高品质的信息服务上堪此重任。传统媒体面对多元丰富，但同时又是逻辑混乱、主旨各异、良莠不齐、甚至是互相抵悟的内容"自助餐"，提供"精心配置"的逻辑清晰、主旨明确、规格严整的内容"营养餐"的社会责任感与日俱增。乔布斯的一句话直击人心："世界并不需要改变太多东西，因为人性是永恒的。"

信息海洋的核心点不仅仅是信息很多，更核心的是，同样的信息更多。而身处海洋中的我们的困惑，并非是没有信息，也不是信息过载，而是重复信息，让我们疲惫不堪。'在全媒体生产的大背景下，虽然大家实现路径不一样，但是目标一致实现多介质传播。因此你全我也全，同质同形的情况不可避免。因此，现实中的融合使传播呈现出立体的形态，重要的信息将同时出现在报纸、广播、电视和网络中，如何避免同质化，从不同的形式和视角进行展现，要求生产者以更专业的精神提供更专业的发布在不同平台上内容产品，这要求生产者具备多媒体信息整合能力，努力成为一专多能的新型媒体人才。

9.3.2.2 融合带来的专业化生产

传统媒体在实践工作中，应该把握融合的有限性，不要在新媒体的技术漩涡中迷失自己。充分把握传统媒体的传播优势，以专业的惯性思维创造专业的内容。

1. 新生产方式层出不穷

传统媒体的生产中"不知道自己的受众在哪里"，随着新媒体的出现，传媒受众群的研究变得越来越有针对性。无论是互联网还是手机，都可以通过智能更新及动手段，建立客户资料和消费行为数据库，从而突破了传统意义上的以人口统计学方法来划分目标群体的局限。细化目标群的设定有利于提供消费者所需要的个性化信息，都可以建立用户数据库，从而进行精准营销。著名经济学家汪丁丁在《网络经济的三个经济学原理》一文里谈到，由于信息在网络经济里传播的成本越来越低，使"大规模的量身定制一。"成为可能。因为在传统经济里，为特定客户"量身订制"是很昂贵的，通常意味着特权价格包含一部分"炫耀性消费"的价格和超额利润。但是网络彻底改变了这一局面，信息的充分传播，使任何特殊款式的商品都面对着一个不受地域限制的潜在市场，而且最重要的是集结这一市场所需要的费用正在以网络经济的扩展速度迅速下降。

平台层出不穷，平台联动的节目形态逐渐被人熟悉。2011 年的央视网络春晚节目同时可以在 CCTV-3、国家网络电视台、手机电视、IPTV、车载电视收看，满足了不同平台受众的收视需求，并通过互动打造了一场用户积极参与的网络春晚盛宴。超级"看吧"是百视通工最新改版的垂直频道，通过某一特定的主题，例如将与某导演、演员相关的影视剧、新闻报道、娱乐资讯等组成一个个专题，观众在观看大片时可以通过观看拍摄片花了解台前幕后。同时，用户还可以一边观看电视，一边关注或同时购买影片主人公穿着的同款式时装、明星偏好的化妆品，还可以玩与影片关联开发的互动游戏等等。百视通公司内容产品中心总监徐越指出："通过看吧，节目不再独立于一个个栏目里，而是相互关联成为一个有机的整体，用户不用费劲去搜索寻找。看吧改版后收视情况和用户粘性均有大幅增长，说明这一改版是符合观众收视习惯的。"最近，东方卫视首推电视论坛交互节目《东方直播室》，融电视、网络、手机三种传播手段于一体，尝试把网民实时接入节目现场，针对热点时事，与主持人、专家评论员、话题当事人进行对谈辩论的新颖形式，成为关注焦点。除通过网络，观众还可用手机短信发布留言，参与字幕互动。这种融合的节目形态打通电视与网络、手机的交流渠道，为受众互动参与、反映社会各方意见，打造了一个畅所欲言的新平台。

节目形态发生了重大变化，以新闻为例，从新闻的定义到新闻的报道形式都发生了迁移，甚至新闻编辑部组织结构也发生了重大变化，约翰.V.帕夫利克说"传统的新闻编辑室几乎是按照军事单位那样的线性结构组织的，有一位强有力的出版人、编辑或者新闻制作人管理者一个等级森严的组织。决策产生于一系列强有力的命令。而在线的新闻编辑室则更多地倾向于将全力下放，采取更灵活的组织模式，特别是那些原创的网上新闻编辑室，他们展现了一种更前卫、适应性更强的企业文化。"新闻价值的"及时性"变为"即时性"，新闻生产逐渐故事化、碎片化、过程化。新闻报道不再受截稿时间的限制，在过程中挖逐渐掘新闻主题，在碎片化中还原新闻的本来面貌。

新闻生产节奏发生变化，打破了以往传统媒体有具体截稿时间的编辑节奏，随时编辑随时截稿的生产成为常态。水母网的副总编辑告诉笔者，水母网工作时间分早、白班，早班是 6：30-16：00，白班时间是 8：00-18：00。早班的工作人员 6：30 到单位进行新闻源的搜集汇编，早班工作人员 8：00 对网页在整理的基础基础上对网页进行调整、更行，并在8:00-10:00网络高峰时间段保证良好的互动，并在调查的基础上为下一步内容做好铺垫，以备下午3:00-4:00的第二个网络高峰。

不同平台的新闻生产具有不同专业特点，网络新闻生产的编辑不仅仅要坚守传统媒体传播编辑的价值观，还要考虑作为新媒体的技术特性。比如为了提高网络新闻的点击率，迎合"搜索引擎决定你是谁"的新媒体传播变革性，网络编辑要考虑新闻标题的搜索引擎最优化。笔者在SMG调研时在第一财经了解到，第一财经网络目前主要工作有两方面：一是把频道没有播出片子或者记者的拍摄花絮，经过重新编辑播出另一个是把已经在频道播出的视频碎片化，以最佳搜索关键词形成专题"碎片"。比如财经频道的编播部专门设有咨询组负责传统媒体与新媒体融合生产。《财经关键词》是频道上播出的品牌栏目，节目主要解读财经领域的四个关键词，经过财经网络编辑后，将会以每个关键词为专题，进行所谓的"碎片"化拆分处理，在网络上再次发布。随着第一财经设立专门的采访部，电视队伍不断壮大，与网络的生产融合不断走向深入，新的形式也会出现。随着Web2.0发展，传统媒体以编辑为中心的编辑概念甚至被颠覆，编辑主导权从网络编辑手里分离出来，媒体使用了大量的"用户生成内容"。

新闻报道形式也在不停地发生变化，直播已经成为常态。今天的广播电视新闻，更强调在新闻现场的真实报道，新闻直播与现场报道已经成为传媒常态化的主流报道形式。传媒之间新闻源头的竞争已经减弱，现场形成观点的能力的较量，新闻解释权的竞争在不断加剧。如何提升记者在现场生产制作新闻的能力，也成为新闻与传播学界关注的重点之一。

2. 高品质内容与日俱增

尼葛洛庞帝在《数字化生存》一书中指出："针对电视的未来，我们仍然在讨论着错误的问题，即那些关于画面质量的问题……几乎所有关于电视升级换代的研究都把目标瞄准影像显示的精致化，而不是节目的艺术性。"尼葛洛庞帝指出，人们是否观看电视在很大程度上与画面质量如分辨率等无关，而与内容紧密相关，数字技术的重点应该是提供更多更好的内容。否则就会成为布鲁斯·斯普林斯汀所说的"空中57个频道，却毫无内容"。尤其是新媒体出现将节目内容和屏幕分配做出区分，使得内容生产和传播形式的分离，内容供应具有市场独立性之后，媒体之间的竞争更加激烈，要想获得更好的生存空间就要更好地突出节目特色，走内容的精品化的路线。

仍然以新闻生产为例，媒介融合无论是对记者、新闻本身还是受众，意味着更好的选择。融合使得记者视野开阔，从单一媒体中解放出来，在更大的坐标上来考量自己的位置，有意识或无意识中选择在最适合自己的媒体上做节目；不同的新闻在不同的媒体上，以不同的报道形式进行报道受众则选择适合自己的媒体进行接收信息。由此我们看到融合的本质是最优选择，各归其位。美国密苏里新闻学院博士章于炎等人通过调研绘制了从媒介融合到竞争优势的发展轨迹图，以探究一系列媒体现象的发展轨迹，从媒体融合到优质新闻业务理论、规模经济和范围经济，媒体组织由此获得更多盈利，从而具有竞争优势。

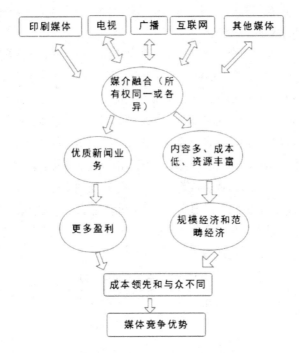

从媒介融合到竞争优势的发展轨迹图

在今天这样一个时代，缺少的不是新闻，缺乏的是能够真正服务公众并正确引导公众的新闻事实。数字时代将记者从 20 世纪新闻业认为技术造成的截稿日期的错乱中解脱出来，由此开启一个更少的由时间而更多地由事实和报道准确性的需要决定的新闻时代。当下的新闻竞争，从对新闻源的竞争不断地过渡到对新闻解释权的竞争，以独特的视角透过现象看到本质，从而形成独家的观点、独立的思考、独特的报道形式，成为传媒影响力的关键构成因素。"华尔街日报体"新闻写作方式的出现是报业独辟蹊径的创新，其以写故事的手法来写新闻，将一些枯燥、干瘪、索然无味的硬新闻，写成有较强可读性、易读性和趣味性的软新闻，成为新闻界创新和个性编辑的标杆。传统媒体有太多的有关内容生产的好方法，从选题策划、标题写作、影像编辑····一直到输出。但是，时代在变化，内容生产需要适应受众的需求并与时俱进，在创新中不断完善自己。比如目前出现在传统媒体的大编辑部式的新闻中心的生产，记者需要用多媒体的思路考虑如何表现新闻主题，在不同平台上用最合适的形式进行报道。编辑得到进一步解放，新闻中心使编辑从直面面对记者的烦琐管理中抽身出来，专门进行节目的编辑工作，编辑的专业性增强。StephenQuinn 在《融合新闻多媒体报道基础》中认为："随着新闻来源和信息渠道的剧增，在多种媒体融合的新闻编辑部中，记者、编辑的主要职能已经不是采集新闻，而是对浩如烟海的新闻和信息进行筛选和重新组合，使这些杂乱的信息呈现出相互联系和深刻意义，并使其转化为知识。新闻从业者的工作也因此在某种意义上成为知识生产与管理的工作。"以数字化平台为中心的新闻生产方式，实现新闻共享的同时，改变了原有的生产方式和传播方式，极大地解放了新闻生产力。

目前的传播格局正在朝向全媒体立体化的信息传播格局发展，从传媒角度来看，H·拉斯维尔"五W模式"中各个要素必将经历以下几个阶段。作为传播者的传统媒体由原先的至高无上的角色地位，在渠道资源不断被稀释的情况下，逐步走下神坛，不得不逐步以协商、共建的姿态确立自己的身份和地位。信息则经历了由传统媒体生产的单一形态，到以网络为代表的新媒体参与生产的信息海洋的生成，再到传统媒体转型、新媒体生产能力提高后秩序的信息海洋确立阶段。媒介形态经历了由单一向多样化过渡，并快速地进入到多样化的专业化阶段，媒介形态逐步成熟，媒体特性也更加突出。作为信息接受者，随着媒介环境的改变，被动阅读的状况得到改善，由渠道激增带来方便阅读一跃为便携、移动、个性化阅读。单一的、带有宣传效果的传播效果，经历了多元化阶段之后，逐步构建起一个全媒体立体化的全景式信息传播格局。

"五W模式"中各要素发展阶段

五W	第一阶段	第二阶段	第三阶段
传播者	至高无上	协商	共建
信息	单一	信息海洋	秩序的信息海洋
媒介	形态单一	多样化	多样化、专业化
接受者	被动阅读	方便阅读	便携、移动、个性化阅读
传播效果	单一宣传	多元化传播	全媒体立体化全景信息传播

※ 9.4 中国媒介生产融合案例分析

传媒界的全媒体理想是谋求不同媒体的分层传播，达到对受众"碎片"的无缝覆盖。受众"碎片"体现在阅读需求的多元化，阅读时间的碎片化，传统媒体自上而下的固定时间固定地点的传播方式与受众发生了严重断裂。为了重新维系这种关系，传统媒体以"碎片"应对"碎片"，而传媒的"碎片"可以拼接成一个无缝的传播大网，企图将更多的受众罩于网下。报纸被公认为是最为传统的媒体，原因之一是报纸较其他媒体出现的时间早，历史长。另外，在不同媒体通过分层级传播，完成对受众的时间碎片的无缝覆盖的过程中，如果将全媒体视为一种以文字、图片、音视频、图标和动漫的多媒体形态展示在报纸、广播、电视、网络、手机作为一种目标，报纸距离这个目标最远，因此报纸在迈向全媒体的道路上做出的努力是巨大的。传统媒体热情洋溢的进行"全媒体实践"，新媒体则殚精竭虑于"内容原创性"的追求。其实，笔者个人认为，在目前的传媒格局中，处于两极的传统的报纸和最为新锐的新媒体变革的脚步最为迫切。一个急于找到新形势下的适合时代发展的新路径，一个迫于找到除了渠道优势之外更深刻的生存方式。但报纸和新媒体比较起来，报纸的变革难度更大，因为相对于新媒体的"立新"，报纸作为存在已经的传媒，需要做的是"革新"，"革新"意味着打破改建，任重而道远。打个比喻，发展新媒体是装修新房子，无限创意，任意发挥。变革报业就像是把自己居住年久的老房子重新装修，思路受限，杂事羁绊，感情上割舍不断，无法充分发挥想象力。而传统媒体从事新媒体业务，就好比把故宫改装成白宫，难度可想而知。而烟台日报传媒集团的改装却以"闪电"般的速度赢得了业界的刮目相看。

9.4.1 烟台日报传媒集团的新闻生产流程再造模式分析

传统报业所面临的危机，前面章节笔者已经做了论述。2009 年，全国有中报刊以调整、兼并、重组、停办等方式推出市场。曾被誉为"媒体中的媒体，新闻中的新闻"的中央级媒体《中华新闻报》的倒下已经为所有报刊媒体敲响了警钟。`报业已经处在生死存亡的十字路口。在中国纸媒的改革大潮中，地方纸媒是急先锋，一是跨区域运营使得地方媒体竞争压力空前增加，二是作为地方媒体，机构相对小，船小好掉头。三是地方传媒是地方政府外宣的主要窗口，因此有益变革受到地方政府的大力支持。烟台日报传媒集团在烟台日报社的基础上于 2005 年 9 月改组成立，2009 年 12 月，以股权出资的方式，与烟台蓝天投资控股有限公司合资成立华夏传媒集团公司。至今，集团的媒体规模不断扩大，现在拥有"十报两刊五网一社"。业务范围涉及报刊营销、新闻出版、媒体广告、印务、文化产业投资、物流配送、企业财务及投资咨询、数字媒体影视制作等等。

9.4.1.1 全媒体发展战略定位：三个否定

在应对竞争的多年发展中，烟台日报报业集团在烟台本地传媒市场上处于明显的强势地位，《烟台日报》和《烟台晨报等主要报纸占据了烟台报业市场的大部分份额，整个发行网络被烟媒牢牢掌控。烟台日报传媒集团社长郑强在世纪初提出被业界称道的发展全媒体思路的三个否定：一是否定新闻纸指出新闻纸不只是单纯的"纸"，而是一种显示终端和存储介质，类似于电视，电脑等；二是否定报业指出报业不是报纸产业而是内容产业；三是否定报社指出：报社不是报纸社，而是`服道社"。正确的定位给集团发展带来全新的发展方向，一个全媒体实践的构想正在慢慢变为现实。

2006 年 10 月 28 日，烟台日报传集团开通 e-Paper，全球尚属首次的电子报刊发布：2007 年 10 月 29 日集团成立"1029 项目组"，研制开发全媒体数字采编复合出版系统；2008 年 7 月 1 日集团正式组建全媒体新闻中心，全媒体采编系统正式上线；同年 8 月 24 日，

"全媒体数字复合出版系统工程"通过了国家新闻出版总署的验收。烟台日报传媒集团阔步踏上全媒体实践的征程。

9.4.1.2 搭建多元化全媒体发展框架

1.三级梯次格局

为了确保集团持续健康发展，烟台日报传媒集团的产业在长期的发展中，逐渐形成了以新闻出版为主业，核心业务、成长业务、新兴业务三级梯次配置格局。集团根据各梯次的业务特点和规律，制定了不同的发展目标，给予相应的资源投入。首先，核心业务以利润增长为首要目标。主要以烟台日报、烟台晚报和今晨6点以主，通过三大主体报业内容创新与服务增值，保持并不断挖掘本地市场份额潜能，保证集团的良胜运转。第二，成长业务上增加投资，维持其良好的增长率，进一步扩大全国市场份额，逐步实现替代核心业务或与核心业务并驾齐驱的目标。成长业务主要以华夏传媒集团公司、华夏酒报、光速影视公司、370女人/优格、黄海数字出版社、直投杂志、创意策划、今日系列社区报为主。最后，以实现集团找到新的增长点为目标，积极探索新兴业务，主要包括网站、数字报刊、电子纸读物、烟台手机报、业务、集团官方微博等，进行全媒体业务尝试。

集团积极实施多元化战略，采取多种投资方式并用，进行低成本扩张。其中，水母网是集团的新媒体代表。水母网是集团于2000年12月28日创建的烟台市第一家大型新闻性地域门户网站，目前已经成为烟台市最权威的媒体之一。经过多次改版的水母网，栏目由原来的78个增至现在的270多个，实行新闻二十四小时滚动播出，并在全省首次实现了音视频信息直播功能，网站已经成为烟台日报传媒集团集文字、图片、音视频、动漫等形式，提供信息和增值服务的综合信息平台。

类型		名称	定位
传统报纸	日报	《烟台日报》	定位与机关、职场、致力于树立主流政经大报的品牌形象
	晚报	《烟台晚报》	塑造平民化的家庭报纸
	晨报	《今晨6点》	打造年轻、时尚、前卫的都市报
	行业报	《华夏酒报》	全国发行的权威主流经济新闻报纸
期刊		《370女人》	以都市成熟女性为受众的情感杂志
		《优格》	定位中高端市场的新锐杂志
网络媒体		水母网	烟台地区第一新闻生活城市门户
		光速资讯网	城市公共视屏新媒体
		黄海数字出版网	黄海数字出版社的官方网站
		中国酒业新闻网	华夏酒报官方网站

类型	名称	定位
数字报纸	移动报	手机报、Iphone、银钮、手机SP业务
	电子纸读物	电子报纸-E媒介；电子杂志
	数字报纸	旗下各个报纸的网络版
出版社	黄海数字出版社	出版图书、音像制品

2. 统一的岗位等级管理矩阵

尊重每个媒体的主体地位，集团中媒体不分大小，享受集团的同等待遇。党报在历史的发展过程中享有特殊的使命和地位，因此在各地区以党报为主组建的集团，大都是"报办集团"，造成了集团内部媒体的"三六九等"，严重影响了按市场运作下合理的资源配置规律。集团意识到这是流程再造的关键点，先后在组织架构和内部管理上进行深度调整，改"报办集团"为"集团办报"，为全媒体运作铺垫基础。目前，集团所有的媒体都纳入统一的岗位等级管理矩阵，纸媒中没有子母报之分，《烟台日报》、《烟台晚报》、《今晨6点》三张报纸同一级别，由集团任命所有报纸的总编辑，集团各报以事业部的形态与集团管理职能部门、直属企业并列。集团所有媒体员工纳入一个岗位等级矩阵和绩效考核体系，为整合各媒体采访资源成立全媒体新闻中心提供了基础。

9.4.1.3 新闻生产流程再造模式分析

1. 新闻生产流程再造的理论依据

新闻媒体出版集团道琼斯公司是世界一流的商业财经信息提供商，旗下拥有报纸、杂志、通讯社、电台、电视台和互联网服务。道琼斯公司关于信息资源管理的"波纹"理论对烟台日报报业集团的发展具有指导意义。"波纹"理论的基本思路是当一个新闻事件发生时，其影响面就像被一颗落入水中的石子激起的波纹，迅速扩散开来。道琼斯在新闻生产方面将此理论发挥到极致一条新闻可以售卖七次。当一个新闻事件发生时，道琼斯通讯首先提供第一次的报道然后跟进的是世界上最早赚钱的媒体网站华尔街日报新闻网站；接着是道琼斯和 GE 合资的 CNBC 电视台对事件进行报道琼斯广播继续跟进报道然后才是最负盛名的《华尔街日报》展开更详细的报道；最后《SmartMoney》等系列刊物对新闻事件进行深度报道。最后一个环节是新闻事件入库，由道琼斯和路透合资的商业资讯数据库Factiva 进行数据处理，供收费用户检索。至此道琼斯的新闻生产告一段落，其"快讯—消息——新闻报道—深度报道—新闻评论—数据库查询"一系列的内容产品提供完成。从而最大限度地降低边际生产成本，最大化地产出综合收益。

在此基础上，烟台日报传媒集团重新找到自己在新闻传播层级中的位置，整合集团资源，启动全媒体新闻中心式的新闻生产，以实现一次采集，多方编辑，多渠道发行，多次售卖的目标。

2.新闻生产流程再造的主要环节

从2008年至今,烟台日报传媒集团在摸索中前进,面对困难,集团齐心协力共渡难关,集团上下表现出了巨大的凝聚力。全媒体生产在青涩初期逐步发展成熟。全媒体新闻中心副主任赵先超感慨颇深地告诉笔者"集团实施初期实施﹁全媒体﹄战略时,业内很多人士提出质疑,认为﹁全媒体﹄只是概念的游戏,其发展趋势难以预料。在备受关注中,集团从2008年发展至今,先后解决了实践中不可避免的问题,经历了实验、整合、融合阶段。从效果上看,全媒体的运作加快了集团新闻传播时效性,整合了新闻资源,提升了集团的品牌影响力。目前,集团正处在全媒体深度融合阶段。"

（1）流程再造之—全媒体数字采编复合出版系统

原有的新闻出版流程遵循传统媒体单一的媒体新闻生产的模式:当新闻事件出现时,《烟台日报》、《烟台晚报》及《今晨6点》等子媒的记者全部到场,然后各自选题,选角度,根据子媒特点进行编辑,分别在不同的版面传播,信息传播将按照纸媒、网络、电子纸、手机报的顺序进行。就生产流程适合单一媒体的生产方式,无法充分发挥新媒体,尤其是集团层面在传播方面的优势。基于实现低成本采编,多层级传播,产出增值最大化的目标,集团大刀阔斧地将新闻生产流程进行颠覆性的再造。

2007年10月29日,集团正式成立"1029项目组",开发全媒体数字采编复合出版系统。2008年7月1日全媒体新闻中心正式组建,全媒体采编系统上线。新闻生产上升到集团层面,由集团统一采访选题策划、统一新闻报料处理、统一全媒体报道统筹、统一资源调配、统一全媒体考核。记者全部集中在新闻中心,新闻事件发生时,记者到场采集文字、图片、音视频等素材,通过集团配备的iphone传至数字采编复合出版系统,各个子媒体在集团的整体运作协调下,按照先手机等传播即时性要求高的新媒体进行发布,后纸媒跟进深度报道的方式进行传播,实现一次生成,多次开发利用的传播效果。集团再造的新闻生产流程在实践中发挥了应有的优势首先,整合了集团资源,新闻生产流程得到优化,推动集团从报纸产业向内容产业转型。第二,新闻生产符合新形势下的传播规律,尊重不同媒体的传播特性和功能,整合新旧媒体,按照从手机到纸媒的传播次序,达到了最佳传播效果。第三新闻产品以多形态呈现,通过多渠道发布,经过多次滚动售卖,集团获取最大化的增值收益。

烟台日报传媒集团自主开发的"全媒体数字复合出版系统",支持文字、图片、音频、视频、文件、联系人等多种信息上传。操作界面上共有个人平台、线索、策划、任务和审核、待编稿库等9个功能模块,从而实现了集团的用户管理在各个子媒系统间实现无缝对接。例如,过去每个媒体的热线线索各自分散管理,系统上线后,线索来源集中在同一平台上,无论是来自热线电话、电子邮件甚至QQ/MSN的线索会被统一管理。所有的记者和编辑在各自的权限内可以方便地浏览和选用,选用记录和选用后的稿件以关联的方式同时会呈现在平台上。

再比如，系统实现了统一的选题管理。新闻中心和各个子媒统一行动，分工协作，在平台上，可以一起完成选题策划及素材准备工作。该选题产生的素材情况在平台上一目了然。另外，任务的布置和完成任务的情况，都可以在平台上记录保留，方便了基于数据库的绩效考核。同时平台支持本地写稿、远程写稿，支持多终端出口，为使用者提供了方便服务。

基于全媒体数字复合出版系统的流程再造，是从集团层面的资源整合，通过一次性内容采集，完成新闻信息初级新闻产品—深加工—排列组合—多样的新闻产品的多层级开发。使集团从"第一时间采写"向"第一时间发布、即时滚动播报"转变，提高媒体集团综合竞争。由此，烟台日报传媒集团也逐步形成了一个全新的新媒体业务方阵—"m（Mobile product）移动产品 +i（integrated product）集成产品 +d（desktop product）。桌面产品"。包括了集团的移动产品如手机报、iphone 银钮、手机 SP 业务、电子纸阅读物等；集成产品如黄海数字出版社、光速资讯网等；桌面产品如水母网、黄海数字出版网、中国酒业新闻网、37·女人网、官方微博（YMG 广播网）、YMG 官方博客等。烟台日报传媒的新媒体产品逐步形成品牌化的影响力，集团聚合全媒体之力打造了一个统一的 YMG 品牌。

（2）流程再造之—全媒体新闻中心

2008 年 7 月 1 日集团正式组建全媒体新闻中心，相当于集团内部的"通讯社"。《烟台日报》、《烟台晚报》、《今晨 6 点》的记者集中在新闻中心，共同完成新闻的采集任务。新闻中心的架构有三部分组成：一是综合部，在新闻中心内起着指挥作用，是新闻中心的大脑，并负责各个子媒体之间的协调配合。二是采访部，主要负责日程的新闻采访工作，根据不同的领域分为时政、城市、县域、热线、财经、文体部和新闻评论部。三是媒介融合与数字信息部，负责媒介融合业务探索、稿件的二次标引、背景资料的搜索机针对大事件的前期资料整理和音视频素材的编辑整理工作。笔者调研时，在报业大厦三层的全媒体新闻中心，感受到一个敞开式的办公氛围。记者忙忙碌碌的身影，在验证着办公室入口处张贴在墙上的名人名言，及对"媒介融合"构想的集团理解。全媒体新闻中心在整合之后，记者队伍明显"瘦身"，由原来的百余人，下降到 70 人左右。记者的条口分配较之以前更加细化，根据记者的不同情况，部分记者同时肩负多个条口，保证了新闻源的全网覆盖。记者从子媒体中脱离出来，其身份统一为 YMG 记者，YMG 是烟台日报传媒集团作为品牌影响力推出的英文标识。

在实践全媒体的过程中，集团时时在为使收益最大化调整着自己的办公结构和方式。集团从整体层面进行资源调配，根据具体需求以不同形式组合成合作团队。集团不仅打破了办公室的墙壁之隔，建立新闻中心，而且还打穿了楼层间的地板之隔，组建特别工场。YGM 特别工场是一个虚拟组织，有重大选题或者是重大的新闻事件发生，由全媒体新闻中心牵头，临时抽调人员组成。其实在报业大厦里，除了新闻中心的记者全部集中在三层，其余的员工会根据实际需要同桌办公，比如水母网的副总与新闻中心时政新闻部副主任并桌办公，以便于信息沟通。

（3）流程再造之—全媒体内容生产链。按照道琼斯波纹信息传播理论，集团形成了一个纵向的内容生产链，在集团层面实现了从"第一时间采写"向"第一时间发布、即时滚动播报"转变。在这一链条上，首先是全媒体新闻中心记者采集文字、图片、音视频及其它资料，上传至全媒体采编平台，各个子媒体对采编的内容进行重新编辑，根据子媒体的传播特性，大致按照新媒体—纸媒—内参—电子出版物四个层级进行传播。

当然，新闻生产的现实情况很复杂，每个新闻事件都可能激发基于数字平台的新的生产思路，也有可能遇到现实的问题，比如，如果新闻线索先发于手机或者网络，就有新闻被抢去头条的危险。这种忧虑反映出了一个问题，即网络新媒体依然处于新生媒体阶段，没有取得跟传统纸媒一样的价值地位，没有成为足以令受众将之与集团总体影响力挂钩的强势媒体。这种情况普遍存在与报网融合的现实中，因此托马斯弗里德曼的一段话特别有启发意义："当一家公司发布其收益数据的时候，首先要做的一件事情就是将这些数据发送到主要的通讯社，如路透社、道琼斯、彭博，在得到公司的基本财务数据后，媒体之间就要看谁的处理速度更快了。"' 由此可以判断，什么时候这种忧虑不在的时候，也是集团整体生产力足够自信的时候。

以水母网为代表的新媒体和各个子报面对同样的新闻库稿源，因此新闻编辑能力的提高成了当务之急。目前，水母网主要员工44人，从事内容生产的员工不足10人，水母网的新闻生产能力在集团重点发展之下得到很好的提高。2010年，烟台日报传媒集团开始实施全媒体新闻中心与水母网的内容资源整合，以壮大网媒品牌。将水母网新闻中心并入媒体融合与数字信息部，与全媒体新闻中心合体办公。为推进"第一时间发布、即时滚动播报"的逐步顺利实施，将原水母网快讯升级为"滚动快报"，由全媒体新闻中心组织记者进行即时"微博"式报道。全媒体新闻中心从线索发布、会议活动通知、采前会议、报道策划等全面向水母网开放，努力提高水母网内容发布的前瞻性。在同城媒体参与的活动中，将水母网列入其中，并利用一切机会推广水母网品牌继续扩大水母网"烟台民意通"品牌影响力和美誉度开设报网互动栏目，扩大网媒的影响力。

（4）流程再造之—全媒体绩效系统

烟台日报传媒集团的改革之所以取得成绩，是因为在体制机制上做了大胆有益的尝试。在管理体制上，集团将党委领导和现代企业法人治理结构有机结合；在组织结构上，采用直线职能制、事业部制和母子公司制相结合的混合型组织结构；在运行机制上，探索实施以"3P"管理为核心的现代企业人力资源管理体系。目前，拥有6个直线职能部门、5个事业部、9个子公司。集团取消原有的行政级别：5个层级、20个等级的管理序列。从岗位本身的风险性、工作的复杂性、贡献的大小、决策失误危害的大小等9个方面对岗位履行情况进行分析与评估。其次，取消原来的社会职称设3个层级10个等级"专业序列"，为专业技术人员提供晋升和职业生涯发展通道。然后，取消原来的工资体系：建立以绩效管理为核心的薪酬体系固定薪酬—岗一薪、岗变薪变、定期升降；浮动薪酬：依据职级制定顶算，依据绩效考核上下浮动。全员考核，全员奖惩。浮动薪酬视职级的不同和指标完成情况挂账 20%-30%；补贴：按岗位发放交通补贴（取消公车）、通讯贴，误餐补贴、住房补贴等。

集团从 2006 年开始，进行人力资源改革，建立了一整套以岗位工资＋绩效考核的企业化分配体系。从给职务、职称、工龄发工资，转变为给岗位和绩效发工资，按照岗位职级和绩效发放薪金。集团专门成立考评委员会，每天负责对集团系列媒体的所有产品包括稿件、图片、版面等，按 A、B、C 三个等级进行评定。评委会例会每月召开两次，主要沟通、解决近期考评过程中出现的问题；集中点评，由新闻中心、烟台日报、烟台晚报和今晨 6 点的评委负责推荐比较优秀的、有代表性的或有争议的文字、图片和版面。笔者在新闻中心的大门口看到一面荣誉墙，墙上不仅仅贴着获得本月明星奖、稿件优秀奖的彩色照片，还设立了对管理层的动态追踪报道，"日西晒我们的头儿"等温馨的栏目里把管理者的新闻生产业绩及所管辖的媒体生产情况予以公布。为了更客观、公正的考核编辑、记者的真实绩效水平，在评委评报的基础上，参考新闻来源和背后劳动量。新闻中心和各子报可以在不改变评委评价等级的基础上进行二次考核，即新闻中心可以根据文字和图片的来源、劳动量等因素进行加权；各子报可以根据本报绩效导向、版面劳动量等因素进行加权处理。笔者了解到，全媒体新闻中心记者的收入，从此拉开级别，工作勤恳成绩优异者获得更多的报酬，从业人员的积极性被充分调动起来。

3. 一个新闻生产流程再造的实例——4.28 胶济铁路火车相撞事故报道

2008 年 4 月 28 日，两列火车在胶济线相撞，造成 71 人死亡。当日凌晨约 5 点集团得到事故消息，随之，全媒体新闻中心派出记者赶往事故现场。YMG 记者在前往事发现场途中，利用手机短信向水母网编辑发回现场播报："在前往淄博的高速路上，有多辆挂有烟台牌照的汽车往前奔驰。""前往事发现场的国道收费站免费放行救援车辆。"记者抵达事发现场后，将现场所见所闻口头描述给水母网编辑，并用手机彩信传回了部分现场图片。这些信息经过编辑后迅速上网，并以 YMG 前方记者某时某分报道的形式推出。水母网首页迅速形成了"今日关注"热点。其中包括"事件"、"进展"、"现场"、"互动"等栏目。与此同时，烟台方面的有关服务信息也陆续汇聚起来，呈现在水母网上，"烟台火车站贴出通知，旅客可全额退票"、"汽车站今日加发济南方向车次"等等。水母网充分发挥互动功能，在网上开设了互动栏目，利用社区论坛，开通寻亲热线，祈福专贴等，以搜集网友提供的各方信息，作为新闻线索，交由前方记者联系落实。水母网与晨报共同打造"人海搜索"栏目，在社区里与众多寻亲的人进行报网互动。烟台手机报在 28 日当天加发手机报，滚动播报事件进展，在下午版的手机报上形成事件小专题，并将"火车站可全额退票"等实用信息也及时通过手机报传递给用户。在联通版手机报和网通版手机报上，由于是短信类手机报，除了增发手机报条数外，还将水母网正在动态播报事件的信息传达到用户，以方便手机用户上网查询详情。随后，《烟台晚报》和《今晨 6 点》

等纸媒跟进，拿出 4-7 个版面根据自身特点和风格进行深度报道。YMG 视频节目《新闻 B2C》连做三期访谈，讲述 4.28 列车相撞事件新闻背后的故事，在水母冈和光速资讯网上播放，引起较大反响。

通过新闻生产各个环节的流程再造，形成一条新闻生产的"流水线"：记者随时随地将所见所闻以文字、图片、音视频、动漫的形式第一时间发送到全媒体数字采编平台。数分钟后，集团的手机报首发信息，随后 iPhone 银钮、电子纸依次呈现，紧接着，水母网、光速资讯网等跟进并滚动播报，次日，经过精心编排、深加工的新闻以不同的风格和视角刊登在集团的各个报纸上。

进入 2010 年，烟台日报传媒集团的发展进入到媒体深度融合阶段，在世界杯报道报道期间，集团主打新闻产品"飞吧 @YMG"互动世界杯。整个活动期间，各个媒体根据各自的特点发布相应内容，纸媒、水母网、微博、手机报、iphone 银钮及集团官方博客等媒体全面参与报道，互相链接、嵌入，共献一场世界杯盛宴。

9.4.1.4 对烟媒全媒体流程再造一些思考

流程再造的提出者哈默和钱皮认为，"流程"是指完成一项任务、一件事或一项活动的全过程，这一全过程由一系列工作环节或步骤所组成，相互之间有先后顺序，有一定的指向。在实行流程再造之后，媒介的组织结构会发生巨大变化。'烟台日报传媒集团的"全媒体"战略，颠覆了传统的报业流程，组织结构重新构架，敢于探索从传统报业向全媒体转型的生产、运行与传播方式。原先的生产方式是不是就一无是处呢笔者了解到，原来以单一媒体生产为主的阶段，因为编辑和记者的面对面，子媒体的观点较之现在更容易表达记者的忠诚度更高，归属感、责任感更强因为任务单一，人员较少，新闻生产的现场更好指挥。但是劣势也同样明显，即在集团层面的资源浪费非常严重，另外，子媒单兵作战，资源少，力量相对单薄，不利于同外媒竞争。

其中，新闻中心式的新闻生产方式很快被各个媒体争相效仿，那么，是不是新闻中心式的新闻生产能将新形势下传统媒体遇到的问题全部迎刃而解了呢答案是否定的。笔者在调查中了解到，新闻中心式的新闻生产并不具有普适性，并不适合所有的传媒生产。比如解放日报就曾表示：虽然很欣赏新闻中心式的生产方式，但是报业本身规模太大，记者太多，因此不敢轻举妄动。因此，对于流程在再造，是否建立新闻中心式的结构应该考虑自身的情况。烟台日报传媒集团的副总滕岳表示："流程再造需要提前进行体制机制的改革，牵扯到人权、财权和物权的变革，并不是所有媒体都具有这种条件，这与传媒本身的发展现状关系密切。"烟台日报传媒集团全媒体实践的成功不在其采用了什么技术，什么平台，也不在于其转型为何类型的生产方式，成功在烟媒对外部环境的清醒的认识，对自身理性分析及准确的判断后的量身定做。同时，区域性传媒竞争格局形成，既有诸多当地政治、经济、文化上的宏观因素，也有传媒本身的发展现状、媒体领导者的威信和魄力及传媒文化等因素。因此，一个传媒全媒体实践的成功经验在多大程度上可以借鉴，要建立在深刻的分析它发展的真实背景上。

9.4.2 上海广播电视台的全媒体集群式生产分析

2009 年 10 月 21 日这一天，倍受中国传媒界关注：上海文广新闻传媒集团（SMG）正式拆分为上海广播电视台和上海东方传媒有限公司，成为广电体系内传媒集团实现整体"制播分离"的第一家。而此种第一，在原上海文广新闻传媒集团身上发生已经不止一次，也必将继续发生。2010 年 10 月，上海广播电视台所属上海东方传媒集团旗下东方龙、东方宽频等公司全部股权注入百视通公司，2011 年，新媒体以百视通传媒公司的名义打包整体上市，从而开创了国内主流媒体上市的先河，成为中国广电企业体制改革和"制播分离"改革的范本。SMG 这个被人熟知的呼号，迄今已经代表了一种先进的文化生产力，在国际传媒发展中勇立潮头，敢于创新，企图以品牌作为支点，用资本的杠杆撬起信息产业的硕大地球。从而实现从为播出而制作逐步转变为市场而制作，从一个地方广播电视播出机构转变为一个面向全国乃至海外的内容提供商、发行商和服务运营商的构想。"两个转变"的构想在十年前如果说初具雏形，现在轮廓已经是清晰分明。

原上海文广新闻传媒集团前身是上海的广播电视机构，包括上海电视台、东方电视台、上海有线电视台上海人民广播电台、上海东方广播电台。集团拥有 117 亿元资产，5200 多名员工。媒体业务是的主营业务，在内地广播电视媒体中间，规模仅次于 CCTV，在地方性的广电媒体中间，SMG 在播出规模、赢利能力、节目生产能力排名第一。`拆分后的上海广播电视台拥有 15 套电视频道、1 套同播高清频道及 11 套广播频率，其新闻生产能力和节目播出能力在国内首屈一指。据统计，上海广播电视台的电视频道日播出总量超过 300 小时，拥有上海本地超过 70% 的市场份额。上海东方传媒集团有限公司标识仍保留是台属、台控、台管的控股企业集团公司，其核心业务以传媒产业为主，集广播电视节目制作、报刊发行、网络媒体、手机媒体以及娱乐等相关业务于一体。积极进行跨媒体、跨地域、跨行业的拓展，构建完整产业链，形成各具品牌特色和产业发展潜力的全媒体集群。其形成的基本的构架为本部包括东方卫视、ICS、艺术人文频道、广告经营中心、节目资料中心、版权中心及相关职能部门。旗下子公司共有 17 个，业务板块涵盖影视剧、少儿动漫、综艺娱乐、体育赛事、生活时尚、专业财经资讯、纪录片、电视购物、新媒体、大型活动等内容制作、投资、运营领域。这些子公司包括三种，一是已经进行公司化探索的频道，比如第一财经、星尚等，二是将现有频道转制为公司，另外还包括集团此前探索的一些媒体延伸业务，例如手机电视、IPTV、宽带网络电视等。随着集团制播分离的成熟，其中以炫动卡通、第一财经、东方购物、时尚娱乐及新媒体等为主的第一梯队将率先以上市为预期，从而带动其他版块和集团的整体上市。

9.4.2.1 全媒体发展战略定位：两个转变

面对激烈的市场竞争，新媒体的崛起，传统电视台的生存压力与日俱增。上海广播电视台特殊的地理位置决定了上海广播电视台必定在传统媒体的转型中眼光犀利，视野开阔。上海广播电视台在长期的发展中，确立了"两个转变"的媒体战略。一是实现从为播出而制作逐步转变为市场而制作。二是实现从一个地方广播电视播出机构转变为一个面向全国乃至海外的内容提供商、发行商和服务运营商。"两个转变"战略实施，给 SMG 的传媒实践带来了巨大的挑战。第一个转变，转变的是传统媒体在旧体制下单一的生产方式，是集团转企改制、制播分离，用市场的标准检验传媒实力的信心和决心。第二转变将树立传媒生产的国际化标准，在更加广阔的市场中进行大浪淘沙。而这对整个 SMG 的生产、销售、管理、文化等等都是巨大的考验，必将重塑集团的核心竞争力。SMG 在全媒体发展战略准确定位后，避开与央视的正面交锋，扬长避短，以"不数一即数二"发展智慧进行资源整合，机构和业务重组，打造优质品牌集群，坚持以用户为中心，一步步实现"在播、在线、在播"的生产理想。

9.4.2.2 全媒体生产实践

1. 全媒体生产的基本保障：资源整合（以电视新闻中心的生产实践为例）

整合资源是新世纪每个电视台所面临的主要课题之一，但是像 SMG 这样能够将资源整合在集团层面进行得如此彻底的，在当时还只此一家。2005 年是 SMG 对集团的新闻、娱乐资源进行重头整合的一年，在此笔者仅就新闻资源的整合和目前的生产现状做一分析。

2005 年，SMG 对旗下的新闻综合、新闻娱乐和东方卫视三个主要新闻类频道进行整合。改变原来新闻频道各自为政、生产方式落后、生产率低、资源浪费的情况。整合前的 SMG 整个新闻报道力量不能形成合力，常常出现重复拍摄、重复报道，重复投入资金的情况，这些都是重复竞争影响了节目生产的发展。经过全方位整合后，集团实现了新闻资源的共享，提高了新闻节目的生产效率和制作质量，同时也实现了集团在新闻整合方面的战略目标。笔者前去调研时，电视新闻中心玻璃围墙通透的办公环境，展现出一个资源高度共享的开放空间。

（1）电视新闻中心的组织架构

最初的新闻中心，将新闻综合、新闻娱乐和东方卫视三个新闻频道原有的三个采编部合而为一，同时，为了保持频道原有的特色和品牌，设立三个编播部，分别向三个频道输送内容。目前，新闻娱乐频道的节目划归新娱乐传媒公司负责生产制作，因此，新闻中心的组织构架得到进一步的调整。其中采编部门分为采访一部、采访二部、国内新闻部和国际新闻部，编播部分为上视编播部和卫视编播部，主要输出平台是新闻综合频道和东方卫视。

采编部门主要负责收集每天的新闻素材，提供国内外及本地的各种新闻资源，对新闻素材进行粗编，做出新闻半成品，放在共享系统上，供上视和卫视编播部使用。编播部从共享系统中选取新闻资源，根据频道特色进行个性化深加工，完成各自频道的新闻节目制作。然后通过共享系统分别送到相应的频道播出。在整个生产流程中媒体资源管理系统提供了基础平台作用，完成对新闻素材的调配和管理。

（2）电视新闻中心的技术平台。新闻生产流程化，较好地实现采、编、播的资源共享，完全依赖于新闻共享系统技术系统的有力支撑。新闻共享平台整体解决方案借鉴和发展了世界领先的新闻制波及数字媒体理念，选择全球广泛应用的新闻工作室系统作为新闻共享平台的核心。新闻共享平台是在数字化网络平台总体架构下的一个子平台，它主要完成集团新闻生产线上所有采、编、播、管、存等主要工作环节。主要包括新闻文稿、新闻制播和新闻媒资三大子系统，辅以视音频子系统。

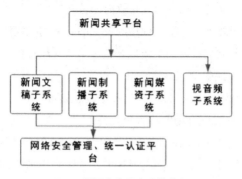

SMG 新闻共享平台总体构架

系统提供了一个安全可靠的、统一的集成化技术平台，有效地降低了新闻节目的制作成本，实现了资源利用的最大化，使编辑、记者能够集中时间和精力专心于制作精品新闻、提高新闻节目的质量和工作效率。同时实现新闻资源的即时共享、合理流通、保值增值和有效管理的目的。新闻共享系统以网络化为基础，打破了原来孤岛式分散封闭的生产方式，实现了"流水线"式的生产流程。系统以文稿为主线贯穿整个新闻生产的全过程，音视频随着文稿一步步展开，使得新闻生产过程清晰明了，易于把握。为了确保新闻播出安全，同时又能满足新华社等外电进入新闻共享系统，集团自主研发了通过通用串行总线接口实现了内外网的联通。

2. 全媒体生产的阶段目标品牌集群的构想

早在 20 世纪 50 年代，大卫奥格威首先从广告学的角度提出品牌这一概念，90 年代在改革开放后的中国普遍受到关注。随着经济的发展，全球的产品和服务差异越来越小，其同一领域不同企业的核心功能几乎相差无几，在全球经济处于买方市场的现实情况下，品牌成为企业制胜法宝。SMG 的品牌是一个复杂的概念，集团不仅仅从宏观的整体层面上打造品牌影响力，在中观和微观层面都建立起品牌意识。SMG 的品牌分为：集团品牌、媒体品牌及产品品牌三个层面。集团品牌是上海文广新闻传媒集团，它的影响空间在传媒行业内乃至未来的资本市场媒体品牌是第一财经、东方卫视、哈哈少儿、百视通等等；产品品牌包括名栏目、名主持人等。三个层次交相呼应，构成了一个品牌集群方阵，无论如何转身，展现给用户的每个侧面都是值得称赞的。

品牌的树立依靠优质产品的生产。自新世纪初，集团着手打造了一批以"第一财经"为代表的品牌产品。2003 年 8 月，SMG 将原上海电视台财经频道和原上海东方电台财经频率的经营性资产组合在一起，跨媒体整合成立现代企业公司化运营体制的第一财经传媒有限公司。广播和电视的运营业务得以从以前的体制中进行剥离，实现了广播与电视在人力资源、信息资源和品牌资源上的共享。第一财经定位在专业财经频道，致力于跨领域的财经内容产品，经过多年的探索和运作，已经成为日渐成熟并且具有鲜明个性的电视财经传媒，目前，第一财经电视通过数字电视覆盖全国 28 个省市自治区，打造了一个去地域特色称呼的"第一财经"品牌。第一财经传媒有限公司在集团的支持下迅速成长，在增强核心竞争力的同时，积极拓展产业链，他捡起统一品牌下的大媒体平台，涉足财经数据产品提供以及财经公关服务领域。公司不断地开拓《第一财经日报》、第一财经网站、第一财经杂志和第一财经研究院等众多衍生产品。由第一财经广播主创的《中国财经 60 分》节目辐射各地的 10 多个城市；由 SMG、广州日报报业集团、北京青年报社联合主办的《第一财经日报》在中国报业改革市场上具有里程碑意义，该报以其专业性迅速超越《21 世纪经济报道》;2005 年 12 月上线的第一财经网站目前位列全国权威的财经网站之首；道琼斯第一财经中国 600 指数每日通过《华尔街日报》、《亚洲华尔街日报》传播至世界，成为具有全球影响力的财经信息服务平台。第一财经的衍生产品开发还涉及了论坛、会展、企业家俱乐部等内容，在长期的发展中形成了一批具有一定品牌影响力的项目。目前，"第一财经"因其为全球华人经济圈提供实时、严谨、优质的财经新闻及深度评析，已经成为一个具有国际影响力的话语财经资讯平台。第一财经的入口处的墙壁上赫然写着"做中国最大的全媒体金融与商业信息服务集团"，笔者在调研中深刻地感受到第一财经人朝气蓬勃的工作热情、敢为人先的探索精神以及精品意识下的专业精神。"第一财经"已经成为SMG 集团上下最为之骄傲的产品，是集团从业人员在全媒体实践中勇于实践，敢于探索的有力回报。

2003 年成立的上海时尚文化传媒有限公司是继第一财经之后，集团关注的重点。2009 年 5 月，时尚传媒改版为星尚传媒，迈出从地方市场转向全国市场的关键一步。星尚传媒与省市台进行跨区域合作，构建全国地面联播网络，其电视节目发行覆盖了国内及北美、欧洲、日本、新加坡等海外华语电视市场。同时，星尚传媒开通了电子商务网站、建立媒体受众数据库、推出星尚电子杂志、星尚手机报等新媒体产品，打造星尚服装品牌系列等衍生品，缔造了一个中国"时尚媒体"的第一品牌。显然不只是名称变更这么简单的事情。星尚传媒总经理鲍晓群阐释了公司的勃勃雄心："一、逐步改变单一依赖电视广告收入的盈利模式;二、启动跨地域的广电业务整合;三、进军新媒体及电子商务领域;四、开发受众客户资源;五、打造以媒体为核心的上下游产业链;六、形成在播、在场、在线相结合的市场模式;七、积极吸引资本进入;八、大胆探索媒体的股份制改革。"

在各种文化交融的上海,SMG 注定能多元拓展,集团积极开展对外合作。与儿童画报《哈哈画报》合作就是一个良好的开端,目前东方少儿频道已经以全新的标识变为"哈哈少儿频道",并在电视"哈哈"品牌的带动下,并行经营期刊、俱乐部及动漫衍生品,后续整合开发集平面、演出、活动于一体的发展框架。目前,"哈哈少儿"拥有一条 0-14 岁科学的、完整的节目生产链,品牌节目"欢乐蹦蹦跳"已经有十几年的历史,长盛不衰,并销售至全国各级省级和地方台播出。同时,"哈哈"也积极尝试儿童情景栏目剧研发和制作。此外,包括线上哈哈小店、哈哈俱乐部、哈哈网站、小荧星艺校、哈哈画报等在内的产业链开发也取得了突破。

此外,东方卫视作为中国省级卫视中新闻播出量最大的频道,拥有"国际、时尚、前沿、都市、大气"的品牌气质。上海外语频道工集国际风范与精致品味与一身,享有广阔的国际视野和国际传播影响力。五星体育传媒的播出平台涵盖了广播、电视、网络,拥有一支专业的赛事制作团队,打造了一个具有国际影响力和竞争力的体育传媒品牌。SMG 旗下拥有业界领先的纪录片生产团队和生产能力,真实传媒的品牌栏目《纪录片编辑室》、《档案》等具有极大的影响力,真实传媒已经成为中国纪录片领域里极具价值的品牌产品。百视通、东方龙、东方宽频、文广互动等一批新媒体品牌,逐步成为上海新的文化名片。在诸多领域里,SMG 善于优化整合集团内外资源,逐渐形成了品牌产品系列,并逐步确立了集团本身的传媒影响力。

3. 全媒体生产的主轴线:"三在"理念

"三在"指"在播"、"在线"、"在场",是集团积极打造生产链战略的形象表述,是集团传统媒体与新媒体生产融合的最佳体现,是集团全媒体生产的主轴线,体现了集团媒体产业链上下游互动资源整合布局的大框架。SMG 黎瑞刚提出:"未来自己要做三件事情,"一、在播:利用好目前的媒体平台;二、在场我们要搞很多很多的活动;三、在线:我们将进军新媒体,为受众提供在线服务。"

"在播"强调的是对传统媒体内容制作的坚守。作为一个从广播电视转型来的传媒集团,本身拥有强大的电视节目生产能力,内容是品牌的核心价值,其主体地位不可轻易撼动。比如东方卫视在保证新闻品质的基础上,每天拥有超过 6 小时的新闻直播节目,构建了从现场连线直播到深度报道的新闻节目类型。外语频道每天播出 19 个小时涵盖新闻、资讯、时尚、娱乐、家居、休闲、教育、谈话等不同题材的外语节目,为海内外受众提供类型多样、制作精良的外语视听盛宴。第一财经电视精心制作财经资讯节目、市场交易节目和财经专题节目等等都体现了集团对于内容生产的重视。这是集团的第一条生产线。

"在线"是集团依托新媒体进行生产的第二条生产线。SMG 的新媒体业务走在全国前列,与三网融合有关的五大全国性牌照全部由上海东方传媒集团首先获得,包括第一张全国性 IPTV 牌照、全国性手机电视牌照、互联网视听牌照、互联网电视牌照以及 NGB 和数字电视集成播控牌照，集团相继开办了数字电视、IPTV、网络宽频电视、手机电视、数字音频广播等新媒体业务。旗下百视通新媒体公司是国内规模最大、起步最早的 IPTV 运营商和手机视频服务商。2011 年的统计数据显示，新媒体百视通春节期间 IPTV 收视率同比增长 20%，抽样的 400 万 IPTV 用户开机率超过 90%。集团充分利用网站进行品牌拓展。2009 年集团层面推出电视新闻网络台，各子公司都有自己的网络生产线第一财经网站、星尚电子商务互联网站、五星体育网站等。

"在场"是集团的第三条生产线，靠"在播"传播影响力，凭"在线"集聚人气，获取用户信息，而"在场"是衍生品精准营销的价值体现。就像大家看了迪士尼的电视节目，逐渐积累对迪士尼娱乐品牌的忠诚度，最终产生购买迪士尼玩偶等衍生品，甚至到迪士尼乐园消费的冲动。比如围绕时装内容，可以制作关于时装的品牌主持人主持的品牌栏目在电视上播放，线上网站、互联网社区中设置同样主题的互动内容，然后举行大型时装秀等现场的活动来推广品牌，最后推出时装产品、零售渠道等，这就是基于"在播、在线、在场"结合的一个完整商业模式。正如特德·特纳所形象的比喻："我们很像现代养鸡场的饲养主，他们碾碎鸡脚作肥料，碾碎鸡肠作狗食，把鸡毛做枕囊，就连鸡粪也被做成肥料。鸡的各个部分各得其用。这也就是我们对电视产品所努力采取的做法充分利用一切"。

以集团传媒于 2009 由原上海时尚文化传媒有限公司变身的星尚传媒有限公司为例，星尚传媒有限公司初建同时启动时尚产业链的全面打造。"在播"：星尚传媒拥有星尚电视、星尚时报、星尚杂志；"在线"：公司拥有星尚网、星尚电子杂志、星尚手机电视报；"在场"，公司开发星尚服饰系列品、星尚书系、星尚音像、星尚专卖店、星尚影院、星尚课堂、星尚大典、星尚展览、星尚论坛、星尚文化节、星尚嘉年华、星尚榜、星尚报告、星尚联名卡等形式。传统广电媒体擅长垂直产业链打造，而新的产业环境下，重要的是实现产业链的横向拓展和环节打通。星尚传媒正是充分利用其和受众客户形成的紧密关系，不断进行着媒体的纵向扩张。以品牌栏目《人气美食》为例，在栏目拥有高收视率和稳定观众群的基础上，向下游拓展到"人气美食"大众订餐网、"114·人气美食"订餐热线等品牌产品和服务。与此同时，星尚传媒建成星尚用户数据库，利用数据库进行精准营销，从而创造新的商务模式。

9.4.2.3 对全媒体集群生产的一些思考

随着传媒业竞争的激烈及 SMG 集团战略定位的部署，资源整合的力量得到了彰显，以电视新闻中心为例，新闻的采编力量得到很大的提高，尤其是国际新闻部在不断地壮大，报道的视角和范围在不断扩大，国际影响力随之攀升。但是作为地方媒体，SMG 并没有因此减弱对地方新闻的报道，国内新闻部为了适应新的形势，不断地进行着组织结构的调整，笔者去调研时，为了进行更好的资源整合，国内新闻部正在进行局部调整。

体制的改变需要时间，但是在机制和技术上做出调整，保证变革的顺利进行不无可能，

SMG 不怨天尤人，而是在体制内灵活掌控资源，进行最大程度的发挥。比如针对新年初始业界饱受关注的百事通新媒体公司上市一事，黎瑞刚一语中的："传媒业的上市不只是政策问题，更加根本的原因在于，传媒业对资本市场认识不足。在这个问题上，不是政策没有开放，而是媒体管理者、经营者的认识不够深刻。"他进一步表示，"推动制播分离和加快资源整合等动作，不能将所有希望都寄托在相关政策上，我们完全可以通过市场化手段来积极寻找出路。在广告收入这个主渠道之外，我们有很多事情可做，有很多其他商业模式值得我们去开拓，在这些领域，其实是没有多少政策限制的。"任何体制都有局限性，但体制问题不应该成为部分传媒变革无创意、无思路的"遮羞布"。当然，传统媒体要建立完善的激励机制，找到创新的路径并不容易，但是，与其等待"利益"的最终丧失，还不如尽快建立有利于各方"利益"的激励平台和传媒发展的空间。当然，对于现在的SMG 来说，下一步面临的问题是"更深层次利益的调整"。喻国明指出："在当今中国尤其是在思想文化意识领域里面，事实上最大的资源就是体制资源。体制资源的释放，还有非常大的空间。换句话说，今天在制度层面很大程度上制约着或者说是在捆绑着现有传媒的发展。"他进一步指出"中国的传媒业改革走的是一种`增量改革'的路径，时至今日，所有可以边缘解决的问题都已经解决殆尽，逐渐触及传媒改革的`深水区'，要调整的正是深层利益，需要有`小步快走，大道不直'的智慧，应该认识到，现行的很多政策都有过渡性、中间型、转换性的特点，在大方向明确的前提下，具体的步伐与节奏是处在不断调整，从这种调整中寻找机会和资源，也是传媒竞争力比拼的一个重要方面。"

"人多了好办大事，人太多小事不断。"这也许是众多传媒集团都面临的一个现实问题。新闻中心的一位编辑对笔者感慨地说"目前新闻中心的优势是人多好办事，劣势是人太多有些事不好办。"因此，如何有效地对庞大的机构进行科学的管理，资源的合理调配，制定合理的激励机制，显得尤为重要。笔者拿到一本 2009 年制定的集团员工手册白皮书，书中详尽的规定了员工的行为规范、考核、薪酬、假期待遇、奖励与惩罚等若干项。规定是死的，工作是活的，面对复杂的新闻生产现实，诸多问题需要从实践层面上做出决定，这无时无刻不在考验着管理者的智慧和员工的素质。另一方面，"船大不好调头"，集团就像一艘巨型航母，如何把控正确的方向，并有效的调头？对此，SMG 在世界范围内的全媒体实践中做出了最好的示范。所谓群媒体流程再造、全媒体集群，都已经不是旧式的单纯产品生产的事情，而是整体综合运营能力的统一建构，未来媒体的生存与竞争，最终也必然落实到媒体综合运营能力之上，落实到社会价值和商业价值的综合实现之上，而全媒体之"全"，是产品之全，介质之全，终端之全，但归根结底正式综合运营能力之全。

上海广播电视台在今后的发展中，如何以品牌作为支点，运用资本的杠杆撬起中国信息产业的硕大地球，我们将拭目以待！

9.4.3 中央电视台的传媒体价值延伸生产模式分析

2010 年，中央电视台打破十年来"节目中心制"的固有格局，启动了新形势下适应市场的"频道制"体制改革。经过一年的渐进式酝酿，央视新世纪以来涉及面最广的改版终于让世人见得"庐山真面目"。改版后，央视整体管理框架取消了除去新闻中心之外的文艺中心、广告经济信息中心、体育中心、社教中心、海外中心和青少年中心等六大中心，改变了一个中心负责多个频道局面，使"中心—部门——栏目"变为"频道—栏目"的二级体制，从而突出管理主体，大幅度提高整合资源能力和市场应对能力。

其实，频道制改革从 2005 年开始在经济、体育频道作为试点已经开始推进，试点成功并取得经验后，央视开始进行全台规模的改革。与此同时，央视启动建台以来最大规模的竞争上岗制，唯贤是举，通过公开竞争搭建起全台十余个频道的组织架构。这对于拥有 20 个开路信号的国家台来说，是一次改头换面的重大举措，是面对传媒市场的竞争和受众需求变化的重大调整，同时也是在国家稳步推进公益性文化事业单位的体制机制改革大背景下的重大转型。CSM 全国测量仪数据显示，2010 年 7 月 12 日—7 月 18 日，CCTV-1 市场份额和改版前一个月相比，增幅高达 68.13%。其中《新闻联播》涨幅为 18.62%，《焦点访谈》涨幅为 24.23%，《晚间新闻》涨幅为 50%。

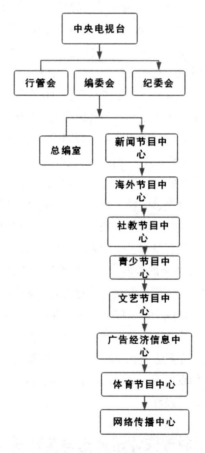

原中央电视台主要组织架构

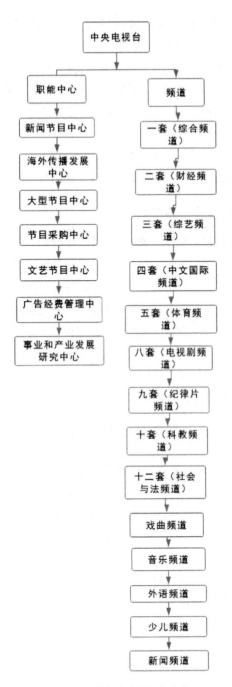

目前中央电视台主要组织架构

新设立的中心较之以前的中心有质的变化，原来的节目中心下设频道、栏目以及各种职能部门，层级多，结构重复，很容易就造成资源的浪费，并影响效率。新中心职能更加单一，明确。便于整合全台资源，为频道提供有力的运营支撑。目前中央电视台将原有的频道增加到 CCTV-12，CCTV-1 到 CCTV-12 根据各自的特点进了频道功能的细分，还增加了 CCTV- 新闻，CCTV- 少儿，CCTV- 音乐专业频道，从而打造了一个以 CCTV-1 为主的航母舰队型传播方阵。其中，CCTV-1 是影响最广泛、最深远、是最核心的综合传播平台。CCTV-3、4、5、8、12 是大众传播的平台，能够影响各种类型的人群；CCTV-2、10、纪录片、新闻和音乐，属于高端传播平台主要面向政治、商务、文化等领域的高端人群；CCTV-7、11、少儿主要面向军人、农民、老人、儿童等特定人群的传播平台；CCTV-1NEWS 和西、法、俄、阿拉伯语频道则是面向海外观众的国际传播平台。`中央电视台目前初步形成以电视为主业，电影、互联网、报刊、音像出版等相互支撑的多媒体、多元化传播经营的格局。

9.4.3.1 全媒体发展战略：两个转变

面对信息产业的迅速崛起和传媒界的激烈竞争，为了应对新技术环境带来的诸多变局，中央电视台更加坚定了全媒体发展战略对于"两个转变"的实现，一是由重视国内向国际国内并重发展转变；二是由重视传统媒体向传统媒体与新兴媒体融合发展转变，并在政策、资金、人才和各方面资源的调配上予以倾斜，全面加快多语种国际频道建设、全球采编网络建设、国际网络电视台建设和全球卫星覆盖网络建设等等。第一个转变是央视作为国家级传媒走向世界、传播中国声音的战略部署，第二个转变是延续传统媒体的传媒影响力，拓展新媒体传播平台，建立立体化及网络化传播格局的战略表述。"两个转变"突出了中央电视台面对竞争市场的准确定位，表明了其撼守自身传媒影响力的决心。

9.4.3.2 全媒体生产实践：以央视新闻中心的生产实践为例

1. 全媒体生产的基本保障：夯实传统媒体价值

央视 2010 年的改版是在国家深化文化体制改革的大背景下，始于新闻节目的大变革，2009 年 7 月，中央电视台整合全台的新闻采编资源，重新组建新闻中心，主要负责对 CCTV-1 和 CCTV- 新闻频道的新闻节目制作。由副台长罗明、孙玉胜亲自担纲，分别任职新闻中心主任、常务主任。

央视新闻生产此前最容易出现的问题是重复采访：各部门、栏目各自为战，一个新闻现场出现多个央视报道组，各个报道组相互独立，按照自身利益行事。新成立的新闻中心将原来分散各个节目中心的新闻采编力量整合到一起，实现了资源共享，大大减少了资源浪费，提高了新闻的自采率、首发率和原创率。在进行机构重组后，新闻中心拥有个部门、三千人余名员工，重组的新闻中心内设机构如下：综合部、策划部、时政新闻部、经济新闻部、社会新闻部、地方记者部、海外记者部、国际新闻部、军事节目部、新闻评论部、新闻专题部、综合频道编辑部、新闻频道编辑部、国际频道新闻编辑部、新闻联播编辑部、新闻播音部、新闻制作部，总编室驻外记者站管理处、海外中心海外新闻部划归新闻中心。

新成立的新闻中心机构庞大，人员繁多，如何有效地进行新闻生产，依靠中心"两端"

的有力运行，前端是 DESK-"新闻指挥系统总值班室"，后端是新闻共享系统。新闻中心的生产主要面对的播出平台是央视一套、央视新闻、央视四套三个频道，不同的传播渠道，需要对共享资源建立高度灵活的调配机制，需要建立一个统一的生产指挥调度平台。因此，央视新闻生产的一"新闻指挥系统总值班室"应运而生。DESK 新闻指挥系统是新闻中心的战略大脑，确定频道的发展方向及发展特色，及实施在重大活动或突发性新闻事件中的综合调度。同时，新闻指挥系统每天由两名中心主任或副主任值班，主要负责《新闻联播》和央视新闻频道的安全播出。从每天新闻的报选题、审批开始，每天开会 3-4 次进行反复论证，确定新闻做不做、怎么做以及出口什么，以及人员安排、资源调配等等。DESK 新闻指挥系统同时肩负了战略大脑和战术枢纽的作用。比如在灵宝青年王帅在网上发帖引起当地警方跨省追捕事件发生后，DESK 统揽各栏目，调配栏目间的报道角度，先是"新闻会客厅"专访王帅，接着播出的"新闻 1+1"没有重复"新闻会客厅"的角度，转而邀请法学教授作特邀观察员，将"敏感"的人权问题专业地还原为宪法问题，提出："公民有权批评政府，为何滥用警力诽谤属于自诉案件，谁来告状了政府没有名誉权，人民对于政府，不仅有批评的权利，而且有错误批评的权利"两个栏目的联动，将王帅事件及其背后的机理完整清晰地呈现给观众。像这样的栏目间联动在 DESK 新闻指挥系统协调下已形成常态，提升了新闻频道报道的整体冲击力。

后端是技术保障的新闻共享系统。央视新世纪初开始分别与大洋、索贝公司合作开发"媒体资产管理系统"和"新闻共享系统"，新闻共享系统从 2001 年开始使用至今，确保了新闻生产的资源共享。其在央视各频道的基本共享情况如图所示新闻共享系统实现了新闻资源的共享及新闻采、编、播网络化制作播出。是新闻中心及整个中央电视台的主要运行脉络。

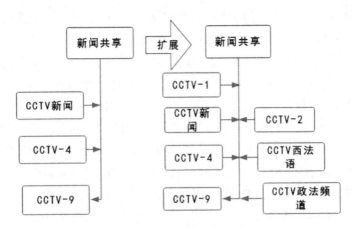

中央电视台各频道新闻共享情况

（1）内容价值—新闻立台

2010 年，中央电视台坚持"新闻立台"的发展思路，在 15 个频道内均播出新闻类节目，其中央视新闻频道新闻节目播出量从 18 消失增加到 21 小时。2010 年上半年，来自 CSM 全国测量仪的数据显示，新闻频道市场份额同比大幅上涨 64.77%。

深化新闻立台，巩固和强化国家电视台的地位，自 2009 年成立新闻中心以来，央视新闻节目的面貌发生了重大变化，从《新闻联播》的大胆变革到《朝闻天下》、《新闻 30 分》的纷纷变脸，其不断锐意进取、开拓创新的姿态收到全国观众的广泛热议并赢得了赞扬声一片。无论是《朝闻天下》、《新闻 30 分》、《新闻联播》、《焦点访谈》、《晚间新闻》等新闻节目不断经过创新走向精品化。CCTV-1 作为"国家发言人"的影响力进一步提升，以《焦点访谈》为代表的评论性新闻节目进一步关注民生，关注社会现实，通过对重大事件和热点问题第一时间的报道点评，引导社会舆论。与此同时，改版后的央视新闻信息量明显加大，并注意挖掘新闻服务性，贴近民生。比如中央电视台对上海世博会的报道，服务性资讯内容收到良好的传播效果。2010 年 7 月，CCTV-1 启动新编排，横向打通全时段，推出七个新栏目，包括第一"动画乐园"、第一"精选剧场'、第一"情感剧场"、第一"夏日剧场"等等，以"新闻十精品"的定位全面满足各个年龄段阶层的不同需求。

中央电视台加大对"新闻立台"的资源性倾斜，其新闻报道和采访能力不断增强，反应速度越来越快，直播运用成为新闻报道的常态形式，由此带来新闻的传播力和影响力的不断提升，以及收视的大幅度增长。2010 年 4 月 14 日 7：49，青海省玉树县发生 7.1 级地震，中央电视台立即启动应急报道机制，《朝闻天下》领先国内其他媒体，在 8：23 播出口播新闻，随后，央视多个频道以电话连线方式，即时递进报道地震灾情和救援情况，被国际媒体和网络等媒体引用。抗震救灾期间，中央电视台共派出 3 辆微型转播车、112 名报道人员进入震区采访。其中新闻频道上半年收视份额比去年同期大幅度增长 63%，包括《法制在线》、《国际视讯》、《东方时空》、《共同关注》、《新闻 1+1》等多档新闻节目收视都大幅度提升。"过去的连线报道、现场直播，在经历了 08 年的大洗礼之后，日趋常态背景介绍和专家点评也不再只是蜻蜓点水、浮光掠影，而是更多地透过新闻本身，挖掘新闻背后引人思考的问题对新闻事实的快速处理，不仅让观众知道事件的表象，还让他们了解了事件的影响，在第一时间完成了从快速传播信息到分析解释新闻。"《新闻直播间》作为央视新闻频道改版后的新增栏目，是一档大直播时段的新闻节目，其长达 8 小时的直播，与其他栏目一起将央视新闻频道打造了一个"新闻咨询台"的崭新形象。

近几年来，随着央视内容价值的凸显，全国观众已经形成了"有大事，有大活动，看央视"的收视习惯，来自 CSM 全国测量仪的数据显示青海玉树地震事件期间，中央电视台整体市场份额上扬，其中，CCTV-1、CCTV- 新闻、CCTV-4 增长明显。

（2）报道网络—全球覆盖

在新闻首发、自发、原创性和深度报道方面，无论是重大时政新闻还是突发事件新闻，中央电视台的优势地位是不可撼动的，这样的优势来源于对新闻资源的掌握及采访优先权特殊身份，更因为央视拥有一支庞大精干的采访报道队伍。2009 年新组建的新闻中心整合了原来六大中心的采编力量，形成了三千人规模的记者团队。另外，中央电视台建立起覆盖全国的应急报道站点和覆盖全球的驻外记者站。目前，央视正在全国建立应急报道点，现在已经有 17 个应急报道点，今年底要达到各省区都有应急报道点。每个应急报道点装备直播车，加强新闻直播能力。此外，全球英语报道的新闻网也在建立，2010 年加快建设亚太、中东、非洲、拉美、俄罗斯五大中心记者站，新建 19 个海外记者站，使海外记者站总数达到 50 个。海外中心站具备独立的制播能力，将变成整个海外新闻制播体系中重点环节。目前，每个中心站计划构建基于 DS3 的 45Mbps 专线链路，在全球各个记者站点也将构建基于 E1 的 2Mbps 网络连接专线。国内至少 20 个记者站具备英文报道能力，"网络化布局"无缝覆盖的记者站点使记者反应迅速，到达现场的速度加快，新闻采访报道能力大大加强，央视新闻更新的速度更快，信息量更大，记者到达现场的速度及现场把握新闻的能力也在实战中不断的提高。

盖伊．塔奇曼说：在空间上，新闻生产是一张网，一方面它永远不可能事无巨细；另一方面，如何结网、网结位置、网眼大小和网洒向何方等等，也大有讲究。中央电视台的新闻网络在全媒体战略的大背景下，以期实现全球覆盖。

（3）收视群体——一网打尽

目前，中央电视台以其强大的内容生产能力，和网络资源优势在全球范围内实现良好收视，正在向"一网打尽"的目标逼近。根据 CTR2009 年卫星频道覆盖入户率的调查结果显示，CCTV-1 以 97.15% 位列全国第一，远远高于其他卫星频道，覆盖率最高的前十个频道中，CCTV 占据八席。CSM 全国测量仪数据显示：2009 年，中央电视台所到达的观众总人数为 12.29 亿，即有电视的观众都会收看中央电视台。2010 年上半年，央视占据了全国电视收视市场三分之一左右的市场份额，CSM153 城市数据显示在全国所有上星频道收视排名前十位中，中央电视台占据七席，其中 CCTV-1 收视高居榜首。《新闻联播》、《天气预报》、《焦点访谈》收视位居全国栏目收视排名前三名。

新成立的海外传播发展中心将不断推进频道和节目在海外落地，提升中央电视台的国际传播力和影响力。2010 年 4 月，CCTV-9 改版为英语新闻频道：CCTV-NEWS，迈出走向国际一流媒体的重要一步。在国际有影响力的电视台中，CCTV-NEWS 优势较 CNN、BBC、今日俄罗斯、NHK 优势明显，CCTV-NEWS 将成为与 CNN、BBC 具有同样影响力的国际英语频道，同时，阿、俄、西、法等多语种频道将全面渗透世界各地，向海外和新媒体大举进军。CCTV-4 中文国际频道是央视面向全球播出的中文频道，是向全球观众特别是海外华人传播中国声音的主要渠道，从 2010 年，8 月 12 日开始，频道全面推进改版计划，建立起全天候的新闻播报、即时点评、深度评论报道体系，以开放的姿态和精神面对突发事件，强化中央电视台在世界媒体格局中的声音。在具体编排上，综合亚欧美三个频道，根据每个州的特点，有时差、有针对性的编排节目的播出表。

央视已经初步形成了中、英、西、法、俄、阿六和语种、八个国际频道的对外电视传播格局，是全球唯一用六种联合国工作语言对外传播的电视媒体，与世界各地 279 家海外媒体合作，实施了 373 个整频道或部分时段的落地项目，各国际频道总共在 140 个国家和地区实现了节目的落地入户播出，其中整频道海外落地项目覆盖用户数达到 1.5 亿户。

CTR 最新研究成果，在媒体影响的消费者的社会影响力、经济能力、消费水平评估中，中央电视台的数字最高，具有突出的高端受众优势，与意见领袖零距离接触。CCTV 依托其唯一性资源平台和高端传播视野，以深度报道、观点和评论、国际传播等为手段，不断提升其可持续的全球性的传播影响力。

2. 传统媒体价值延伸路线—台网捆绑

中央电视台作为国家电视台，其优势竞争力可以归纳为五个方面—渠道竞争力、内容竞争力、收视竞争力、广告竞争力和影响力，总体雄厚的实力确定了央视媒体可持续发展的能力。2010 年世界品牌大会将 CCTV 品牌价值评估为 1135.83 亿元，列中国 500 最具价值品牌第四位。中央电视台对于网络电视台、手机电视、IPTV、车载电视等新媒体的业务延伸，不仅仅是央视渠道价值和内容价值的拓展延伸，更是品牌价值的扩容。基于 CCTV 品牌影响，央视充分利用 CCTV.COM 互联网突破时空限制的特点，以"像打造电视品牌一样打造网络品牌"为战略目标，实施视听、互动、多终端的战略布局。正如"国家品牌"对"企业品牌"的国际影响力至关重要一样，CCTV 品牌对 cctv.com 品牌也至关重要。

2006 年，中央电视台整合全台网络资源成立中央电视台网络传播中心（央视国际网络有限公司），从此开拓新媒体业务，并确定了传统媒体与新兴媒体同步发展的战略。"新华社、CCTV 和凤凰卫视的新媒体板块都很重视品牌的延展性，以便提升品牌的知名度和受众的忠诚度。……凤凰新媒体全部保留'凤凰'的称号，CCTV 的新媒体都冠以'CCTV'。最精彩的一役，当属'CCTV 移动传媒'挂牌。央视几乎没有大的投入，直接'收编'了巴士在线的播出网络。"而央视网络建设是中央电视台新媒体布局的重点与核心，央视网络旗下拥有网络电视、手机电视、IPTV、车载电视等运营牌照，将单一的互联网站传播平台拓展到多个平台，构建了一个多渠道、多形式的立体传播网络。继"央视国际"后，2009 年 12 月 28 日，央视推出国家网络电视台。中央电视台原副总编辑、央视网总顾问赵立凡曾透露，国家网络电视台的目的就是要抢占多个制高点。包括：第一，抢占视频资源的制高点；第二，抢占各类新媒体制高点；第三，抢占手机电视的制高点；第四，抢占"三网合一"的制高点。国家网络电视台背靠中央电视台，享有无人可比的资源优势。中央电视台明确授权中国网络电视台影视版权，中央电视台在购买重大体育赛事和影视电视剧、电影的版权时一定购买新媒体版权，中央电视台的重大报道都采取台网联动、优势互补，中央电视台的电视黄金资源售卖与网络同步销售。中央电视台在整体战略布局中把中国网络电视台作为其补充、拓展和延伸。目前，国家网络电视台 90% 的视频资源都拥有网络的转播和直播权。中国国家网络电视台的视频数据库为亚洲最大，库里储存着中央电视台历年 45 万小时的节目镜像，还不断汇集全国电视机构每天播出的 1000 多个小时的视频节目，国际网络电视台表现出了巨大的资源整合能力。同时，国家网络电视台具有新媒体传播特性，"爱布谷"提供所有电视内容，可以实现互动直播、点播、回看及个性化节目定制等视频服务。"爱西袖"则是一个视频分享与互动社区，支持用户上传视频，并引入了目前流行的 SNS（社交网络），为用户提供基于视频的互动应用。从而兼具了 YouTube 和 Hulu 网站成功传播模式双重特性。

国家网络电视台的生产能力逐步提高，在 2009 年中华人民共和国成立 60 周年阅兵中，国家网络电视台做了现场报道，"两会"期间搭建独立的演播室，在上海世博会和南非世界杯报道中，中央电视台和国家网络电视台组成强大的编辑团队，提供一线报道。北京奥运会期间，央视国际与 CCTV "全景奥运"、"加油中国"等电视栏目联动，强调"相互植入"。在节目制作前期，网络就与电视编导共同策划，电视栏目和网络主持人在同一空间、同一现场主持节目。电视可播报网友问题，网友通过手机、DV 等拍摄的图片等其它网络内容也可提供给电视使用。

在央视台网捆绑式的全媒体生产实践中，体育频道早已经开始和 CCTV.COM 进行内容服务方面的合作，体育频道制作的节目，在电视播出之前先在网络上进行播出，或者直接为网络量身定做视频节目。体育频道的探索是有意义的尝试，目前，中央电视台正在进行台网深度融合在技术上实现的策划与实施，将真正实现传统媒体与新媒体资源共享。不久的将来，中央电视台的新闻节目在新闻中心通稿采集完之后，首先立且发布给 CNTV，然后再在电视上进行深度编排或是根据选题特点在传统媒体和新媒体上进行分层次、以不同视角及不同形式进行传播，这对于节目内容的深层次开发具有积极的意义。

9.4.3.3 对央视全媒体生产现状的一点思考

笔者在央视调研时深刻地感受到，央视被历史所赋予的地位过于沉重，央视的一言一行代表着国家意志，受众长期以来也形成了这样的收视习惯。在中国的大多数人心目中，央视是一种信仰，上关乎国家利益下关乎百姓自身的切身利益。因此，在体制内做好体制外的事情，遭遇到诸多的无奈和尴尬。即要承受市场压力，又要做好国家与人民的中间人，笔者能深刻地感受到央视自身的矛盾和不易。曾经受万家瞩目的新闻联播》改版，就引起过广泛的关注和热议，主持人的换岗，主持人的一肇一笑，着装，语气语调，哪怕是一小点的变化都会在民众心中一石惊起千层浪。由此，央视的深层次改革显得稳扎稳打，不着痕迹。许多改革不可以说，但是在做，小步前进，似乎更便于纠正方向，这是一种改革的智慧。恐怕没有哪一个媒体的自我调整会像"央视改版"一样这般被关注。况且，这还是在央视本身"很低调"、"很神秘"、"只做不说"的前提下，以至于一些拿不到一手材料的平媒同行抱怨央视是"羞答答的玫瑰静悄悄地开"——一边是如火如荼的节目推进，一边是几乎不做解释与发布的低姿态……'不同于地方传媒大刀阔斧的市场化、资本化运作，央视的改革显得温润婉转，是在不引人瞩目下悄然进行，笔者称之为："心照不宣的、暗流涌动式的传媒改革。"

作为国家电视台，央视的优势明显，但是央视的视野面向国际，更多的竞争来自海外，如何有效地在国际政治、经济、文化舞台上发出中国人声音，是央视目前应对的重大课题。

随着记者网点全面铺设，央视新闻中心的采编报道力量加强，但是由于队伍庞大带来的年轻化，在新闻捕捉能力和新闻价值判断上略显参差不齐，这支队伍需要在实践中不断的历练。这也无时无刻不在考验着中央电视台管理层的胆识和魄力，能够在新闻节目的"安全播出"和"新闻价值判断"上显示出国家品质。

新媒体的发展，中央电视台起步并不早，以致有人调侃说新媒体现在形成了"南上海，北北京，东凤凰，西湖南"的格局。中央电视台虽然有众多优势，但是市场化终将是传媒发展的方向，如何在未来的传媒布局中不失国家传媒的风范，需要积极转变思路，顺应新媒体发展的潮流，占领三网融合的制高点。国家网络电视台副总经理说："我是从传统媒体过来的，感慨颇多。感觉到现在的环境发生了重大变化。首先是生产理念变了，原来是以媒体为中心，现在是以受众为中心；生产管理思路变了，以前是条条框框，约束性很强，现在新媒体从业人员普遍年轻化，管理者和员工的协商多了；生产主体变了，原来知道多少人在生产，现在不知道多少人在生产，生产内核变了，原来时空确定，现在时空不确定。"央视的发展固然有优质的资源，但产业的发展，更需要自身在市场中大浪淘沙，

※ 9.5　全媒体运作下新闻中心式的新闻生产分析

随着新技术的兴起和应用，我国传媒产业的发展已经进入了规模化前进的"快车道"，传媒发展逐步从单兵作战走向联合作战的道路。2010 年，笔者先后对烟台日报报业集团、上海广播电视台、中央电视台进行了走访调研。笔者感受到传媒发展从媒介整合阶段到融合初显阶段，经历了一个艰辛的不断探索过程。在政府力量推动下，伴随着三网融合的不断推进，我国的传媒产业融合在不断深入。当前，国内报业的全媒体运作实践大致有以下三种类型：一是网站为主。多媒体记者属于网站，由网站统一指挥；二是报网结合。多媒体记者同时是报纸和网站记者；三是打破集团各部门界限，多媒体记者隶属报业集团，由集团相关机构统一指挥，网站成为功能较单一的新闻编辑和发布机构。真正的媒介融合是"将不同媒体的新闻采制集中于同一个采编中心，报纸、广播、电视、网站、手机等都只是这个采编中心发布其产品的不同渠道。"依照这样一种理解，第三种类型是全媒体运作下媒介融合的典型，国内的报业集团在这方面的实践有在主报专设滚动新闻部进行多媒体拓展的，如广州日报报业集团等；有通过搭建数字技术平台进行媒体融合生产的，如烟台日报报业集团、宁波日报报业集团、佛山传媒集团等；有主要通过流程再造、虚拟组织的运作进行全媒体拓展的，如解放日报报业集团等。

2008 年世界编辑人论坛通过对全球 120 个国家，700 多名报纸总编辑及资深编辑的进行调查，得出的结论是：一体化编辑部将成为一种范式。其中，有 53% 的受访者宣称他们所在的编辑部已经一体化，有的工作在传统编辑部中的编辑们声称他们希望在五年之内转向一体化。国内报业集团在尝试全媒体运作的生产实践中，新闻生产一体化进程也在不

断加强。以烟台日报报业集团为例，2008 年 3 月，烟台日报传媒集团即在集团层面成立"全媒体新闻采编中心"，8 月 26 日，其创建的"全媒体数字采编发送系统"通过了国家新闻出版总署的专家验收。在这一全媒体数字平台中，集团所有记者全部归属全媒体新闻中心，集团记者采集的同一个内容包含文字、图片、音频和视频等素材，进入全媒体数据库，经过各编辑的二次加工和二次编辑，由各子媒体各取所需，再通过深加工，生产出各种形态的终端新闻产品，通过不同的传播渠道发布。这种新闻中心式的新闻生产初步实现了一次采编、动态整合、多个渠道、多次发布的数字化传播。

在广播电视领域，大编辑部式的新闻生产正在成为趋势，上海广播电视台和中央电视台，作为中国一南一北两个重要的传统媒体，已经在采用新闻中心式的新闻生产。由于生产活动较之报业更加复杂，所以目前广播电视新闻中心的共享程度不如报业做的彻底。但是作为阶段性发展现状，我们有理由相信正在朝着资源高度共享广播电视领域内，大编辑部式的新闻中心式的生产必然成为大方向。无论是报业还是广电业，笔者将目前的生产模式暂且统称之为"新闻中心式"的生产模式。"新闻中心"是舶来品，2000 年，美国媒介综合集团在佛罗里达州坦帕市建立成立"坦帕新闻中心'"，在一座投资近 4000 万美元的传媒大厦里，集团将坦帕论坛报、网站、电视台等集中在一个办公室，实行资源共享。是新闻界公认的媒介融合试验比较成功的典范。作为由国外第一个引入"融合新闻"概念的蔡雯教授，指出"美国坦帕新闻中心"在生产中的优势"大众媒介从各自独立经营转向多种媒体联合运作，尤其是在新闻信息采集发布上联合行动，能最大限度地减少人力、资金和设备的投入，降低新闻生产成本。而且，不同类型媒介的联合运作，能够对已经占有的媒介市场起到保护作用。"

央视和上海电视台的新闻中心在更大程度上还是主要针对电视台各套节目内部的新闻资源共享，但是其资源对新媒体是无条件免费共享。烟台日报传媒集团作为地市级媒体，利用自身规模小，转身快的优势，彻底地贯彻了新闻中心的内涵之意，将报纸、杂志、网站编辑全部集中到新闻中心，实行全方位资源共享。在对新闻中心成立的意义的定量调研中，51% 的被调查者认为尽管存在阶段性问题，但是组建新闻中心、新闻生产一体化是大势所趋。有 29% 的人认为要根据媒体的实际情况决定。另有 20% 的被访者认为组建新闻中心只是阶段性发展需要，随着技术的发展以及新媒体的成熟，传媒的组织结构还会不停地向前发展变化。

"新闻中心式"的生产在一定程度上提高了集团化作战水平，提高整体报道的品牌影响力；改变了新闻生产流程，实现一次生产、多形态展示、多渠道发行、多介质阅读，实现采编流程再造实现了传媒集团集约化生产的目标。但是在新闻生产实践中，不可避免在具体生产中带来一些问题，比如新闻产品的同质化新闻流程的变迁带来的新闻特性的缺失，及给社会带来的负面影响及考虑我国新闻生产实际情况，新闻中心式的生产是否可以成为日常新闻生产的一种常态等。针对这些问题，这里将试着作一简要论述。

9.5.1 新闻产品同质化的可能性

"新闻业中媒体的规模正在变得越来越大，媒体的数量正在变得越来越少，更为显著的是，媒体的内容正在变得越来越雷同。这种趋势在 21 世纪将不断延续。川在全媒体运作下新闻中心的生产中，新闻记者以多媒体方式采集新闻，通过网站、手机报、传统报纸、传统电视，以及多媒体视屏实现多级发布。改变了传统的采编流程，按新闻内在传播规律运作，使集团从"第一时间采写"向"第一时间发布"转变。共享内容，单看一个媒体，由于记者打破媒体边界集中在新闻中心集中供稿，记者采编视野开阔，新闻内容自然丰富，形式灵活，质量得到了提高，但是纵观集团内部各媒体的内容趋同化严重。无论是烟台日报传媒集团、上海广播电视台电视新闻中心还是中央电视台新闻中心，同质化问题是目前面临的一个大难题。为了避免新闻信息同质化，传媒集团采取了相应的措施，比如重新界定各媒介、各栏目的不同目标定位，以此形成不同的稿件价值取向和播出标准，形成不同的栏目视角。以烟台日报传媒集团为例，新闻中心采取"因稿制宜"原则，分别从策划层面和技术层面都做出相应的完善。比如对平面媒体供稿，普通新闻稿件，根据风格和定位分发给日报、晚报和晨报。遇到重大新闻，则针对不同媒体的风格和需求，对新闻资源进行多层级开发。各子媒编辑部加强策划，把内容生产重心提前，主动给全媒体新闻中心下订单。新闻中心设立特别稿库等具体实用性措施。但是存在着实际操作的难度。首先，对于日常新闻来讲，各个媒体的需求差异不大。其次，记者毕竟来自各个子媒，虽然集中在新闻中心工作，长期的实践使得其新闻编写风格相对固定，所以短时间很难满足各个媒体的需求，编辑和原媒体记者之间的风格认同必将会持续。经过一年多的实践，烟台日报传媒集团对内容同质化问题有了更为客观的认识："同质化"应尽量避免，但绝不是洪水猛兽。烟媒通过调查获知：在发行的 30 余万份报纸中，仅：1 万份左右有读者交集，远远小于因稿源丰富使报纸质量提升带来的读者增加，这更坚定了集团内部资源整合的信心和进行全媒体转型的信心。

新闻中心式的记者采集信息要为全集团众多的媒体供稿，即为电视、报纸、杂志、网站、手机报等等各种介质的媒体供稿。记者在新闻现场，第一任务是发回短信新闻或是彩信新闻、照片，保证集团利用手机平台及时发布更新；第二步任务是向网站发稿，其中包括文字、视频和音频内容；第三步是为传统媒体发稿；第四步为杂志提供稿件；最后如果内容丰富还可以出书、专题片等。理论上按照流程流程，新闻信息第一步应该被手机发布，然后由网络媒体报道，最后是传统媒体等。但是实际操作中却要考虑集团内各个媒体的生存空间问题，如果手机先把发布消息，无疑是给各大竞争媒体提供新闻源，时效性迅速的媒体得了先机。所以在实际运作中根据新闻事件的性质，并不能严格按照传播规律分几步走，造成新形态的采编加传统的发布途径这一新闻生产局面，使得新闻流程显得虎头蛇尾，并不能完全实现全媒体运作下新闻中心式的新闻生产初衷。

另外，新的媒体生产方式要求记者掌握多种采编手段，如文字采写、摄影、录音、摄像等，完成日常工作，需要掌握多种采访手段和传播手段。面对一个新闻事件，以前文字记者只需要集中精力写文字，摄影摄像记者只需要考虑画面和镜头语言，而现在，需要记者进行全方位的全景式的报道，无疑给了记者巨大的压力。笔者在调研中里了解到，真正的"全能记者"并不是传媒生产的常态，尤其是传媒机构庞大，生产任务复杂的广电传媒。因此，业界流传着彭博新闻社"全能记者"略有传奇色彩的报道景象也不足为怪。然而该公司是以据分析为主的集新闻、数据和数据分析为一体的全球性多媒体集团。记者压力的空前加大，出现的情况会是：为了完成报道任务，记者不得不选择某些新闻故事而舍弃某些新闻故事，将新闻安排在特定的叙事格式之中，强调某些细节而忽略某些细节，把事实的细节填充进一个预先设定的框架里。虽然盖伊塔奇曼认为：框架是编辑、记者在新闻生产中必不可少并坚持运用的东西，框架，是一个偶尔发生的事实变成了一次事件，事件又变成了一则新闻报道。正如卜罗普所说，记者不过是改变了旧新闻故事中的可变项，如一些具体的人名、地名和一些具体的行为方式，而保留了故事中的常项。面对繁重的工作，记者更容易不自觉的游走在框架之中，使得本来具有个性特点充满偶然性的事件，转化为可疑常规加工和传播的原料；使得本来在时间上无序的新闻事件，有了一个可行的生产调度图。但是，也正是这种新闻生产框架使得新闻同质化成为可能。新闻中心中记者群体易出现枣核型结构，两端是少部分的精英和少部分落后分子，大部分是处于完成自己分内工作的中庸状态。记者的积极性没有被充分调动起来。调查中显示，60% 的人认为自己的工作状态较之以前变化不大或有所下降。对稿件的自我要求标准有所降低。

9.5.2 新闻产品客观性的损耗

新形势下，新闻媒体处于激烈的竞争之中，竞争的目的是最大化的争取受众。而新闻的吸引力归根到底是来自真实和迅捷，真实、鲜活又及时的新闻报道是新闻立身之本。技术的快速发展，使得媒介传播实现了前所未有的迅捷性。新闻记者在现场采编结束后，立即以快讯的方式将新闻信息发布到手机上，或以简讯的形式及时发布到网络上，利用手机、网络在速度上的优势及时发布信息。快速追求使得新闻媒体从过去的"自新闻表现开始"转变为"自新闻发现开始"，或者从"第一时间采写"向"第一时间发布"转变。"第一时间"作为一个颇有争议的模糊的时间概念，在新闻报道中以表述"迅速、及时、以及最快速度"之意不断出现。几乎所有重大或重要的新闻事件，媒体总是冠以"第一时间"传达政府声音、"第一时间"传播救援场面、"第一时间"赶赴灾区、"第一时间"发布重大新闻等等。眨眼之间，我们发现，无论是纸媒、广电传媒还是网络等新媒体就会出现成千上万条新闻信息，今天的媒体的竞争已经从独家报道转向了最先报道。

新闻信息的及时性得到发展，客观性却受到质疑。"新闻的客观性指向新闻传播主体的理性的互动。这种理性的互动即是一种摆脱主体对客观事实的单面的符合、超越个体理性能力的限制与片面而达于ˋ综合的理性ˈ的实践活动。所谓新闻的客观性也就包含着动态地出现客观事实的理性过程，准确地呈现客观事实的理性思维方法以及多向面地呈现客观事实的理性思维方法。"。由于追求快速时效，新闻记者在新闻现场几乎以不假思索的速度采编新闻，又要兼顾多种采编技巧，因此实现"摆脱主体对客观事实的单面的符合、超越个体理性能力的限制与片面而达到综合的理性"，相对来说有一定的难度。速度的追求带来客观理性的损失。

最重要的一点在于，成本的降低使得最终的新闻产品有可能远离新闻事实。新闻中心式的新闻生产方式下，记者自新闻中心向集团下属的各个子媒体提供"初级新闻产品"。各子媒体负责"深加工"和"排列组合"，各子媒的编辑从数据库里寻找素材，加工改制成适合自己产品的稿件。这种生产方式虽然可以大大节省采编成本，但是子媒体与外界的接触少了，对新闻感知判断也少了，采编成本的减少带来编辑加工的"排列组合"，新闻信息的本来面目就有可能被扭曲。在传统的媒体生产中，比如在电视新闻编辑室中，记者采集一段视频，编辑编辑它，技术工作人员将其播放。通常很多人都会看过要播放的每一段视频。在新闻中心式的视频新闻编辑室里，任何一段视频经手的人和时间都大量减少，这不仅减少了发现和更正善意错误的可能性，还使得全然的造假更容易。另外，各个子媒仅仅明确自己的定位，加强策划，编好稿子，精心做好二次加工是不够的。他们要面对全集团所有记者，了解其各自特点和擅长的报道领域。由于报道压力和部门分属不同，子媒编辑不可能就稿件问题当面与记者讨论修正，原来编辑部主任与记者之间的沟通变成编辑部主任通过新闻中心采访部门主任，再与记者进行沟通。沟通的环节越多，沟通的障碍越多，效率越低。当然对沟通双方的素质要求也越高。能否持续成功的实现有效沟通，也是全媒体运作模式新闻中心式的新闻生产所面临的重大挑战之一。

为了避免成本降低带来的信息损耗，一些媒体采取编辑部前置或网络虚拟编辑平台的操作手段来实施、调控新闻报道。这些尝试提高了采编沟通的便捷性，降低了信息在传播中的损耗，使编辑能够及时了解新闻事件的发生、发展，对记者的报道进行指挥调度。编辑部前置，是紧跟采访报道团队，采编都在新闻第一线完成。比如广州日报在奥运报道中，通过编辑部前移实施了"全媒体战略"。但是无论是编辑部前置或是网络虚拟编辑平台更适合于重大突发新闻或者典型事件报道，对于日常新闻来说不能成为一种常态存在。

9.5.3 新闻产品关注度的两极化

"但是，跟任何用以描绘世界的框架一样，新闻这个框架本身也有自己的问题。窗口展示的视野取决于窗口的大小、窗格的多少、窗玻璃的明暗以及窗户的朝向是迎着街面还是对着后院。这个视野还取决于视点的位置，比如是远点还是近点，是歪着脖子看还是脑袋向前伸展，或者是侧着身使眼睛跟开窗的这面墙平行。"传媒全媒体的生产格局使得报道网点密集化，直播常态化，新闻生产实现了从"第一时间采写"向"第一时间发布"的转变，从而使得所有的新闻生产的姿态都可能趋向于伸着脖子向最有可能产生新闻的方向探去。于是就产生了新闻产品受众关注度的两极化，其中一极，同样的信息充盈人所有的感觉；另一极因无人关注而造成信息过剩。由此我们看到，一旦某地发生恐怖事件后，各大重要媒体会持续几天不间断直播，让人觉得世界上处处有危机。再比如每日的犯罪事件的报道，深层的意义在于强化一个关于社会罪行猖獗的印象。又如各类盛大的体育赛事的报道，各类纸媒中报道比赛的专刊、增刊、增页满天飞，广播对赛事的报道绵绵不绝，电视利用各种数据和手段激情澎湃地直播火爆的比赛现场，互联网上的报道更是铺天盖地。给人的印象是：这段时间里除了体育赛事，没有其它值得报道与强调的事情。新闻是人们了解世界的窗口，人们面对各大媒体连续几天关于同样一件事情的报道，对于世界的认知将会发生变化。聪明的受众在接受新闻信息的过程中或许会产生疑惑：究竟媒体还有没有其他新闻可以播报到底媒体是不是反映现实的一面镜子结果只能是造成对媒体的整体不信任。另一方面，随着媒体的分化，强势媒体带来信息垄断现象也令人担忧。记者兼学者的本·巴格迪肯在年的《媒体垄断》中早有预测：一些传媒公司将控制绝大多数普通美国人所读、所听和所见。他担忧这种所有权的集中和对内容的控制会压制社会上不同声音，从而导致新闻传播不能全面而准确地描绘社会现实。"媒体所有权的集中可能导致某些政治观点或文化产品形式的过度表达，同时还可能导致排他性。……这些风险的存在都是政策制定者需要重点考虑的问题。"

另一极，因为信息过剩，又没人或者少人关注，所以造成信息浪费。新闻是叙事，需要受众对新闻事实进行共同建构。当我们给孩子讲故事，我们会根据孩子的满意与否来决定是变换角度还是不断将故事推向前进。这个过程是家长和孩子共同建构故事的过程，与此相似，新闻的生产也是一个媒体与受众的一协商过程、共建过程。尤其是当一个新闻事件发生后，记者没有迅速赶到现场时，即时记者在赶往现场后立即发布新闻信息给后方，但是需要通过各种渠道来获得真实。或者提供不同视角，通过揭示尽可能多的可证实的事实使受众更容易理解事件进程。因此新闻事件要想获得新闻价值，必须有受众参与。当受众的关注度被无休止的牵扯进重大报道中去时，那些零散在每天各个媒体的日常新闻事件变得无举轻重。节省成本生产出的新闻产品，在发布后是关注度低的过剩的新闻信息，这种生产成本带来的并不是最大的生产获益。

新媒体的出现，新闻源空前丰富，传统媒体编辑所面对的新闻稿源量加大。比如在SMG 的第一财经传媒有限公司采访时，笔者在频道部门的午间栏目《财经中间站》了解到，编辑多面对的二三十条新闻稿源中，除了少量的一财记者发回的稿件，大部分是兄弟单位、网络合作伙伴及新华社等通联稿件。因此，需要编辑有较强的业务能力，同样一段视频，可以编出不同时间和不同风格的片子。而目前在对新闻时效性要求较高的情况下，新闻主要存在的问题: 独立性、原创性差; 节目雷同重复; 无创新意识等。新闻现状的调查结果显示: 26%的被访者认为目前的新闻独立性、原创性差; 24%的人认为新闻重复雷同现象严重; 23%的人认为新闻缺少创新意识和创新元素; 其中 27% 的被访者则认为新闻存在的主要问题还有新闻虚假空洞、无权威性等。

9.5.4 新闻中心式新闻生产的普适性

复旦大学新闻学院李良荣教授坦言："深度报道、综合报道是不是适合做融合新闻是不是能覆盖所有的新闻题材？"新华社原副社长、重庆大学文学与新闻学院院长马胜荣教授对以上问题持有同样的观点。新闻中心适合于什么样的新闻，突发新闻可以、重大庆典可以，日常新闻呢？

全媒体运作的新闻中心式的新闻生产从国外到国内，运作成功的案例无一不是重大新闻报道：突发事件、重要庆典或者纪念宣传活动。诸如英国报道的伦敦地铁爆炸案，美国坦帕新闻中心的美国弗吉利亚大学枪击案，特大风暴突袭悉尼海滩等等。国内的突发事件报道，如南方雪灾，汉川地震；重要活动的报道，如北京奥运会重大纪念及宣传性报道，如纪念改革开放三十年、两会召开等等。但是重大事件的报道，只是媒介承载的一部分任务，大量的日常新闻，还有我们特色的大量占据报道头版头条的工作宣传，似乎还没有在新闻中心式的新闻生产中找到最佳状态。烟台日报传媒集团的做法是：对于重大新闻事件，由新闻中心指定一个团队全副武装完成采访。对于日常要闻采访，根据重要程度不同，由新闻中心指定2-3人搭档，共同完成采访，需要时再随时抽调人员。对于普通新闻采访，采取单兵作战，一般由记者自行决定采取何种方式进行。《融合新闻导论》作者斯蒂芬·奎恩认为"新闻事件的重大性会催生融合新闻。"笔者在针对"新闻中心"的普适性调查显示，受访者中有67%的人认为新闻中心式的新闻生产适合重大突发新闻和重大新闻的报道，其中55%的受访者认为最适合重大突发新闻的采编报道。面对重大新闻，团队力量彰显，反应迅速，有执行力、思考力和行动力。可以临时抽调新闻中心的记者组成临时采访小组，配合完成新闻报道。

9.5.5 新闻中心内部协调成本的增加

在理论上，"规模经济"要着眼于规模和由既定技术条件决定的生产成本的关系，"新闻中心式"的新闻生产出发点是在资源整合的基础上，降低生产成本，取得最大收益。因此，真空的变革在现实生活中是不存在的，单就生产本身来说，技术的跟进和流程的改革不存在任何障碍，但是随之带来的是组织结构、体制机制的改变、新旧观念的撞击及利益的重新分配。如此，就要考量在新闻生产变革后遇到的摩擦阻力和前进的程度之间孰重孰轻。于是，有学者不断的质疑，全媒体生产是否有利于集团发展新闻中心式的生产是否就节约了生产成本"以物物之间的关系为出发点，而人人之间的契约关系导致的协调成本则在很大程度上被忽视了。但在集团成立后，最大的动作却是对所有部门、所有干部和所有工作人员实行定岗、定位、定编，对各个岗位及工种确定工作的数量、质量标准并且和考核条例相匹配，与奖惩相结合，这都是规模扩大时带来的协调成本。"目前困扰新闻中心的主要问题：是协调成本的增加。在实际的新闻生产中，由于各种干扰因素的存在，就不得不注意在整合资源过程中所带来的协调成本。

笔者调研获知，在日常新闻的采编，编辑和记者常有抱怨，两者不像从前一样直接见面，沟通环节多，沟通成本增大。沟通成本大，环节多了，扯皮的现象就多。以烟台日报传媒集团为例，新闻中心的记者面对的是中心主任，与子媒或频道或频道的编辑交流减少，因此对于自己采编的新闻到底应该是什么风格，什么基调，主要面对的受众群变得模糊起来。虽然考虑的新闻出口增多，但是对于各个出口的策划相对减弱。这种情况在电视台不太明显，因为视频的记者个人风格烙印相对较弱。但是在烟媒，笔者深刻地感受到新闻中心记者的困惑是："新闻中心组建后，最大的感觉是沟通不方便，目标性不强，不知道自己要写什么。"

调查中了解到，新闻中心的成立有利于集团整体作战，但是大部分记者反映来的子媒或频道的归属感削弱，责任感减弱强，忠诚度降低。82% 的被调查者认为自己的团队归属感没有得到加强，甚至有 40% 的记者认为归属感较之以前有明显的下降。在这方面，学习现代企业制度，在改进新闻生产流程过程中实行有效的管理体制无疑将起到重要的作用。

9.5.6 传媒内部竞争的削弱

集团将资源进行整合，然后在不同的媒体进行产出的新闻中心式的生产，在面对外部竞争时，显示出良好的竞争优势。但是是否能构成良好的内部竞争笔者就此问题做了调查。数据显示，74% 的被访者认为新闻中心不利于形成内部竞争。原因是多方面的，根据笔者在调查中的了解，主要原因是配套改革没有跟上。比如中央电视台和上海电视台新闻中心从组织结构上做了重大调整，但是相应的激励机制等改革跟不上，因此记者中出现少部分是精英，少部分甘愿落后，大部分是处于完成自己分内工作的中庸状态。在实际工作中，业绩好的记者可能被安排做专稿，形成不良循环。其中 34% 的被访者明确表示新闻中心的成立不利于在媒体内部形成良好的竞争，认为原来的生产模式中竞争的形态和层次多。但是在深访中笔者了解到，由于面对同样的新闻源，要想编辑出不同的内容，子媒或频道编辑的竞争和压力空前加大。

9.5.7 全媒体运营能力的缺失

目前的全媒体生产中，都对生产方式进行了有效的调整，具备了全媒体生产能力和全介质传播能力。但是作为市场中的传媒产业来说，核心是具备全媒体、全方位的运营能力，即如何通过打造的全媒体平台进行整合营销，从而赚取最大的利润。传媒的公益性要靠资金投入产出。笔者了解到，烟台日报报业集团的新闻生产流程进行了再造，传统媒体和新媒体在生产达到高度融合，但是其媒体运营仍然各为战。网站等新媒体希望依托报纸进行品牌整合营销，但是作为传统媒体的报纸认为整合营销对于自身价值不大，反而会被网络分得一杯羹。上海广播电视台在集团层面的全媒体营销并没有成为常态，但是比如第一财经等部分全媒体形态的子公司，在全媒体运营上却可圈可点。中央电视台意识到了这一点，在整体战略布局把中央电视台的电视黄金资源售卖与网络同步销售。

中国传媒大学广告学院院长黄升民教授在分析报业全媒体生产时谈到："目前报业布局全媒体更多的是从'传播者'的角度出发，提出'全媒体'概念，解决了内容多渠道多终端的分发，并未涉及营销层面。"他认为当前的传媒全媒体运营能力是缺失的，并进一步指出："报业全媒体布局带来内容生产力的大大提高，解决了资源的利用问题，但并没有解决商业模式的问题。依旧是提供内容，而非提供产品和服务。"而未来传媒的竞争，在人和技术都上升到一定的层面之后，必定是商业模式之争。在技术不成熟时，生产易受到制约，因此会从技术角度来构建商业模式，技术成熟后，传媒的生产依靠自身获取利润最大化来确定商业模式的成败，而今天的传媒业发展处在一个大产业背景下，以用户为核心的商业模式正在被构建和完善。默多克曾表示："我们将会极大地扩展和改进华尔街日报网络版的免费内容，但对于付费订户，仍然会提供具有吸引力的大餐。《华尔街日报》真正特殊的将仍然是付费订阅内容，而且，很遗憾地告诉大家，这一服务也许会更昂贵。"谁创造了更人性化的，与受众可以共同价值分享的平台，谁将占领信息产业的制高点。

尽管各个媒体都在尝试通过改变生产形式来促进新闻业的发展，但是改革并不是一蹴而就，据调查，目前，传统媒体与新媒体在生产上融合存在的主要障碍是：没有形成科学合理的盈利模式；体制机制不健全；没有确定稳步高效、和谐共赢的生产模式；从业人员观念落后、知识陈旧、技能短缺等等。其中，被访者中25%的人认为主要问题是没有找到科学合理的盈利模式。"在媒介融合的道路上，目前最困扰传统媒体的，是至今还没有找到一个清晰的盈利模式。就纸媒办网络版而言，正在探索的途径概括起来大致有这么五种：一是卖网络版；二是卖网上的纸媒信息；三是依托网络版举办论坛等活动，收取费用；四是成立网络版的会员读者俱乐部，获取广告客户资助五是通过网络版的新闻内容来提升影响力，吸纳广告投放。"在今天的市场中，决定生存存亡的是否可以赢利，是否有有效的盈利模式。另20%的人认为体制机制不健全；19%的人认为没有确定稳步高效、和谐共赢的生产模式；16%的人认为领导不重视、从业人员观念落后、知识技能陈旧短缺；另有20%的人认为是没有形成良好的竞合团队文化以及市场还不够成熟等。

笔者认为，在传统媒体与新媒体生产融合的过程中，最大的问题，是如何打破传统媒体旧有的生产模式，促成利益融合，实现体制创新，建立一个与目前技术以及未来技术发展相适应的内容生产模式、盈利模式和合理的利益分配制度。

以数字化平台为中心的新闻生产方式，打破了部门、媒介甚至观念界限，实现新闻共享的同时，改变了原有的生产方式和传播方式，极大地解放了新闻生产力。全媒体运作的新闻中心式新闻生产，是我国传统媒体新闻生产改革的大胆尝试，作为尝试，必将面临很多的问题。由于技术发展及媒介发展自身的不可预测性，它最终会是怎么样的局面、它能够发展到什么样的程度，仍需实践的进一步检验。对于媒体来说，外在形式的改变是容易的，更重要的是观念的变革、文化的变革和体制机制的变革。我们可以确定的是，它既是受众需求推动下的媒介创新之举，也是技术发展过程中的进步表现，传统的生产方式和思维方式不可能马上改变，这是世界媒体业的普遍现实。只有传统的采编人员真正承认了新媒体的媒体特性，重新给自己新的定位才能真正实现全媒体运作下新闻中心式的新闻生产理想。

第10章 结 语

当前，美国和英国新闻媒体都正在进行重组机构，缩减编制，大量媒体从业人员失业。由于经济危机，美国的传统媒体一直在裁员，他们甚至裁掉了很多具有丰富经验的专业人员和中层管理人员，但同时他们也在不断招聘接受过媒介综合训练的新闻人才。很多新闻从业人员选择在行业危机之际回到学校接受培训，掌握新知识和新技术，从而提升自己的核心竞争力。

这势必推动我国媒介融合潮流对新闻传播学界、业界的影响。从学界新闻传播教育培养角度而言，需要培养学生基本的沟通能力、学习能力、实践能力和创新能力适应媒介融合趋势下跨媒体跨行业的生存方式。正是由于当前传媒生态环境的嬗变，媒介融合成为不可逆转的趋势，迫使全球各国新闻传播教育开始改变传统的教学理念和方式。如何展现院校特色，如何定位学科专业，如何消除学科之间的壁垒，如何突出学科优势资源，如何融合学科内部资源，如何加强国内外资源交流开拓学生的全球化视野，如何增强学生理论知识与实战演练的"无缝对接"等问题都成为各大新闻传播教育机构的改革重点。

从业界加速传统记者转型全能记者的角度而言，则需要培养其判断能力、策划能力、组织能力、调配能力、整合能力以适应媒介诚合趋势下新闻报道手段的多元个性化。由于业界环境条件制约，难以提供全面、系统的培训推动内部传统新闻记者在短期内转变思维观念，具备多媒体操作技能，因而急需向高校新闻传播学院等学术化构借智，通过专项合作，共建机制实现平台对接，资源共享，这样既可以打破新闻传播院校课堂教学平台与实验教学平台的界限，让更多的新闻实务课程的日常教学在仿真的媒体环境中进行，培养学生的实战能力，也可以让媒介机构的从业人员通过与高校从事媒介融合专业研究的学者广泛接触，通过在其多媒体实验室的短期强化培训提升专业的业务素质，拥有全球化的新闻观，学会为多种媒介提供报道，即具备文字、图片、摄像、音频、视频等多种手段的操作能力，最终实现最快的速度判断新闻价值，以媒介融合的新闻技能完成新闻采集、编辑、报道工作。

参考文献

[1] 阿尔温·托夫勒.第三次浪潮 [M].朱志众等译.北京：三联书店出版社，1984，240.

[2] 埃弗雷特·M·罗杰斯创新的扩散 [M].北京中央编译出版社，2002，6.

[3] 埃里克·麦克卢汉麦克卢汉精粹 [M]，南京南京大学出版社，2000.

[4] 艾伦·B·阿尔巴朗电子媒介经营管理 [M].谢新洲等译北京北京大学出版社，2005.

[5] 奥利弗·博伊德一巴雷特，克里斯·纽博尔德媒介研究的进路 [M].北京新华出版社，2004.

[6] 保罗·莱文森手机挡不住的呼唤 [M].何道宽译.北京：中国人民大学出版社2004.9.

[7] 伯纳德·罗青克.制作新闻 [M].台湾：远流出版公司，1994.

[8] 曹鹏.媒介资本市场透视 [M].北京：光明日报出版社，2001.

[9] 崔保国.2006 年：中国传媒产业发展报告 [M].北京：社会科学文献出版社，2006.62-81.

[10] 陈刚等.新媒体与广告 [M].北京：中国轻工业出版社，2002.2.

[11] 陈力丹.世界新闻传播史 [M].上海上海交大出版社，2002.

[12] 戴元光.传播学研究理论与方法 [M].上海：复旦大学出版社，2003.

[13] 丹尼斯·麦奎尔受众分析 [M].北京：中国人民大学出版社，2006.

[14] 杜俊飞.网络新闻学 [M].北京：中国广播电视出版社，2001.8.

[15] 盖伊.塔奇曼.做新闻 [M].麻争旗等译.北京：华夏出版社，2008.4.

[16] 郭庆光.传播学教程 [M].北京：中国人民大学出版社，1999.

[17] 赫伯特·阿特休尔权力的媒介 [M].北京华夏出版社，1989.

[19] 黄旦.传者图像：新闻专业主义的建构与消解 [M].上海：复旦大学出版社，2005.

[20] 黄升民.丁俊杰媒介经营与产业化研究 [M].北京：北京广播学院出版社，1997.

[21] 吉利恩·多伊尔。传媒所有权 [M].陆剑南译：北京：中国传媒大学出版社，2005.19.

[22] 杰佛里·兰德尔.品牌营销 [M].上海：上海远东出版社，1998.

[23] 蒋宏，徐剑.新媒体导论 [M].上海：上海交通大学出版社，2006.14.

[24] 杰克·富勒.信息时代的新闻价值观 [M].北京：新华出版社，1999.57.

[25] 克洛·巴克广告、促销与整合营销传播 [M]. 北京：清华大学出版社，2008.66.

[26] 李怀亮. 新媒体—竞合与共赢 [M]. 北京：中国传媒大学出版社，2009.

[27] 李岚. 中国电视前沿 [M]. 北京：新华出版社，2002.13.

[28] 李良荣. 新闻学概论 [M]. 上海：复旦大学出版社，2001.

[29] 李良荣. 新闻改革的探索 [M]. 上海：复旦大学出版社，2004.

[30] 陆群等. 新媒体革命：技术、资本与人重构传媒业 [M]. 北京：社会科学文献出版社，2002.

[31] 王菲. 媒介大融合—数字新媒体时代的媒介融合论 [M]。广州南方日报出版社，2007.30.

[32] 卫军英. 整合营销传播理论与实务 [M]. 北京：首都经济贸易大学出版社，2006.

[33] 魏永征. 新闻传播法教程 [M]. 北京：中国人民大学出版社，2002.

[34] 沃尔夫. 娱乐经济 [M]. 黄光伟，邓盛华译. 北京：光明日报出版社，2001.57.

[35] 沃纳·赛佛林，小詹姆斯·坦卡德. 传播理论—起源、方法与应用 [M]. 郭镇之译. 北京：华夏出版社，2001.15-18.

[36] 徐沁. 媒体融合论 [M]. 北京：中国传媒大学出版社，2009.

[37] 严三九. 中国传媒资本运营研究 [M]. 上海；上海文化出版社，2007.

[38] 喻国明. 拐点中的传媒抉择 [M]. 北京：经济日报出版社，2007.

[39] 约翰·埃尔德·里奇获取信息—新闻、真相和权力 [M]. 北京：新华出版社，2004.

[40]Anna Everett, John T.Caldwell, New Media and Practices of Digitextuality Taylor& Fremcis, 2003.

[41]Quinn, s, Convergent Journalism：The Fundamentals of Multimedia Reporting. NewYork;peter Lang publishing, 2005.

[42]Pool, Ithiel ed Soal, Technolgies of Freedom.Cambridge, MA：Harvard University press, 1983.24.

[43]Doyle, G.Media Ownership：The Economics and politics of Convergence and Concentration UK Europen Media, London;SAGE Publications, 2002.

[44] 朱春阳. 现代传媒集团成长理论与策略 [M]. 上海：上海人民出版社，2008.12-13.

[45] 朱海松. 第五媒体：无线营销下的分众传媒与定向传播 [M]. 广州：广东经济出版社，2005.

[46] 蔡雯，陈卓媒介融合进程中新闻报道的突破与创新—基于年重大新闻报道案例研究的思考 [J]. 国际新闻界，2009，（2）：61-64.

[47] 陈婉莹. 传统报纸媒体如何应对网络媒体的新挑战—以美国报纸网络版的变革为例 [J]. 新闻记者，2007，（11）：32-34.

[48] 范以锦. 传统媒体经营新媒体要有新理念 [J]. 中国报业，2010（4）：4.

[49] 顾宁．媒介融合背景下的报网融合探析 [J]．广州：暨南大学，2010.

[50] 李红祥．跨媒介经营：媒介融合下的传媒管理创新：以美国媒介综合集团管理经验为借鉴 [J]．新闻界，2009，（3）：11-12.

[51] 梁智勇．媒介融合背景下传媒集团新媒体战略比较—以 CCTV、SMG、凤凰卫视与新华社为例的研究 [J]．新闻大学，2009，（1）：128-136.